曲直

笛卡兒

《沉思錄》深度解析與啟示，
十二章逐一解析西方現代主義哲學之父
的思想精髓

高鵬 著

RENÉ
DESCARTES

【西方現代主義哲學之父笛卡兒提出的六組沉思】

哲學家、神學家提出反駁＋笛卡兒答辯＋作者觀點

採原文呈現與作者根據自身認知或疑問加入評論相結合方式

目錄

目錄

前言

前言

　　勒內・笛卡兒（René Descartes，西元 1596 ～ 1650 年），法國人，西方近代哲學的創始人之一，被譽為「西方現代主義哲學之父」，在西方哲學界有著強大的影響力。在他生活的時代，新興的資產階級已經在歐洲登上了歷史舞臺，正在積聚力量，為進一步發展壯大而抗爭。在少數先進地區，例如英國和荷蘭，資產階級已經初步獲得政權；但是在大部分地區，傳統封建勢力還占統治地位，而新興資產階級還處在被壓迫的無權狀態中，在笛卡兒的祖國 —— 法國，就是這樣。

　　笛卡兒於西元 1596 年出生在法國的一個貴族家庭，父親是布勒丹省法院的法官，一歲時母親去世，父親再婚後對他的直接照顧很少，笛卡兒的身體也不是很好，這應該是他的性格更容易傾向獨立性的一個原因。西方哲學界一般認為，英國的培根（Francis Bacon）是歐洲現代哲學的預示者，而笛卡兒是真正的創始者和奠基人。我們可以借助一系列的歷史教科書的章節題目來描繪一下當時的歐洲大陸的社會狀態：宗教籠罩、工業革命、科學興起、文藝復興、思想啟蒙、資產階級萌芽等等，可以肯定的是，當時的社會處在人文思想多元化以及各種社會衝突系統性出現的大環境。

　　從 8 歲到 16 歲，笛卡兒在當時歐洲最著名的學校拉弗萊什公學讀書。他系統學習了古典語文、歷史、文學、修辭、神學、哲學、法學、醫學、數學等課程，課外還讀了大量稀奇古怪的書，其中也包括一些宣傳有悖權威神學思想的科學書，甚至禁書。他在 20 歲時獲得法學碩士學位，22 歲參軍入伍，幸運的是他沒有經歷過真正的戰爭，卻藉此到處旅行，也結識了很多科學家朋友。一句話總結一下：有錢有閒、讀萬卷書、行萬里路、廣交好友。西元 1629 年笛卡兒由於在法國遇到的干擾較多，不利於科學研究，於是賣掉祖傳的采地，避居荷蘭，在那裡一共住了 20 年。他在隱

居生活中寫下他的絕大部分著作，首先是《論世界》(*The World*)，採取哥白尼 (Copernicus) 的太陽中心說觀點，討論物理學和天文學問題。他還沒有寫完這部書，就鑒於伽利略 (Galileo Galilei) 因為持太陽中心說而被羅馬教廷審訊迫害的情況，恐怕遭到物議，決定不予發表。他在 35 歲左右已經在科學上獲得相當不錯的成就，發明了解析幾何，最為我們熟知的就是笛卡兒直角座標系。在笛卡兒的年代，數學在科學中的決定性、基礎性地位還沒有完全形成，實驗還是當時更為普遍的研究方法，所以科學家們的研究一般都是通科的，並不像現在這樣細分。笛卡兒除了自然科學的研究成果，也陸陸續續地寫過一些哲學作品。西元 1637 年他出版了《談談方法》(*Discours de la méthode*)，這是他出版的第一部著作，影響很大。書中著重論述了他的方法論思想，並且附有三篇附錄《幾何學》(*Géométrie*)、《折光學》(*Dioptrique*)、《氣象學》(*Météores*)，作為使用他的新方法的例子。

西元 1641 年他出版了《沉思錄》(*Meditationes de prima philosophia*) 這部可以代表他人生最高成就的著作。關於開始寫作時的心情，我們從他給麥爾塞納 (Marin Mersenne) 神父的信中可以體會到一些：「很久以來，我就感覺到我的很多認知都是不可靠的，因此，如果我想要科學地建立起可靠的認知體系的話，就必須把我以往舊的認知通通清除出去，再重新開始。可是這個工作量是龐大的，所以我一直等待我達到一個足夠成熟的年紀。現在，我的精神已經從一切干擾中解放了出來，又在一種恬靜的隱居生活中得到一個穩定的休息，那麼我要認真地開始了。不過，理智告訴我說，我不需要把所有有疑問的細節都拿來一個個地檢查，只需要檢查那些基礎性的部分就足夠了，因為拆掉基礎就必然引起大廈的其餘部分隨之倒塌，所以我首先將從我的全部舊認知的那些原則入手。」

對於伽利略被宗教法庭宣判入獄，他還寫道：「這個事件使我大為震

驚，以至於我幾乎想把我的全部手稿都燒掉，或者再不拿給任何人看。」

笛卡兒的這部著作最後能成為今天這個樣子，跟笛卡兒當時所處的社會背景是分不開的。曾經因為發明天文望遠鏡而震動整個科學界、神學界的伽利略在西元 1633 年受到宗教裁判所的監禁，布魯諾（Giordano Bruno）也已經被教會處死，一些同時代的科學家都不同程度地受到了神學界的抵制和迫害。因此對於自己的命運，笛卡兒還是頗為擔心的，但是內心的驅使和好友的鼓勵使他最終選擇了前行，用科學的精神開啟了他在一生當中最重要的一次革命性的思考，也是與時代思想紛亂的一次大辯論。看待一個人的學術價值就必須連結當時的時代背景，正所謂：世亂待英豪，思亂盼大師。

伴隨著笛卡兒的哲學被學術界廣泛關注，最終還是因為和基督教會的宗教哲學對立而遭到禁止，因此他後來又過上了遷居、隱居的生活，最後接受了一個年輕女粉絲瑞典女王克里斯蒂娜（Drottning Kristina）的邀請，到瑞典居住，不幸於幾年後去世，終年 54 歲。笛卡兒的最後一部著作《論靈魂的感情》（Les passions de l'âme）發表於西元 1649 年，討論心理學問題，特別是身心關係問題。

在那個時代，新興的資產階級首先要解決無知的問題，接著才要求解決無權的問題。在 17 世紀，最突出、最迫切的問題還是前者。英國的培根在 17 世紀初首先喊出了「知識就是力量」的口號，這個口號鮮明地表達了時代的精神。他向經院哲學轟擊了第一炮。在這最重要的一點上，笛卡兒和培根對於經院哲學的態度是一致的。他們都認為經院哲學的錯誤關鍵在於認識方法的不對。經院哲學的方法是：以某些宗教信條為根據，依照一系列固定的邏輯公式，如三段式，推出維護宗教的結論，它所根據的前提是不是可靠，它是從來不管的。即使前提可靠，推出來的東西也只能限

於前提裡所包含的，一點也不能給人新的知識。而且，固定的邏輯公式只涉及事物的形式方面，與內容完全無關，得出的結論好像玄之又玄，其實空而又空，完全是廢話，是脫離實際的，它就完全可以按照各人自己的需求任意胡謅，彼此衝突矛盾，永遠爭論不休。整體來說，經院哲學有三個特點：一個是信仰主義，一個是先驗主義，一個是形式主義，這三個特點是互為表裡的。

　　培根提出了經驗主義，來對付經院哲學的先驗主義。笛卡兒則提出理性主義，來對付經院哲學的信仰主義。這兩個人都大力提倡具體的科學研究，來對付經院哲學的形式主義。由於偏重的方面不同，所以發生的影響不同，後來人們把培根的哲學稱為經驗主義，把笛卡兒的哲學稱為理性主義。這兩個名稱很好地說明了他們的特點，只是很容易使人們忽略他們的共同特點，把一條戰壕裡並肩戰鬥的戰友誤解為互相對立的敵人。這好像有兩個人一同去打蛇，一個專打蛇頭，一個專打七寸，我們可不能把一個看成蛇頭派，一個看成七寸派，忘了他們打的是同一條蛇，把他們的共同抗爭說成勢不兩立的內訌。

　　笛卡兒把「上帝」理解為一個名稱而非具體的形象，是理性推論的結果，他也承認這個結果是與生俱來的天賦。這個天賦指的就是判別真假的理智，與盲目信仰對立，也與感覺經驗對立，雖然它不完滿，但確是追求真理的唯一方法。他以人人具有的理性為標準，對以往的各種知識做了一個整體檢查，是一次徹底的知識革命。他為了建立可靠的新科學，先把一切不可靠的東西推倒，騰出地基。他這普遍懷疑是去偽存真的批判，批判不等於打倒，而是打倒假的，肯定真的。把不可靠的通通看成假的，剩下來的也就是真的了。笛卡兒認為真理並不是彼此孤立的、平列的，而是一些有主有從的原理，構成一個有機的體系。他要找出這個大體系，所以不

前言

肯只是一筆一筆地記流水帳，一定要算清總帳。他說：「整個哲學好像一棵大樹，樹根是形上學，樹幹是物理學，從這樹幹上發出的枝條是各種其他科學，主要分為三門，就是醫學、力學和道德學。」他所謂的樹根，是指最根本的哲學原理，首先是關於人類認知的原理。

有些學者認為理性主義與經驗主義完全對立，經驗主義只要經驗，理性主義完全不要經驗，只要理性，所以只能是唯心論。我認為這講不通，因為他們採納了一個舊譯名「唯理論」來翻譯 rationalism 這個詞，而中文的「唯」字當「只」講，於是以為笛卡兒主張只有理性在那裡孤孤單單地認識真理，感覺只會騙人，必須排除乾淨。笛卡兒從來沒有要求完全否定感覺，正好相反，他是科學家，一輩子從事科學試驗，在許多科學部門中都有重大貢獻，並不是空想家，天天躺在床上猜測。他只是認為單憑感覺得不到普遍的科學真理，而透過對於感覺的科學理論論證才具有普遍規律性。相比之下，笛卡兒哲學包含的辯證法因素還要多一些，馬克思（Karl Marx）和恩格斯（Friedrich Engels）甚至稱他為辯證法家。

此外，在笛卡兒哲學中已經把「靈魂」完全等同於「理智或理性」，已經把它與肉體甚至與肉體相關的意識活動做了明確的區分。舉例來說，按照笛卡兒表述的邏輯，牛頓（Isaac Newton）的靈魂就是萬有引力規律，愛因斯坦（Albert Einstein）的靈魂就是相對論，而王陽明的「知行合一」中的「知」就已經超出了笛卡兒哲學所定義的靈魂的範疇，因此「靈魂」一詞在笛卡兒哲學中與我們日常生活中所理解的「靈魂」一詞所指代的對象不同。甚至可以這樣說，如果我們今天仍然相信愛因斯坦的相對論，那麼我們就是愛因斯坦靈魂的轉世者或者信仰者。同樣，史賓諾沙[01]在自己的

[01] 巴魯赫·史賓諾沙（Baruch de Spinoza, 西元 1632 年－ 1677 年），猶太人，近代西方哲學的三大理性主義者之一，與笛卡兒和萊布尼茲齊名。他的主要著作有《笛卡兒哲學原理》（*Principia philosophiae cartesianae*）、《神學政治論》（Tractatus Theologico-Politicus）、《倫理學》（*Ethica Ordine*

研究中大量地接受了笛卡兒的哲學方法，最大的不同之處是他在對於「上帝」的態度上，仍然把他作為「神」來對待，而笛卡兒僅僅把「上帝」作為一個名稱。因此，我們不能因為一個相同用詞而曲解作者論述對象的邏輯本質。我認為，「靈魂」一詞在笛卡兒的哲學中也有特定的邏輯指代，他指代科學的精神和數學的方法，從這個角度講，笛卡兒哲學比同為西方近代理性主義三大代表人物的史賓諾沙和萊布尼茲[02]應該是更科學主義和唯物論的，只不過關於理智（靈魂）、激情、行為、肉體的關係問題，後笛卡兒時代的費爾巴哈（Ludwig Feuerbach）、馬克思等學者對於辯證唯物主義、歷史唯物主義等有了更加深入、具體的闡述，並將這種思想與實踐相連得更加緊密了。

拉丁文在歐洲只有少數的教會、貴族、學術階層才能看懂，後來為了更多的人能夠閱讀，經好友克雷色列爾（Claude Clerselier）翻譯成法文並由笛卡兒親自校對，出版了法文第一版。坦白地說，很多中國國內現行翻譯版本對於普通讀者都是有一定難度的，主要是由於笛卡兒使用的是一種邏輯思辨的方法，這種方法有點像用語言、文字來解決數學問題，就像我們上小學時做過的應用題，但是隨著學習階段的深入，我們就越來越轉向數學公式本身，而很難再準確地還原成語言、文字的表達。原因很簡單，數學在表達邏輯上更精準、更高效，語言更模糊、更笨拙，當然也更難翻譯尤其是跨語系翻譯。很多時候我們更願意閱讀中國古文、現代外文原版，而讀不懂現代中文的翻譯版，我想往往也是這個原因。但是我們又沒辦法設想廣大讀者都精通拉丁文、法文或至少是英文。

Geometrico Demonstrata）、《知性改進論》（*Tractatus de Intellectus Emendatione*）等。

[02] 哥特弗利德・威廉・萊布尼茲（Gottfried Wilhelm Leibniz, 西元 1646 年－ 1716 年），德國哲學家、數學家，歷史上少見的通才，被譽為 17 世紀的亞里斯多德（Aristotle）。他本人是一名律師，經常往返於各大城鎮，他許多的公式都是在顛簸的馬車上完成的。

前言

　　為此，此次我採取中、英、法文對照的翻譯方法，進行了重新校對和整理。很多人認為，與中文相比，拉丁語系的單字指代更單純，因此就需要用邏輯的長句子來表達準確的意思，而中文文字本身指代豐富，往往單字、單字、單成語、非邏輯短句就能表達豐富的內涵，但豐富也就意味著歧義。我想，如果希望了解和學習全人類的現代思想體系，我們就更應該跨越語言的界限，做到融會貫通。

　　為了兼顧尊重原著與方便閱讀，我把反駁和答辯的部分按照沉思中的問題進行了重新編排，使讀者更方便聚焦重要問題本身和論證、辯論過程，同時也適時地根據自己的了解或疑問加入了一些評論。笛卡兒反覆告誡我們，理性思考和現實生活相關但不等同，生活該怎麼過就怎麼過，理性思考僅僅是為了追求真理而採用的一種思考方法。生活在今天的我們，對於涉及自然科學的問題似乎更容易用語言掌握和描述，因為大家都有一些基本的科學常識；而對於人文科學、社會科學就不一定，因為此類學科往往要基於心理學、社會學、政治學、法理學、倫理學等來理解，沒有統一確定的答案，需要帶有歸納性、猜測性、權威性、思辨性來建立系統性的認知關係，進而有可能逐漸形成普遍共識。我相信，面對口號式的煽動、亂象叢生的知識、心理誘惑的騙局、倫理信仰的選擇、樸素道德的判斷等方面，理智雖然未必能夠讓人做出正確的選擇，但至少是避免盲目和衝動的方法之一。

　　部分讀者如果是出於實用的或快速消費的目的，可以用少量的時間只看看我的評論部分即可；而如果希望透過我們與笛卡兒一起沉思，提高思考的能力，我建議大家要慢慢地通讀，邊讀邊思考，甚至可以忽略我加入的絕大部分評論。人生表面成就也許是靠奮鬥和感悟，而思考的能力卻需要慢慢地磨練，這跟其他學科的學習過程是一樣的，不一定有捷徑。時至

今日，理論科學的幾次大發展，從牛頓的萬有引力到愛因斯坦的相對論，以及現在更熱門的量子力學，我們對於物質世界的認知已經大範圍地延展了，對於人類的意識活動也有了更多的關於心理學、神經科學等學科的研究。笛卡兒受到當時科學發展水準和生產力發展水準的限制，認知中的局限性是必然的，有些甚至是可笑的。但是不管時代如何發展和進步，追求真理的心是一樣的，對待問題保持理性嚴謹的科學態度都是必要的。我們可以想像一下，如果我們回到笛卡兒的時代，同樣受到像他一樣的教育，擁有豐富的人生閱歷，也給予足夠的閒暇和生活保障，我們是否會有這種勇氣挑戰權威、挑戰成見，在質疑和沉思中無私地給予後人光明呢？最後我想說，理性思考和藝術想像一樣，都是人類在精神世界的更高追求和靈魂享受。

前言

導引

第一節　關於標題

【原文】

《沉思錄》

笛卡兒的形上學

——論第一哲學中，上帝存在和人類靈魂與肉體的真實區別

【評論】

在拉丁文第一版出版時，書名叫做《笛卡兒形上學〈沉思錄〉——論第一哲學中，上帝存在和靈魂不滅》(*Meditationes de prima philosophia*)，英文、中文翻譯版一般翻譯成《第一哲學沉思集》或《沉思錄》，我們可以理解為笛卡兒採用形上學的方法對第一哲學問題的沉思錄。而且，笛卡兒的這部沉思錄完全把語言學、邏輯學、數學融為一體，因此應該是不同於亞里斯多德和其他古代哲學家的方法論，或者說笛卡兒的形上學本身就是這部著作的重要學術價值之一，因此我在本文中仍然保留「形上學」的表述方式，而不與「第一哲學」等同。我們理解笛卡兒的學術地位就要從他對於形上學方法的重新定義開始，後面我們會發現笛卡兒的形上學幾乎是純粹的數理邏輯方法。

關於笛卡兒在本書中的「第一哲學」，我們理解為傳統的關於世界本源的問題，包括存在、實體、物質、靈魂、上帝等，即所謂的「第一性原理」。笛卡兒在這本著作中反覆探討「我是什麼？我如何存在？人類靈魂和肉體的關係是什麼樣的？上帝是否存在？」等。

本書的拉丁文和法文第一版都沒有論述「靈魂不滅」，只談到了「人類靈魂與肉體」的真實區別，但笛卡兒當時堅持使用這個書名，直到西元 1642 年再版時才把副標題改成「論第一哲學中，上帝存在和人類靈魂與肉體的真實區別」。我想其中的緣由是可以理解的，他就是怕引起巴黎神學院乃至基督教會的懷疑和抵制，笛卡兒為了追求真理，可謂用心良苦，這也應該是我們理解笛卡兒核心主張的重要線索。

第二節　關於致信

【原文】

致神聖的巴黎神學院院長和聖師們

先生們：

請允許我向你們推薦這本書。我深信，你們在了解到我寫這本書的用意以後，會有正當的理由把它置於你們的保護之下。因此，首先我想向你們簡單地說明一下我的寫作目的。

關於上帝。我一向認為，上帝和靈魂這兩個問題應該用哲學的邏輯而不應該用神學的邏輯去論證。儘管對於像我們這樣的一些信教的人，光憑對於神信仰就足以使我們相信有一個上帝，相信人的靈魂不滅。可是對於什麼宗教都不信，甚至什麼道德都不信的人，如果不首先用非神學的邏輯來證明這兩個東西，就肯定說服不了他們。特別是往往罪惡的行為經常比道德的行為，在現實生活中為人們帶來的好處要更多。這樣一來，如果不是因為害怕上帝的懲罰和嚮往來世的福報而在行為上有所克制，就很少有人願意行善而不願意作惡。因此，一定要讓他們相信有一個上帝，因為我

們相信上帝，我們一定要相信《聖經》所說：「信仰，是上帝的一種恩賜，上帝既然給了我們聖寵使我們不相信別的東西，那麼他同樣也能給我們聖寵讓我們相信他自己的存在。」不過這個理由不能被不信基督教的人接受。因為他們會認為我們在這上面犯了邏輯學家稱為循環論證的錯誤。

坦白地說，所有神學家不僅肯定知道上帝的存在是能夠用非神學的邏輯來證明的，而且也肯定知道從《聖經》推論出來的關於上帝的認知，比人們關於許多造物的認知更清楚。事實上，這種認知是非常容易得到的，沒有這種認知的人是有罪的。就像《智慧篇》（*Wisdom*）第十三章裡所說的那樣：「他們的無知是不可饒恕的，因為如果說他們關於世界上的事物深知到如此程度，那麼他們從這些事物中怎麼可能不更加容易地認出至上的主來呢？」在《達羅馬人書》（*Rom*）第一章裡，說他們是「不可原諒的」，並且在同章裡用這樣的話說：「關於上帝的認知，都明明白白地存在於他們的心中。」就好像，凡是對於上帝的認知，都可以用我們的意識去領會，不必從別處去尋找。我們的精神能夠把這些認知提供給自己。就是因為這個原因，我在這裡提出用某種方法做到認識上帝比認識世界上的事物要更容易、更確切。我想，這才不會違背一個哲學家的責任。

關於靈魂，很多人認為不容易認識它的本質。甚至說，相信靈魂是和肉體一起死亡的，只有信仰才能告訴他們錯在哪裡。既然在良十世（Leo PP. X）主持下的拉特朗宗教會議第八次會上對他們進行了譴責，並且特別命令基督教哲學家們要對那些人的觀點加以駁斥，要全力以赴地去闡明真理，我就願意透過這本書執行這個任務。

此外，我知道很多沒有信仰的人不願相信有一個上帝，不願相信人的靈魂有別於肉體。他們希望沒有人能夠對這兩個問題進行證明。我不同意他們的意見，相反，我認為那麼多偉大學者對於這兩個問題提出過的絕大

部分論證都足以作為證明。但是我仍然認為，如果能從哲學的邏輯上，再一次找出一些更好的、更有力的證據，然後用這些證據做一個完整的論證，以便今後大家都確信這些結論，那麼哲學就發揮了它最好的工具價值。

很多人都把希望寄託在我身上，他們知道我制定過某一種解決科學中各種難題的方法。老實說，這種方法並不新穎，因為再沒有什麼東西能比理智更古老的。他們知道我在其他領域的研究中十分熟練地使用過這種方法，因此我有責任在這些問題上再來試一試。關於這些問題，我都寫在了這個集子裡。我在這裡並不是要把他們拋給我們的問題一一加以證明，因為我從來不認為那樣做有什麼必要，更何況那些結論基本沒有什麼靠得住的邏輯論證。我僅僅需要論證第一性的、最主要的東西。這些論證非常清晰、非常可靠。我認為憑人的能力，再也沒有什麼方法可以做得更好。由於這件事非常重要，關係到上帝的榮耀，因此我責無旁貸。

儘管我認為這些理由是可靠的、明顯的，但是我並不認為大家都理解得了。在幾何學裡，很多論證是阿基米德[03]、阿波羅尼斯[04]、帕普斯[05]等留下給我們的。這些論證被公認是可靠的，因為如果把它們逐段地檢查，非常容易理解，並且邏輯銜接也很好。只不過這些論證有點長，需要專心去思考，因此只有少數人才能理解。同樣，我想在本書裡使用的方法和幾何學的

---

[03] 阿基米德（Archimedes，西元前 287 年－前 212 年），偉大的古希臘哲學家、百科式科學家、數學家、物理學家、力學家，靜態力學和流體靜力學的奠基人，並且享有「力學之父」的美稱，阿基米德和高斯（Carl Friedrich Gauß）、牛頓並列為世界三大數學家。

[04] 阿波羅尼斯（Apollonius of Perga，約西元前 262 年－前 190 年），古希臘數學家，與歐幾里得（Euclid）、阿基米德齊名。他的著作《圓錐曲線論》（*Treatise on Conic Sections*）是古代世界光輝的科學成果，它將圓錐曲線的性質網羅殆盡，幾乎使後人沒有插足的餘地。

[05] 帕普斯（Pappus，3 世紀－4 世紀，也譯作巴普士），古希臘數學家，他是亞歷山大學派的最後一位偉大的幾何學家。生前有大量著作，但只有《數學彙編》（*Synagoge*）保存下來。《數學彙編》對數學史具有重大的意義，這部著作對前輩學者的著作做了系統整理，並發展了前輩的某些思想，保存了很多古代珍貴的數學作品的資料。

論證同樣可靠，甚至比幾何學的論證更可靠。但是我怕很多人還是不能充分理解，一方面是因為這些論證也有點長，並且它們彼此相互關聯；更重要的是，它們要求在精神上擺脫一切成見，擺脫感官的干擾。老實說，世界上善於做形上學思考的人確實不如善於做幾何學思考的人多。此外，在幾何學裡，大家都認為沒有一個可靠的論證就不能前進一步，對於在這方面不是完全內行的人，為了標榜他們是內行，經常肯定了一些錯誤的論證，而否定了一些正確的論證。在哲學裡，大家都認為凡是哲學上的命題都是有問題的，因而只有很少的人才樂於追求真理。更糟糕的是，很多人為了博取學者的頭銜，竟然恬不知恥地對最明顯的真理進行瘋狂的攻擊。

先生們，就是因為這個原因，不管我的理由的說服力有多大，既然它們是屬於哲學範疇的，那麼如果不把它放在你們的保護之下，就沒有希望在學術界產生廣泛的影響。因為大家對貴學院的評價如此之高，「索爾朋納」這一名稱的威望如此之大。自從神聖的宗教會議以後大家從來沒有這樣讚揚過任何其他教團的判斷，不僅在相關信仰上，而且在人類哲學上，大家都認為在別的地方不可能再有什麼更堅毅有力、知識豐富、小心持重、完整無缺的判斷了。我毫不懷疑，如果你們肯於關注這部作品，願意首先對它加以修訂，我將不勝感激。我對於我的缺點和無知是有自知之明的，因此我不敢肯定書中就沒有什麼錯誤。把漏洞填補起來，把不夠好的地方加以改善，在有必要的地方加上一些，或者至少告訴我應該在哪裡加強，使我用來證明「上帝存在和靈魂有別於肉體」的那些論證更加完備，讓大家可以確信引用我的結論。如你們在這一點上能夠不辭辛苦地做一個宣告，宣告它們是真實可靠的，無疑在關於這兩個問題上曾經發生的錯誤見解就會很快從他們心中清除出去。理智將使一切博學的人士贊成你們的判斷，承認你們的權威。而目空一切、藐視邏輯的無神論者們，將會不再

保持他們的對抗情緒。在看到學者都把這些結論接受之後，他們可以意識到自己的一無所知，他們自己也會接受這些結論，到最後其餘的人也會徹底認輸。從此，就不會有人再對上帝的存在和人的靈魂與肉體的區別產生懷疑了。

你們已經看到了，懷疑自己的信仰，造成了多麼大的混亂，現在是要你們下決心的時候了。一旦把信仰很好地建立起來，那將會是多麼美好的局面啊！如果我在這裡把上帝和宗教的問題，對一向是這個事業最牢固支柱的你們繼續班門弄斧下去，那未免太狂妄自大了。

【評論】

我認為從這封信中我們至少應該關注以下幾點：

第一，笛卡兒時代的教會學院掌握著相當高的學術權威，獲得他們的支持、不反對或至少是不禁止作品的出版，對於一個有理想的學者是非常重要的。因此，無論論證的結果是什麼，笛卡兒都必須論證「上帝的存在」和「靈魂不滅」，否則再好的理論也有可能胎死腹中，理智的人不僅要懂得堅持真理，更要懂得堅持真理的策略，慷慨赴死固然可敬，但絕不是唯一的路徑。

第二，神學與哲學的本質區別。當時的神學院裡是有哲學專業的，所以我們有理由認為這個所謂的經院哲學本質上一定是以神的存在為大前提的，一般人們稱其為客觀唯心主義哲學，與神學學科的不同無非就是方法論上的差異。當時的神學院裡面神學部分的大師們，主要是做研讀、評價、講解《聖經》以及相關的神學經典著作等方面的工作，哲學也必然是方法論化的。

　　第三，靈魂不滅是宗教的又一個高壓線，除了神任何靈魂都會被滅失或者不存在的主張必將成為教會的敵人，所以笛卡兒不得不把討論這個問題作為贏得教會認可他哲學思想的前提。我們都清楚，笛卡兒的偉大貢獻肯定不在於此，因為在他之前就這兩個宗教的本源問題已經有無數的經院哲學家進行過很多的論證，他想在這兩個問題上獲得大的突破幾乎是不可能的。

　　伴隨著笛卡兒的哲學被學術界的廣泛關注，最終還是因為和基督教會的宗教哲學對立而遭到禁止，因此他後來又過上了遷居、隱居的生活。如果大家仔細讀完此書，就會恍然大悟，《沉思錄》原來是一次徹徹底底地對當時教會組織的背叛，它使用理性的分析、嚴謹的邏輯吹響了科學、哲學聯合起來向神學進攻的號角，大踏步地向著真理出發。

第三節　關於前言

【原文】

　　關於上帝和人的靈魂這兩個問題，我已經在《談正確引導理性和在科學中探求真理的方法》（*Discours de la méthode pour bien conduire sa raison, et chercher la vérité dans les sciences*）一書中談過。該書是西元 1637 年用法文出版的。在這兩個問題上，那時我不過是順便一談，並無意深論，為的是看一看大家對這兩個問題如何判斷，我好從中摸索出一個方法來，以便我以後用這個方法談論這兩個問題。我一向認為這兩個問題非常重要，最好是多談幾次；而在解釋這兩個問題上，我採取的方式又很生僻，和人們通常用的方法大不相同，因此我認為在大家都能看得懂的法文書《談談

方法》裡把這兩個問題提出來，不會有什麼好處，我怕一般知識淺薄的人會以為我許可他們也來試探一下往這條路上走。

在《談談方法》裡，我曾請凡是在我的書裡看出什麼值得指責的地方的人，費心把這些地方告訴我；可是在我談到的這兩個問題上，除了提出來兩點反駁以外，他們沒有指出什麼別的重要意見。對於這兩點反駁，我想在我比較確切地解釋以前，先簡短地在這裡回答一下。

第一個反駁是：自己意識到自己僅僅是一個「有意識的東西」，但不能推斷人的本質僅僅是意識。因為這樣一來，「僅僅」這一詞就把其他凡是屬於靈魂的東西都排除掉了。我對這個反駁的答辯是：我在那地方並不是按照事物的實在情況的次序（因為那時我還沒有談到事物的實在情況），而僅僅是按照我的思路的次序，先不去討論它們。我的意思是我除了知道「我是一個有意識的東西」之外，我還不知道我還有什麼其他的本質。在後面，我將指出我是怎麼從我不知道別的東西屬於我的本質，引申出來事實上並沒有別的東西是屬於我的本質的。

第二個反駁是：從我的意識裡有一個比我完滿的東西的觀念這件事不能得出結論說這個觀念比我完滿，更不能說這個觀念所代表的東西存在。我的答辯是：「觀念」這個詞在這裡是有不同含義的。一方面可以被解釋為我理智的一種活動，不能說觀念比我完滿；另一方面可以被解釋為我的意志活動，是觀念所表現的對象，雖然不能承認它存在於我的理智之外，但是由於它的本質，它確實可以比我完滿。在本書裡，我也將用更大的篇幅說明我怎麼僅僅從自己的意識有比我完滿的一個東西的觀念，引申出這個東西真實的存在。

除了這兩個反駁以外，我還看到兩個篇幅相當長的反駁。不過，這兩

篇反駁與其說是攻擊我所提出來的論證，還不如說是直接攻擊我得出的結論。這兩篇反駁所用的論據都是從無神論者那裡搬過來的。由於這一類論據不可能在以後能夠正確理解我的論證的人們心中產生什麼影響，同時也由於很多人的判斷能力薄弱，他們經常寧願相信對事物先入為主，而不願相信相反的意見，儘管這種相反的意見很有說服力，並且真實可靠。因此對這兩篇反駁我不願意在這裡進行答辯，我如果要去答辯，就不得不把這兩篇反駁的內容重新介紹一遍。

現在，在充分理解了大家的意見之後，我再重新開始討論關於上帝和人的靈魂問題，同時也為第一哲學打個基礎。我既不想得到什麼好評，也不希望很多人能夠讀懂我的書。除了希望和我一起進行嚴肅認真的沉思，並且能夠脫離感官的干擾、完全從各種成見中擺脫出來的人以外，我絕不勸一般人讀我的書。至於不考慮我沉思的次序和關聯而專門斷章取義、吹毛求疵的那些人，他們讀了我的書也不會有任何收穫。儘管他們也許會橫加指責，然而他們挖空心思也做不了什麼有價值、值得答辯的反駁來。

我既不向別人許願，說我能立即讓他們滿意，也不認為我有那麼大本領足以使每個人接受。因而我將在《沉思錄》裡首先闡明我個人的想法，按照這種想法我是怎麼認識了正確、顯明的真理，試試看是否用同樣的論證也能讓別人相信這個真理，以後我再對那些博學多才的人向我做的反駁進行答辯。我已經把我的《沉思錄》寄去給他們了，讓他們在該書出版之前審查一下。他們已經做了各式各樣的反駁。應該說，別人很難再提出什麼更重要、更有價值的反駁了。

因此我對《沉思錄》的讀者做個請求，請他們費心在看過所有那些反駁和我對那些反駁所做的答辯之前，先不要下什麼判斷。

【評論】

在這裡笛卡兒提到了兩本書，一本是《談談方法》，另一本是《沉思錄》，其實還有一本《哲學原理》（*Principia philosophiae*）也值得我們關注。可以看出，他寫作針對的讀者是不一樣的，所以三本書的寫作重點也是不一樣的。《談談方法》可以理解為一本科普讀物，是面向大眾的，所以更多的是知識點，涵蓋了他在科學、哲學領域的研究成果；《沉思錄》更側重方法論，因此我們既需要閱讀它的六個沉思，也需要閱讀反駁與答辯，就學習的難度而言，前者是提出問題和分析問題，後者更像是答疑和解惑；《哲學原理》主要面向專業學者，表達方式也從文字的論述進一步過渡到三段式的文字邏輯論證，由於這本書沒有完整的中文譯本和英文譯本，因此建議大家參考史賓諾沙的《笛卡兒哲學原理》。

第四節　六個沉思的內容提要

【原文】

在第一個沉思裡，我提出了「除了到目前為止透過科學總結的結論以外，普遍懷疑其他一切事物，特別是物質性的東西」。儘管普遍懷疑的好處在開始時還不顯著，不過，由於它可以讓我們排除各式各樣的成見，為我們準備好一條非常容易遵循的道路，讓我們的精神逐漸習慣脫離感官，並且最後讓我們對後來發現是真的東西絕不可能再有什麼懷疑，所以它的好處非常大。

在第二個沉思裡，意識只要對事物有一點點懷疑，就假定它們都不存

在，不過絕不能認為它們不存在。這有一個非常大的好處，因為用這個辦法意識很容易把屬於意識的東西和屬於物質性的東西區分開。但是，有些人可能會等待我在這裡拿出一些證據來證明靈魂的不滅。我現在想告訴他們：對於凡是我沒有非常準確論證過的東西都不準備寫進這本書裡，因此我不得不遵循幾何學家所使用的同樣次序 —— 先舉出求證的命題的全部論據，然後再下結論。在了解靈魂不滅之前，第一個就是替靈魂做成一個清楚、明白的觀念，這個觀念要完全有別於肉體的觀念，這一點我在《沉思錄》裡已經做到了。

除此以外，還要知道我們所清楚、分明領會的一切東西，本來就是按照我們所領會的那樣都是真實的，這在第四個沉思以前還沒有能夠論證。還有，什麼叫物質性，還必須有一個清楚的定義，這個定義一部分見於第二個沉思，一部分見於第五個和第六個沉思。還應該從這一切裡得出一個結論：凡是清楚、分明地領會為不同本質的東西，就像領會意識不同於肉體那樣，它們都有實質的區別。它們之間的本質區別在第六個沉思裡做出了結論。在這個沉思裡我還證實了一點：我們把肉體都理解為是可分的，而靈魂是不可分的。事實上我們絕不能領會半個靈魂，而我們卻能夠領會哪怕是再小的物體中的半個物體。因此，肉體和靈魂在本質上不僅不同，甚至在某種情況下相反。我沒有必要在這本書裡再談這個問題，一方面因為這已經足夠清楚地說明：從肉體的腐爛得不出來靈魂的死亡；另一方面也足夠給人們在死後有一個第二次生命給予希望，並且可以去推斷靈魂不朽。我們可以由之而推論出靈魂不滅的那些論據都來自物理學的方法：首先，一般來說，一切不是被上帝所創造就不能存在的東西，從它們的本質來說是不可毀滅的，要不是同一個上帝想要撤回他的創造，它就永遠不能停止存在。其次，很多物體的存在是不腐爛的，但是人的肉體不同，其有

別於其他的物體，它是由一些特殊的東西有機組合而成，容易腐爛；而人的靈魂不同，它是一種單純的存在。因為即使它的一切屬性都改變了，例如它認識某些東西，它希望另一些東西，它感覺一些東西等，它永遠是同一的靈魂；而人的肉體，僅僅由於它的某些部分的形狀改變，它就不再是同一的肉體了。由此可見，人的肉體很容易腐爛，但是人的靈魂，從它的本質來說是不會輕易腐朽的。

在第三個沉思裡，我詳細地論證了上帝的存在。為了盡量讓讀者的理智從感官干擾中擺脫出來，我不想用物質性的東西進行比較，因而也留下很多模糊不清的地方。這些模糊不清的地方，我希望在後面的反駁與答辯中予以澄清。比如在眾多的反駁當中有一個反駁：在我們的意識裡有一個至上完滿存在體的觀念，如何包含那麼多的客觀實在性？也就是說，表象裡擁有了那麼大程度的存在性和完滿性，以至它必然應當來自一個至上完滿的原因，這是相當難於理解的。在答辯裡我用了一個十分精巧的機器作為比較來說明：這個機器的觀念是存在於某一個工匠的心裡，這個觀念在技術上一定有一個客觀的原因，或者是工匠的學識，或者是工匠的天賦。同理，上帝的觀念也不可能沒有它的原因，這個原因就是上帝本身。

在第四個沉思裡我指出：凡是被我們領會得非常清楚、非常分明的東西，都是真的；同時也解釋了導致判斷的原因，一方面是為了證實以前的那些真理，一方面也是為了更容易理解以後的那些真理。需要指出的是：我在這個地方不討論在追求善惡中的錯誤，只討論辨別真偽時的錯誤。我不打算在這裡談屬於信仰的東西，或屬於日常生活行為的東西，只談關於經過思辨的對錯，那些基於真理的靈魂認知。

在第五個沉思裡，除解釋一般意義下的物質性以外，我還用新的論據來論證上帝的存在，雖然在論證的過程中也遇到一些困難，這些困難我將

在對反駁所做的答辯裡解決。在那裡也可以看到，幾何學論證的正確性取決於對上帝觀念的認知這一點的正確性。

在第六個沉思裡，我把意識的判斷活動和想像活動進行了區分。我指出，人的意識有別於肉體，然而又和肉體緊密融合得像一個整體。此外，由感官產生的錯誤以及避免錯誤的辦法都在那裡闡明了。最後，我在那裡提出了各種論據來證明物質性東西的存在：我認為這些論據對於證明客觀存在的東西可能沒有什麼價值。例如有一個世界、人有肉體等，這些都是任何一個正常人從來沒有懷疑過的事情。但是透過這樣的論證，我們對上帝的存在和靈魂不滅的認知就顯得更清晰了。這就是我在這六個沉思裡論證的全部東西。我在這裡省略了很多問題，關於那些問題，我在這本書裡的其他部分也提到了。

【評論】

可以看出，笛卡兒沉思的邏輯是非常嚴謹的，順序上是先本後末。我是按照我閱讀全書的理解對於類似「思維、理性、理智、靈魂、精神、認知、感知、感覺」等進行再翻譯，和市面上主流的翻譯不盡相同，主要是基於邏輯合理性的考量。比如，關於他的名言「我思故我在」這個中文的翻譯我一直存在很大的疑慮，因為字面的理解似乎是「我思考，所以我存在」。這也是笛卡兒被歸入主觀唯心主義哲學代表人物的原因。按照現代哲學界關於唯心主義、唯物主義的劃分，核心是精神第一性還是物質第一性的問題。既然笛卡兒所謂的思考是人存在的原因，那麼他當然應該屬於唯心主義哲學家。但是當我反覆研究這本著作以後，我認為中文一般翻譯為「思考」的東西在書中的定義和解釋，跟我們今天的理解完全不同，這個在我以後評論各個沉思時大家就會看到，這個被普遍翻譯成「思考」的單

字，其實代表人類甚至所有動物的全部意識活動，應該翻譯成「意識」更為契合原意。雖然我也沒有從書中任何一個地方看到笛卡兒論證「我的意識是我存在的原因」，但是在對反駁的答辯中明確否定了對「因為我有意識，所以我存在」的反駁，他明確表達了自己的立場，即「我是一個有意識的東西」。因此，按照我理解的笛卡兒的本意，把所有的「思考」通通替換成「意識」，那麼，笛卡兒的那句名言就應該被表述為「我意跟我在」。

如果我以上的理解是正確的，那麼毫無疑問我們將可以以此為突破口重新了解這位哲學巨匠的思想精髓。

第五節　從語言和文字開始

從上一節我們可以看出，對於文字內涵如果理解得不準確、有歧義，那麼對於哲學的理解和交流是有極大傷害的，甚至對於我們在理論、學術等嚴謹的交流都會形成龐大的障礙。為了大家的有效閱讀，我認為有必要從單字的準確定義開始。當然這個定義一方面是為了順利地閱讀本書的需求，另一方面更是為了在今後的研究中養成嚴謹的語言邏輯習慣。這種習慣從自發到自覺對於我們更廣泛地理解政治學、經濟學、社會學等更加紛繁複雜的學術領域尤為重要。正如洛克所言：「語言的本質決定了它的軟弱，面對理性的邏輯，語言往往是混亂的簇擁者。」[06] 因此，如果我們希望自己成為一個理性的現代人，那麼我們的理性思維就應該從嚴謹地對待語言和文字開始。這也是我本人的第一個重要認知：哲學在傳播的過程

[06]　約翰・洛克《人類理解論》(*An Essay Concerning Human Understanding*)。約翰・洛克 (John Locke，西元 1632 年－1704 年)，英國哲學家和醫生，被廣泛認為是最有影響力的一個啟蒙思想家和「自由主義」之父。他對古典共和主義和自由主義理論的貢獻反映在美國《獨立宣言》中。

中，語言勝於文字，而且它幾乎不可能跨母語體系直接傳播，需要母語哲學工作者在意會的基礎上重新工作。

為了讓中文的表達更符合邏輯，在這裡首先對《沉思錄》中關鍵單字的中文含義表達如下。

(1) 哲學 (philosophie/philosophy)：中文也可以稱為「理學」，是研究宇宙本源和總規律的學問，是全體其他學科的原理學，如今已包含了形上學。

(2) 東西 (chose/things)：也可以表述為「存在」，泛指一切研究對象。

(3) 意識 (pense/think)：經常被翻譯成「思考」，泛指一切生命體當中的與物質性相對立的部分。

(4) 理智 (raison/reason)：意識中與情感、想像相對立的部分，作為形容詞、副詞使用可以表達為理性的、理性地。

(5) 意志 (volonte/will)：情感中與感受、想像相對立的部分，是帶有主觀性的意識。

(6) 感受 (sera/feel)：情感中與意志對立的部分，是由感官刺激產生的帶有被動性的意識。

(7) 感知 (perception/perception)：由於感受所形成的理性認知。

(8) 觀念 (idee/idea)：意識活動中與意志、情感相對立的部分；由主觀形成的判斷。

(9) 知識 (connaissances/knowledge)：沒有經過理智判斷而從第三方接受過來的結論，與觀念對立時表述為「成見」。

(10) 想像 (imaginer/imagine)：沒有經過理智判斷，主觀的直接建構的印象。

(11) 判斷 (jugement/judgement)：觀念成為理智的方式。

（12）認知（cognition/cognition）：理性地形成觀念的過程。

（13）精神（esprit/spirit）：泛指人類和動物類似的意識活動，現代漢語含有一定的文學修飾色彩。

（14）靈魂（ame/soul）：與肉體相對立的存在，本書中它是被論證的對象，等同於理智。

（15）物質（substance/substance）：與意識存在相對立的存在（東西）。

（16）物體（body/body）：由物質構成的有形體。

（17）屬性（propriete/property）：一類存在的性質，即作為一「種」存在的「屬」的共同性質。

（18）邏輯（logique/logic）：理性的關係。

（19）邏輯因（logique causale/logic causal）：與現實原因與結果相對立，是沒有時間先後的原因與結果的關係。

（20）數學（mathemtiques/mathematics）：也稱為數理邏輯，是用數字符號表達的因果邏輯。

（21）科學（sience/science）：以追求真理為目標，以猜想為假設，透過邏輯因果為研究過程，以達成理性普遍共識的方法論。

（22）公理（axiome/generally acknowledged truth）：科學研究的階段性普遍性共識，同時也必須成為科學研究的對象，是真理的可能性。

（23）現代科學（sience moderne/modern science）：以數理邏輯方法為基礎，以其他方法為補充的方法論。

（24）科學精神（esprit scientifique/scientific spirit）：以因果邏輯為基礎的研究或思考的態度。

導引

第一章
第一個沉思：
可以引起懷疑的事物

【原文】

很久以來，我感覺到我的很多認知都是不可靠的，如果我想要建立起科學的、可靠的認知體系就必須把以往舊的認知通通清除，重新開始。可是這個工作量是龐大的，所以我一直等待我達到一個足夠成熟的年紀。

現在，我的精神已經從一切干擾中解放出來，又在一種恬靜的隱居生活中，那麼我要認真地開始了。不過，理智告訴我說，並不需要把所有疑問的細節都拿來逐一地檢查，只需要檢查那些基礎性的部分就足夠了，因為拆掉基礎就必然引起大廈傾覆，所以我首先將從原則性的成見入手。

到現在為止，我認為最可靠的認知大多是透過感官得來的，我覺得感官是經常騙人的。有些東西我們透過感官認識它們，似乎沒有理由懷疑它們，比如，我坐在爐火旁邊，穿著衣服，兩隻手上拿著這張紙等等。我怎麼能懷疑這兩隻手和這個身體是不是屬於我的呢？除非是我瘋了，身無分文卻以為自己是一個國王，哪怕一絲不掛，卻以為自己穿金戴銀，或者幻想自己是盆子、罐子，或者身體是玻璃做的。

我也是人，我的夢裡也出現過跟瘋子們相似的情況，有時甚至更加荒唐。有多少次我夢見我在這個地方，穿著衣服，坐在爐火旁邊，雖然可能真實的情況是我一絲不掛地躺在被窩裡。我現在確實以為我並不是用睡著的眼睛看這張紙，我搖晃著的這個腦袋也並沒有發昏，我主動地、自覺地伸出這隻手，我感覺到了這隻手，而出現在夢裡的情況好像並不這麼清楚。但仔細想想，我就想起來我時常在睡夢中也有過類似的場景。想到這裡，我明顯地感到，沒有什麼確定不移的標記，也沒有什麼可靠的跡象使人能夠從這上面清楚地分辨出清醒和睡夢。這不禁使我大吃一驚，吃驚到幾乎讓我相信我現在是在睡覺。

那麼讓我們現在就假定我是睡著了，假定所有這些場景，都不過是一些虛幻的假象，讓我們就覺得我們的手以及整個身體都不是像我們看到的樣子。儘管如此，至少必須承認出現在我們夢裡的那些東西就像圖畫一樣，它們只有模仿某種真實的東西才能呈現。老實說，當畫家們使用各種技法畫出我們從來沒有見到過的抽象圖案時，那些構成這種圖案的顏色總應該是真實的吧。

　　同樣道理，就算諸如眼睛、腦袋、手等這些一般的東西都是幻想出來的，可是總得承認有更簡單、更一般的東西是真實的、存在的。不管這些東西是真的、存在的也罷，是虛構的、詭異的也罷，也是真實的顏色的摻雜。由於這些東西的摻雜，不多不少，剛好形成了存在於我們意識當中的圖像。一般的物體性質加上它的廣延以及它的形狀、重量、大小和數量以及這些東西的地點、時間都應該屬於這一類。顯然，像算學、幾何學等不考慮實際自然界的理論學科，都含有某種確定無疑的東西，而像物理學、天文學、醫學等應用科學都是存在不確定的東西。

　　長久以來，我一直有一個想法：有一個上帝，他是全能的，就是由他把我按照現在這個樣子創造出來的。誰能向我證明這個上帝沒有這樣做過，即本來沒有地、沒有天、沒有帶有廣延性的物體、沒有形狀、沒有大小、沒有地點，而我卻偏偏具有這一切東西的感知，所有這些都像我所看見的那個樣子存在呢？除此以外，導致我經常判斷錯誤的，也可能是上帝有意讓我每次在二加三，或者在數一個正方形的邊上，或者在判斷什麼更容易的東西上弄錯。但是，也許上帝並沒有故意讓我弄錯，因為他被人說成是至善的。如果說把我做成這樣，讓我總是弄錯，這是和他的善良性相牴觸的話，那麼我有時弄錯好像也是和他的善良性相違背的，因而我不能懷疑他會容許我這樣做。

也許有人寧願否認一個如此強大的上帝存在，而不去懷疑其他一切事物都是不可靠的。我們目前還不去反對他們，還要站在他們的立場去假定在這裡所說的凡是關於上帝的話題都是無稽之談。無論他們把我所具有的意識和存在做怎樣的假定，歸之於宿命也罷，歸之於偶然也罷，當作事物的一種結合也罷，既然失誤和弄錯是一種不完滿，那麼可以肯定的是：給「我」的來源所指定的作者越是無能，「我」就越可能是不完滿的。對於這樣的一些理由，不需要辯駁，但是我不得不承認，沒有哪個過去的認知是我現在不能懷疑的。如果我想科學地找到確信的東西，我就必須全部否定掉我此前全部的、沒有科學論證過的，哪怕是最簡單的認知。

僅僅做了這些注意還不夠，我還必須用心把這些記住。因為這些舊的、平常的認知經常回到我的意識中來，它們跟我相處得實在太久了，讓它們不經意間就支配了我的理智。我要保持這種懷疑的態度，無論接下去的路多麼艱辛。從此以後我要初心不改、謹慎小心，在追求理智的道路上堅定前行。

我要假定有某一個妖怪，而不是一個真正的上帝（他是至上的真理泉源）。這個妖怪的狡詐程度不亞於上帝，他用盡心思來騙我。我要假定天、地、空氣、顏色、形狀、聲音以及我們所感知的一切外界事物都不過是他用來騙取我信任的假象和騙局。我要把自己看成是從來就沒有手、沒有眼睛、沒有肉、沒有血，什麼感官都沒有，卻錯誤地相信我有這些東西。我要堅決地保持這種態度，如果用這個辦法我還追尋不到真理，那麼至少我不會草率地做判斷。因此，我要在理智上做好準備去對付這個大騙子，讓他永遠沒有可能強加給我任何東西。我也知道持續保持這樣的態度是非常辛苦的，很容易放棄，就像一個奴隸在睡夢中享受一種虛構的自由，與其說醒來還不如一直沉睡。我也擔心，在這個本可以輕鬆休息的恬

靜夢境中辛苦工作，結果一覺醒來，大汗淋漓，在探尋真理的道路上卻毫無進步。

【評論】

這是笛卡兒的第一個沉思，也是笛卡兒思想的原點，相信和懷疑一直都是人類推動社會進步的兩個相生相伴的強大力量。因為相信，一個宗教的信徒可以突破生理極限一路行匍匐之禮，只為前往布達拉宮朝聖。但是，正像陰陽相伴，懷疑也是推動社會進步的另外一面。因為懷疑，哥白尼憑一己之力挑戰地心說；因為懷疑，牛頓提出了萬有引力的宇宙架構；同樣因為懷疑，愛因斯坦用相對論把時空彎曲甚至摺疊。

因為懷疑，笛卡兒首先選擇了摧毀一切，懷疑自己所見，懷疑自己所感，懷疑自己所思，不破不立，笛卡兒用懷疑這個核子武器把自己40多年的世界觀一次摧毀，然後尋找一個原點用他40多年研究數理邏輯累積的思想工具重建他的哲學大廈，他希望建成以後，推開大門，赫然發現原來他的上帝就在那裡。

笛卡兒展開了一系列的思想實驗，當然由於受當時的科學技術條件所限制，他的思想實驗和科學實驗都有很大的局限性，但這並不阻礙他在自己的腦海中推倒他這40多年來所有的過往經歷所形成的認知。

第一個沉思叫「可以引起懷疑的事物」，按照笛卡兒的思考邏輯，他對自己的所知所感懷疑，對科學規律懷疑，對那個最後需要被證明的上帝也懷疑，對現實和夢境懷疑，對自己的存在形式懷疑，後人替這個思考模型起了個名字叫「普遍懷疑」。笛卡兒也由此被後人歸入懷疑主義學派，而笛卡兒的懷疑主義，是可知論的懷疑主義，他的本質是希望透過懷疑來相信，而不

是盲目地相信。在科學大力發展的時代，教會已經無法再用重複的宣傳、充滿儀式感的活動以及殘酷的壓迫來使科學家們信仰上帝。笛卡兒希望自己對待上帝的態度是從一個理性的懷疑者變成一個理性的信仰者，以使一個科學家在對科學和對上帝這種看似矛盾的信仰中找到邏輯的答案。

這種懷疑的態度是積極的、正面的，它大大推動了人們對於世界本質的好奇和科學的研究，從而成為推動社會生產力發展的原因。質疑的精神既是科學發展的動力，也是哲學發展的基礎。笛卡兒懷疑一切知識，尤其是直接感知的外部世界，這種懷疑是為了不再懷疑，使理論有更牢固的基礎。歷史上，無數的哲學體系有更替、科學假設被顛覆，都是以這種懷疑的精神為起點的。如果沒有這樣的懷疑，理智就不是真正的理智，在後面我們會漸漸懂得笛卡兒的懷疑態度和今天我們講的科學的精神是完全一致的。笛卡兒的懷疑對宗教的超自然理論做出質疑，指出懷疑必須由科學的邏輯推導和實驗進行客觀檢驗。

希拉蕊・普特南（Hilary Putnam）1981 年在他的《理性、真相與歷史》（*Reason, Truth and History*）一書中，也曾提出過「缸中之腦」假說，與笛卡兒對於感知的懷疑如出一轍。「一個人（可以假設是你自己）被邪惡科學家施行了手術，他的腦被從身體上切了下來，放進一個盛有維持腦存活營養液的缸中。腦的神經末梢連線在電腦上，這臺電腦按照程式向腦傳送訊息，以使他保持一切完全正常的幻覺。對於他來說，似乎人、物體、天空還都存在，自身的運動、身體感覺都可以輸入。這個腦還可以被輸入或擷取記憶（擷取大腦手術的記憶，然後輸入他可能經歷的各種環境、日常生活）。他甚至可以被輸入程式碼，『感覺』到他自己正在這裡閱讀一段有趣而荒唐的文字。」關於這個假想的最基本的問題是：「你如何擔保你自己不是在這種困境之中？」

有朋友問我：「到底是人類的本能本身就存在普遍懷疑一切的特質，進而透過不斷的質疑和追問推動了社會的發展進步，還是因為哲學家的探索發現，催生或強化了人們的這種特質？」我想說，這正是哲學所討論的關於人的定義問題。懷疑論學派認為懷疑是哲學意義上人的第一人性，或者說「懷疑所以為人」。

第二章
對第一個沉思的反駁與答辯

第一節　第一組反駁與答辯

【反駁者的來信】

先生們：

　　看到你們希望我認真地檢查一下笛卡兒先生的作品，我想我有義務滿足諸位尊長的要求。一方面是為了由此證明我對於友誼的珍視，另一方面也是為了讓你們了解我的不足之處以及心靈的完滿性還缺少什麼。此後如果我有做得不周到的地方也請對我多多包涵。如果我不能達到你們的要求，下次就請替我免掉這類工作。

　　他說：「我有意識所以我存在，甚至我是意識本身，這話說得對。」他說：「在有意識的時候，我意識裡有事物的觀念，而且首先我有一個非常完滿的、無限的存在體的觀念。」這些我都同意。

【笛卡兒的回信】

作者對一個荷蘭神學家的反駁的答辯

先生們：

　　我不得不承認你們為我找了一個強大的對手，假如這位權威的、虔誠的神學家不是願意和他弱小的答辯者共同維護上帝的事業，他肯定會公開攻擊我對上帝的論證，他的才華和學識就會為我帶來很多麻煩。他正直地沒有使用他的權威，因此我如果妄自尊大地不好好答辯，那豈不是辜負了他的苦心。我的計畫是在這裡把他作為為了支持我而提供了一些新論據的盟友，而不是把他當作一個對手來進行答辯。

【評論】

　　這組反駁的作者是荷蘭基督教神學家卡特魯斯（Caterus），他只針對第三、第五和第六個沉思做了反駁。我有些好奇，笛卡兒的前兩個沉思的學術價值是顯而易見的，而這位神學家卻忽視或者出於其他的原因直接跳到了第三個沉思，這裡是很可疑的。從信中我們似乎可以找到一些蛛絲馬跡：這個反駁是卡特魯斯接到的一個任務或者說應該為教會承擔的義務，他並不一定很情願，以後他也沒有打算繼續這項工作。如果不是純粹為了寒暄，他應該是抱著學習的態度來閱讀的，因此他將反駁集中在了關於上帝存在和靈魂不滅這兩個教會最關心的問題上是可以理解的。至於哲學的方法論可能他並不關心，但是我認為他對笛卡兒前兩個沉思的理解顯然和笛卡兒是不同的。

　　首先，從邏輯上「我有意識，所以我存在」是因果關係，我有意識是我存在的原因，這是典型的唯心主義思想。這一點我們在笛卡兒此後的論述中需要反覆確認，笛卡兒自己反覆強調的是「我是一個有意識的東西」，這和卡特魯斯的理解是完全不同的。

　　其次，在第二個沉思以前笛卡兒僅僅止步於「意識」，即人類所有的大腦意識活動。所以從一開始卡特魯斯就表現得極其不嚴謹，也可能是拉丁語在關於意識、精神、理解、認知、思考、認識等方面是準確的，僅僅是翻譯成中文過程中的對於表意比較含糊的中文單字的使用不當。因此，我們在後面的工作中，對於關鍵用詞的準確性方面應該也更加謹慎。據我所知，歷史上像蘇格拉底（Socrates）、孔子這樣的偉大先哲都沒有留下自己的文字，而只是用語言表達思想、討論哲學問題，後來經學生們用語錄體整理成文，可能也是這個原因。這樣的問題在數學中就幾乎不存在，因

為基本表意單位都徹底地被符號化了，也就避免了跨語言翻譯的歧義。

我們經常聽到這樣一句話：「科學是無國界的，但是科學家是有國界的。」我想這句話在這裡很應景，也是對於科學精神的很好詮釋，對於神學的上帝和笛卡兒的上帝二者很可能風馬牛不相及，但是邏輯思辨的方法是兩位學者對於追求真理所達成的一致共識。這種在方法論上的嚴謹態度在後面的章節中我們還將看到，科學的精神是只論對錯、不論善惡，因為善惡的區分沒有客觀的標準，主要依賴於主觀的判斷。

從笛卡兒的回應中我們也可以看出，作為對於上帝的基本概念二者顯然是水火不容的，但是笛卡兒也意識到，作為神學家的反駁者既然同意使用哲學的方法來對笛卡兒的沉思進行反駁，本身就是一種包容態度和妥協精神。從他後面的反駁當中我們看出，他並沒有使用神學家維護上帝的權威方式，而是希望把「上帝」的哲學形象包裝得比神更完滿。

第二節　第二組反駁

【反駁者的來信】

先生：

本世紀（17 世紀 —— 編者注）的一些新的巨人們竟敢向一切事物的造物主進行挑戰，為了使他們感到狼狽，你用證明造物主的存在來鞏固了他的寶座，而且你的計畫似乎執行得非常完善，善良的人們都希望從今以後不再有人在仔細讀過你的《沉思錄》以後，不得不承認有一個為一切事物所依存的永恆的上帝。因此，我們告訴你同時也請求你，我們將在下面向你指出某些地方上在傳播這樣一種真理，使你的著作中不存留任何沒有經

過非常清楚、非常分明地證明了的東西。由於不斷的沉思，多年以來你已經鍛鍊你的理智到了如此地步，以至在別人認為模糊的、靠不住的那些東西上，對你來說可以是比較清楚的，你可以用一種單純理智來理解它們。那麼，最好是把那些需要更清楚地、更大量地加以解釋和證明的東西告訴你，而且，當你在這一點上滿足我們以後，我們就認為沒有什麼人能夠否認你為了上帝的榮光和公眾的利益所獲得的成果，那些你已經推匯出的結論就應該被採納了。

【評論】

第二組反駁是由多位神學家和哲學家口述、麥爾塞納神父蒐集整理的，對第二、第三和第五個沉思的反駁。關於麥爾塞納神父，我們了解不多，我們僅從本書的一些細節能夠獲取到的資訊是，他與笛卡兒的關係很好，而且笛卡兒也很信任他，自己的很多真實想法也會跟他交流，即使是在他隱居和避難期間，他與外界的信件、書稿也大都是由麥爾塞納神父轉寄。其他文獻也證實，麥爾塞納當時非常關注宗教、哲學和科學的理論關係，並不像很多保守派神學家那樣跟科學界水火不容，他希望找到基督教與哲學、科學和諧相處的理論，甚至對於基督教神學理論的必要革新。因此，他對於笛卡兒透過哲學的方式解決宗教和科學的衝突持非常積極的態度，也給予了盡可能的幫助。所以，第二組反駁與其說是反駁，還不如說是變相地對笛卡兒思想體系的支持，單從他給笛卡兒來信的開頭就已經很明顯地感受到他的態度。

第三節　第三組反駁與答辯

【反駁】

　　笛卡兒說，沒有什麼明確的象徵可以使我們得以分辨出來什麼是夢、什麼是醒以及感知的真實性。因而人們認為醒著時所感覺到的圖像並不是自然界事物的屬性，它們不能用來充分證明自然界事物的真實存在。如果不借助其他推理，光憑我們的感官得到的認知是值得懷疑的。我認為笛卡兒的這個沉思是對的，只不過沒有創新。

【答辯】

　　這位哲學家接受柏拉圖（Plato）等古代哲學家的結論就是不謹慎的。我之所以使用了普遍懷疑的態度，一方面是讓讀者做好理智上的準備，時刻提醒他們保持理智性，從而將理智的東西從物體性的東西中分辨出來；另一方面是為了沉思的起點是堅實、可信的。您所說的古代哲學家的結論也不是普遍被接受的，所以我從這些懷疑談起不是為了竊取先哲的榮譽，僅僅是為了從頭開始。

【評論】

　　這個反駁的作者，在法文第二版已經標注了，他就是英國著名的哲學家霍布斯（Thomas Hobbes）。霍布斯是早期機械主義唯物論的代表人物，機械唯物主義更傾向於孤立地研究物質世界，他主張世界的本源是物質的，物質不依賴於人的意識，所以從本質上他對於宗教和唯心主義哲學是

反對的。在政治方面，他主張把社會看成一部機器，忽略人性差異，按照嚴格的法制來執行。很多人認為作為同時代的學者，他也是反對笛卡兒的二元論。這裡存在兩個問題：第一，笛卡兒的哲學是否是「二元論」？第二，他對笛卡兒的態度到底是怎樣的？

這組辯論裡兩個人沒有分歧，都是認為直接感知到的東西是靠不住的，都是需要其他的更為合理的科學解釋的，其目的跟我們今天的科學路徑是一致的，無可厚非。從全文來看，關於醒著還是做夢的區分也不是笛卡兒的論題，僅僅是對「普遍懷疑」必要性的佐證。一方面，他強調感知的不可靠；另一方面，他強調日常生活和理性思辨的區別。所以我們沒必要追問笛卡兒是否真的分不清醒著還是睡覺。在後面的章節中，我會把他們關於這個問題的討論盡量精練，以縮減篇幅。

第四節　第四組反駁與答辯

【反駁者的信】

尊敬的神父：

承你好意把笛卡兒先生的《沉思錄》轉交給我讓我閱讀，我十分感激。不過由於你知道它的價值，所以你就附帶了高額的條件。如果我不首先答應向你回覆我閱讀後的感想，你就不肯允許我享受閱讀這本傑作的快樂。假如不是為了見識一下這樣好的東西的強烈慾望，對於這個條件我是不會接受的。由於這種好奇心所驅使，我才落得如此下場。假使我認為有可能很容易得到你的寬免，我寧可要求豁免這個條件，就像從前古羅馬執政官對那些在逼供之下承認的事情予以寬免一樣。

你要我反駁作者嗎？這個我絕不行。你很久以前就知道我對他本人的評價多麼高，對他的智慧和他的學識是多麼敬佩。你也清楚現在我公務纏身，你的確高估了我的才能，這一點我是有自知之明的。你交給我去檢查的東西要求一種非常高的能力和很多的寧靜與閒暇，以便讓理智擺脫世俗事務，讓意識中只有理智。沒有一個非常深刻的沉思和一個非常大的精神集中顯然就做不了。儘管如此，既然你要我這樣做，我就只好遵命了。但是有一個條件，即你將做我的保證人，並且我的一切錯誤都將由你來承擔。雖然哲學可以自誇獨自生產了這個著作，但是由於我們的作者非常謙虛，自己來到神學法庭上，那麼我將在這裡扮演兩個角色，在第一角色裡，我以哲學家的身分出現，我將提出兩個主要問題，這兩個問題我斷定是從事這一職業的人們能夠提出的問題，即關於人類意識本性問題和上帝的存在性問題。此後，我將穿上神學家的制服，提出一個神學家對於這本著作的疑惑。

【回信】

作者致麥爾塞納神父的信

尊敬的神父：

我很難找到一個比你向我寄來反駁意見的那個人更明智、更能助人為樂的人來對我的作品做檢查了，因為他對待我是那麼溫文爾雅，以至我看得很清楚他的計畫並不是反對我，也不是反對我所從事的事業。在檢查他反駁的東西時，我看出他是那麼細心，以至我有理由相信他什麼都沒有漏掉。他非常激烈地反對他所不能同意的東西，使我沒有理由害怕人們會認為這種客氣態度掩蓋了什麼本質的東西。這就是為什麼我對他的反駁並不那麼難受，看到他在我的著作中的更多的東西上沒有提出反對意見，我反而感到一絲欣慰。

【評論】

　　由於阿爾諾（Antoine Arnauld）的反駁也是從第二個沉思開始的，所以本節仍然沒有反駁的內容，但是他寫給麥爾塞納這封信也是蠻有趣味的。要知道他可是一位道道地地的科班出身的神學家，他對笛卡兒反駁的強度至關重要。

　　我們再一次看出作為神學家的麥爾塞納神父對笛卡兒的態度：第一，阿爾諾要求參與這項檢查所導致的一切後果需要由麥爾塞納神父承擔，神父顯然是答應了。第二，阿爾諾對笛卡兒的學術影響力的認同溢於言表。第三，他對於自己的工作角色的劃分也暗示了他的態度：哲學是他的學術能力，神學是他的職責所在。這裡有一個問題，神學和無神論在信仰層面是水火不容的，如果他還是懷著這樣分裂的態度進行論證，總有些許欲蓋彌彰的味道。

　　同時，在後面的章節中我們將看到，阿爾諾的第四組反駁與笛卡兒的答辯非常針鋒相對，論證方法彼此很接近，不同的無非是在信仰上的不同或者是同一種基本假設的不同表述方式。在笛卡兒有針對性的答辯之後，《沉思錄》的邏輯嚴謹性進一步提高了，在我眼裡這才是最可取之處，建議大家重點留意。

第五節　第五組反駁與答辯

【反駁者的信】

伽桑狄（Pierre Gassendi）先生致笛卡兒先生

先生：

尊貴的麥爾塞納神父讓我參與到你關於第一哲學所寫的這些深邃的沉思裡邊來，這種好意使我非常感激，因為其主題的宏偉、思辨的強勁和言辭的純練，已使我異常喜悅。同時，看到你那樣意氣風發、勇氣百倍，並如此成功地為推進科學而工作，看到你開始為我們發現了在過去的時代從未被人了解到的東西，這也使我感到高興。

只有一件事情不如我意，那就是他要我在讀過你的《沉思錄》之後，如果還有什麼疑難問題，就把它們寫出來給你。按照你的邏輯，假如我不贊成他的那些道理，我寫出來的東西只不過是我自己理智上的缺陷，假如我提出一些相反的意見，那只說明我自己的愚昧無知。儘管如此，我還是沒能拒絕我朋友的要求，這並不是我的本意。也因為我知道你是個通情達理的人，你會很容易相信我只是經過了深思熟慮向你提出我的疑問，此外沒有任何想法。如果你能不厭其煩地從頭看到尾，那就已經很好了。我絕不想讓我的這些疑問把你的情緒弄壞，從而質疑自己的判斷，或者在我這裡浪費無謂的時間和精力。我絕對不想造成這樣的結果。我甚至連把這些疑問提出來都有些不好意思，因為我提的這些疑問都是你認為特別重要，而且是經過深思熟慮的。

我把它們提了出來僅僅是供你參考，請不要介意。我的這些疑問並不反對你所談的以及打算論證的那些東西，它們只是反對你在論證那些東西

時所用的方法和邏輯。事實上，我公開承認我相信有一個上帝，相信我們的靈魂是不滅的。我的問題僅在於想弄明白你在證明這些時所使用的形上學的方法，在證明著作中的其他問題時運用的效果如何。

【回信】

作者關於第五組反駁的宣告

在《沉思錄》第一版出版之前，我曾想把它拿給巴黎神學院的聖師和肯費心一讀的其他學者去檢查，希望把這些反駁和我的答辯印出來作為我的《沉思錄》的繼續，每一組都按照收到的次序排列，這樣將會使我的邏輯更加明確。雖然向我寄來的、在次序上排列第五的那些反駁對我來說並不是最重要的，並且篇幅也過長，我還是把它們按照應有的位置印出來了。本以為這樣才不辜負作者的心意，而且我還讓人把印刷的校樣拿給他看，唯恐他有什麼地方不滿意。但那之後他又寫了一本著作，包括他第五組反駁、我的答辯以及幾條新的反駁，並且埋怨我不該把他對我的反駁公之於眾，好像我這樣做是違背了他的意願，並且說他之所以把那些反駁送給我只是為我個人看的。

既然如此，在這本書裡就不出現他的反駁了。這也是當知道了克雷色列爾先生辛苦地翻譯其他反駁時，我請求他不再翻譯第五組反駁的原因。為了讓讀者對於缺少這些反駁不致感到失望起見，我不得不在這裡奉告諸位，我最近又把這些反駁重新閱讀了一遍，同時我也把這本厚書裡所包含的全部新的反對論點閱讀了一遍，目的是從這裡抽出我認為需要加以答辯的一些論點。我的判斷是，他的反駁對於《沉思錄》論證的完善幾乎沒有太大價值。至於僅從書的厚薄或書名上來判斷書的好壞的人們，我並不奢求得到他們的稱讚。

【評論】

　　伽桑狄也是一位法國哲學家、物理學家、天文學家，神學博士，天主教神職人員，艾克斯大學教授，生於法國普羅旺斯省一個農民家庭，著有《伊壁鳩魯哲學彙編》（*Syntagma philosophicum*）等。

　　在收到笛卡兒的出版打樣之後，他反對笛卡兒出版這一部分，並且把反駁和笛卡兒的答辯以及他再次的反駁單獨出版了自己的著作《對笛卡兒〈沉思錄〉的詰難》（*Disquisitiones Anticartesianae*），我覺得，他應該是出於對智慧財產權保護的考量吧。因此笛卡兒按照他的意願做了，並且做了一個宣告，一方面對於他的反駁表示感謝，同時也表達了自己的立場。由於以上多種原因，我決定在本書中忽略對第五組反駁與答辯的整理，僅僅用幾句話評論我看過他們的反駁與答辯之後的整體結論，也保留他們之間的溝通部分。我相信這樣做對於理解笛卡兒的這部作品絲毫不會造成影響，甚至利大於弊。

　　站在一個基督教神學家的既定立場，伽桑狄認為把不信任完滿的上帝直接歸結為人類自身的不完滿性是想當然的，這顯然是他完全沒有看出來笛卡兒真實意圖的結果。固然笛卡兒提出的普遍懷疑對於物質世界的研究是有價值的，這已經完全接近了現代科學的方法論，而笛卡兒當下的首要任務就是把作為神的上帝從神壇上拉下來，而使用哲學邏輯的方法重構一個屬於自己的上帝，並堅信不疑。這個分歧也直接導致他們後面的討論的基本原點就是南轅北轍的，一個是信仰基督教的上帝，一個是希望找到科學邏輯上可以信仰的上帝。我想在後面的章節中笛卡兒之所以不惜筆墨地對他長篇累牘的反駁加以答辯，要麼是出於尊重，要麼就純粹是為了掩人耳目。

對於從時間順序上笛卡兒收到的第五組反駁，是否在本書中進行評論我也一度糾結過。首先，因為在我所重點參考的法文第一版中沒有這一部分，是在第二版加上去的；其次，它的篇幅很長，僅反駁部分就有八萬餘字，雖然他自認為是切中了要害，但無論是笛卡兒本人還是我通讀下來，感覺都沒有什麼大的價值，大多是在形式上的無謂糾纏。對於理解笛卡兒的學術體系弊大於利；再次，更讓我不欣賞的是，它的言辭當中還夾雜人身攻擊的表達，作為學術之間的交流客觀中肯即可，無須人身攻擊。所以，我決定大篇幅減少對原文的引用，只保留必要的部分以作為參考，把他們之間的書信往來和笛卡兒的宣告放在這裡就足夠了。

第六節 關於第六組反駁

第六組反駁是多位哲學家共同完成的，篇幅不長，而且也沒有按照笛卡兒沉思的順序依次有針對性地提出，只是直接提出他們的共同疑問。我想這可能是因為他們已經閱讀過前五個反駁與答辯，已經解決了大部分問題。客觀地說，這些反駁與答辯對抗也不是很激烈，有點狗尾續貂的味道，因此我把第六組反駁和答辯集中放在最後面的章節一次性進行分析和評論。

第三章

第二個沉思：

人的精神的本質

以及精神比肉體更容易認知

【原文】

昨天的沉思讓我的理智產生了那麼多的懷疑，可是我卻看不出能用什麼辦法解決，感覺如墜深淵、無法自拔。儘管如此，我仍將努力沿著我昨天的道路繼續前進，在遇到可靠的東西之前，把懷疑像錯誤一樣對待。阿基米德聲稱，只需要一個確定的點，他就可以撬動地球。同樣，如果我有幸找到哪怕是一件確切無疑的東西，這個工作就有希望。

我假定凡是我看見的東西都是假的，我把自己的記憶全都清空，假設自己什麼感官都沒有，物體、形狀、廣延、運動和位置都是虛構的。那麼，有什麼東西可以確認是真實的呢？有沒有可能是上帝或者別的什麼力量，把這些想法放在我的意識中？或許是我自己就能夠產生這些想法？退一萬步說，難道「我」也不是什麼東西嗎？我已經否認了我有感官和身體，難道我就是非依靠身體的感官不可嗎？我曾說服我自己相信世界上什麼都沒有，沒有天、沒有地、沒有精神，也沒有物質。我是否也曾說服自己相信我也不存在呢？絕對沒有，如果我曾說服自己相信什麼東西，或者僅僅是想到過什麼東西，毫無疑問那就是「存在的我」。假如有一個非常強大、非常狡猾的騙子，他總是用盡一切手段來騙我，那麼他既然騙我，就說明「有個我，我存在」。他想怎麼騙就怎麼騙，只要我想到我是一個什麼東西，就不會使我成為什麼都不是。所以，透過以上細膩的思考，同時對一切事物仔細地檢查之後，我的精神必須做出確定無疑的結論：「有個我，我存在。」這個命題必然是真的。

可是我還不大清楚，這個確實知道我存在的我到底是什麼，所以今後我必須小心從事，不要冒冒失失地把別的什麼東西當成我，千萬別在這個我認為比以前所有認知都更可靠、更明顯的認知上再弄錯了。在我有上述

這些想法之前，我要重新回憶一下，從前我認為的我是什麼，並且把凡是與我剛才講的那些相矛盾的東西，全部從我舊的認知中清除，只保留確信的部分。我以前認為我是什麼呢？顯然，我曾想過我是一個人。一個人是什麼？一個有理智的動物嗎？這樣做不好，因為接下來我就必須追問什麼是動物，什麼是有理智。那我就要從僅有一個問題，不知不覺地陷入更多、更困難、更麻煩的問題上去了。我絕不願意把我僅有的時間浪費在這樣的無窮追問中。可是，我還是要在這裡回憶從前在我理智裡的那些想法，那些想法不過是在我進行思考「我的存在」時從我自己的本性中生出來的。

首先，曾把我看成是有臉、手、胳臂以及骨頭和肉組合成的一部整套的機器，就像在屍體上看到的那樣。這部機器，我曾稱之為身體。其次，我還曾認為我吃飯、走路、感覺、意識，並且我把我所有這些行動都歸到靈魂上去，但是我還沒有進一步細想這個靈魂到底是什麼，它也許就是什麼極其稀薄、極其精細的東西，好像三分鐘熱風、一股火焰，或者一股非常稀薄的氣，這個東西鑽進並且散布到我的那些比較粗濁的部分裡。

至於物體，我沒有懷疑過它們的性質，我曾以為我把它認識得非常清楚了。如果我要按照我以前具有的概念來解釋物體的話，我就會這樣描述：物體，指一切能為某種形狀所限定的東西，它能占據某個位置，能充滿某個空間，從那裡把其他物體都排擠出去，它能由觸覺、視覺、聽覺、味覺、嗅覺等被感覺到，它能以某種方式被移動，不是被它本身，而是被它以外的東西，它受到那個東西的接觸和壓力，從而被推動。本身具備運動、感覺和意識等功能的東西，我以前認為不應該歸之於物體。如果看到這些功能出現在某些物體之中，我會感到非常奇怪。

如果我假定有某一個極其強大、極其惡毒狡詐的人，用盡他的狡詐來

騙我，那麼我到底是什麼呢？我能夠肯定我具有我剛才歸之於物體性的那些東西嗎？我左思右想也沒有找到其中任何一個是我可以說存在於我意識裡的東西。就拿靈魂的那些屬性來說吧，看看有沒有一個是在我意識裡的。首先是吃飯和走路，假如我真是沒有身體，我也就既不能走路，也不能吃飯；其次是感覺，假如沒有身體就不能感覺，除非只是幻象；再次是意識，現在我覺得意識是屬於我的一個屬性，只有它不能跟我分開。「有我，我存在」這是靠得住的。那麼，存在多長時間？我有意識多長時間，我就存在多長時間。因為假如我的意識停止了，也許我的存在就同時停止了。我現在對不是確信真實的東西一概予以否認。嚴格來說，「我只是一個有意識的東西」。也就是說，一個精神、一個理智，這些名稱的意義是我以前不知道的。那麼我作為一個真的東西、真正的存在，是一個什麼東西呢？我說過，是一個有意識的東西。還能是別的什麼呢？我要再發動我的想像力來看看我是不是能再多一點什麼東西。我不是由肢體拼湊起來的人們稱為人體的那種東西嗎？我不是一種稀薄、無孔不入、滲透到所有肢體裡的空氣嗎？我不是風，不是呼氣，不是水氣，也不是我所能虛構和想像出來的任何東西，因為我假定過這些都是不存在的，而且即使不改變這個假定，我覺得這也不妨礙我確實知道我是一個東西。

還有另外一種可能性：由於我不認識而假定不存在的那些東西，跟我所認識的我並沒有什麼不同。這個我不知道，也暫時不去討論，我只能對我認識的東西下判斷。我已經了解到我存在，現在我追問已經了解到我存在的這個我究竟是什麼呢？關於我對「我」這個觀念和認知，嚴格來說，既不取決於我還不知道其存在的那些東西，也不取決於任何一個用想像虛構出來的東西，這一點是非常靠得住的。何況虛構和想像這兩個詞就說明我是錯誤的。如果我把我想像成一個什麼東西，那麼實際上我就是虛構了

我，想像就是去想一個物體性東西的形狀或圖像。首先，我已經確實知道了我存在，同時也確實知道了所有那些圖像都很可能是夢或幻想；其次，我清楚地知道，如果我說我要發動我的想像力以便更清楚地認識我是誰，這和我說我現在是醒著，我看到某種實在和真實的東西，但是由於我看得還不夠明白，我要故意睡著，好讓我的夢替我把它變得更真實、更明顯的邏輯一樣沒道理。這樣一來，我確切地了解到，凡是我能用想像的辦法來理解的東西，都不屬於我對我自己的認知。如果想讓理智把它的性質認識清楚，就不能繼續用這種方式來理解事物，而要改弦更張、另尋出路。

那麼我究竟是什麼呢？是一個有意識的東西。什麼是一個有意識的東西呢？一個在懷疑、在理解、在肯定、在否定、在願意、在不願意，也在想像、在感覺的東西。如果所有這些東西都屬於我的本質，那就不算少了。難道這些東西會不屬於我的本質嗎？難道我不就是差不多什麼都懷疑，卻只理解某些東西，確認和肯定只有這些東西是真實的，否認一切別的東西，願意和希望認知得更多一些，不願意受騙，甚至有時不自覺地想像很多東西，就像由於身體的一些器官感覺到很多東西的那個東西嗎？儘管我總是睡覺，可能使我存在的那個人用盡他所有的力量來騙我，難道所有這一切就沒有一件是和確實有我、我確實存在同樣真實嗎？在這些屬性裡邊有沒有哪一個是能夠跟我的意識不同，或者可以說是跟我自己分開呢？顯然，是我在懷疑，在了解，在希望。所以，在這裡用不著增加什麼來解釋它。我當然也有能力去想像，哪怕我所想像的那些東西不是真的，可是這種想像的能力仍然在我意識裡，是我意識的一部分。總之，我就是那個有感覺的東西，也就是說，好像是透過感覺器官接受和認識事物的東西，因為事實上我看見了光，聽到了聲音，感到了熱。也許有人將對我說：這些現象是假的，你是在睡覺。即便如此，至少我覺得看見了、聽見

了、熱了，這總是千真萬確的吧，這就是在我意識裡叫做感覺的東西，這就是在意識。從這裡我就開始比以前更清楚明白地認識了我是什麼。

我相信，落於感官的那些有物體性的東西的圖像，比不落於感官的東西、不知道是哪一部分的我，認識得更清楚。以往，我以外的一些東西，反倒好像是被我認識得比那些真實的、確切的、屬於我自己的東西更清楚。現在我找到了原因，是我的意識心猿意馬，還不能把自己限制在理性的正確邊界之內。

讓我們繼續思考認識的、我們相信是最清楚的東西，我們先不用思考複雜的物質，而只是思考一些簡單的物質 —— 我們看得見、摸得著的物體。以一塊剛從蜂房裡取出來的蜂蠟為例，它還沒有失去它含有的蜜的甜味，還保存著一點它從花裡採來的香氣，它的顏色、形狀、大小，是明顯的，它是硬的、涼的、容易摸的，如果你敲它一下，它就發出聲音。總之，凡是能夠使人清楚地認識一個物體的屬性，它都具備。可是，當我說話的時候，有人把它拿到火旁邊，接下來味道發散了，香氣消失了，顏色變了，形狀和原來不一樣了，它的體積增大了，它變成液體了，它熱了，摸不得了，敲它也發不出聲音了。在發生了這些變化之後，原來的蜂蠟還繼續存在嗎？必須承認它還繼續存在，對這一點任何人也不能否認。那麼以前在這塊蜂蠟上認識得那麼清楚的是什麼呢？當然不可能是我在這塊蜂蠟上透過感官所感到的什麼東西，因為凡是落於味覺、嗅覺、視覺、觸覺、聽覺的東西都改變了，不過本來的蜂蠟還繼續存在。也許是我現在所想的這個蜂蠟，並不是這個蜜的甜味，也不是這種花的香味，也不是這種白的顏色，也不是這種形狀，也不是這種聲音，而僅僅是形式表現但現在又以另外一些形式表現的物體。確切說來，在我像這個樣子理解它時，我想像的是什麼呢？讓我們對這件事仔細思考一下，把凡是不屬於蜂蠟的東

西都去掉，看一看還剩些什麼。當然剩下的只有廣延的、有伸縮性的、可以變動的東西。那麼，有伸縮性的、可以變動的，這是指什麼說的？是不是我想像這塊圓的蜂蠟可以變成方的，可以從方的變成三角形的？當然不是，因為我把它理解為可能接受無數像這樣的改變，而我卻不能用我的想像來一個個地認識，因此我所具有的蜂蠟的概念是不能用想像的功能來定義的。

那麼這個廣延是什麼呢？在蜂蠟融化的時候它就增大，在蜂蠟完全融化的時候它就變得更大，而當熱度再增加時它就變得越發大了。如果我沒有想到蜂蠟能夠按照廣延而接受更多的花樣，多到出乎我的想像之外，我就不會清楚地按照真實的情況來理解什麼是蜂蠟。所以我必須承認我不能用想像理解蜂蠟是什麼，只有我的理智才能夠理解它。對於一般的蜂蠟，就更明顯了。那麼只有理智才能理解的這個蜂蠟是什麼呢？就是我看見的、我摸到的、我想像的那塊蜂蠟，就是我一開始認識的那塊蜂蠟。要注意，不能是對它的感覺，不是看、不是摸、不是想像，而僅僅是用理智去檢查，可以是像以前那片面的、模糊的，也可以是像現在這樣清楚的。根據我對在它內部的或組成它的那些東西注意得多少而定。我發現，我的理智很軟弱，會不知不覺地趨向錯誤。即使我默默地在我自己意識裡思考這一切，可是語言卻限制了我，普通語言的詞句引入了錯誤。如果人們把原來的蜂蠟拿給我，說我看見的就是剛才那塊蜂蠟，因為它有著同樣的顏色和同樣的形狀，但是，它卻不是我判斷出來的。假如我偶然從一個窗口看街上過路的人，我說我看見了一些人，就像我說我看見蜂蠟一樣，那麼我就會說：人們認識蜂蠟是用眼睛看的，而不是僅用理智檢查的。可我從窗口看見了什麼呢？無非是一些帽子和衣服，而帽子和衣服遮蓋下的可能是一些幽靈，或者是一些只用彈簧才能移動的假人。如果我判斷這是一些真

實的人，那只是因為我以為我眼睛看見了。

　　接下來專門去思考一下我最初看到的，用外感官，或至少像他們說的那樣，用常識，也就是說用感官的辦法來理解蜂蠟是什麼，是否比我現在這樣，在更準確地檢查它是什麼以及能用什麼辦法去認識它之後，把它理解得更清楚、更全面些呢？當然，連這個都懷疑起來，那是可笑的。因為在這初步的知覺裡有什麼是清楚、明顯的，不能同樣落於其他低等動物的感官裡呢？可是，當我把蜂蠟從它的外表區分出來，就像把街上東西衣服脫下來那樣，把它赤裸裸地思考起來，也許我的判斷裡還可能存在某些錯誤，但是，如果沒有人的理智，我就不能再理解了。

　　關於這個精神，也就是說關於我自己（我只承認，我是一個有意識的東西），關於好像那麼清楚分明地理解了這塊蜂蠟的這個我，我對我自己認識得難道不是更加真實、確切而且更加清楚、分明了嗎？如果由於我看見蜂蠟而斷定有蜂蠟，或者蜂蠟存在，那麼由於我看見蜂蠟因此有我，或者我存在這件事當然也就越發明顯，因為有可能是我所看見的實際上並不是蜂蠟，也有可能是我連看東西的眼睛都沒有；可是，當我對看見和我以為是看見的我不再加以區別的時候，這個在意識著的我就不可能不是個什麼東西。同樣，如果由於我摸到了蜂蠟而斷定它存在，其結果也一樣，即我存在；如果由我的想像使我相信而斷定它存在，我也總是得出同樣的結論。我在這裡關於蜂蠟所說的話也可以適用於外在於我、在我以外的其他一切東西上。

　　那麼，如果說蜂蠟不僅經過視覺或觸覺，同時也經過很多別的原因而被發現了之後，我對它的觀念和認識好像是更加清楚。那麼，我不是應該越發明顯地認識我自己了嗎？因為一切用以理解蜂蠟的本質或別的物質的本質的論據，都更加容易、更加明顯地證明我的精神的本質。我終於在不

知不覺中來到了我本來想要去的地方，既然事情現在已經清楚了，我只是透過在我的意識裡的理智功能，而不是透過想像，也不是透過感官來理解物體，只是由於我用理智來理解它。由於習慣的原因，我們不可能這麼快就破除全部舊認知，最好在這裡暫時打住，以便經過這麼長時間的沉思，我把這一個新的認知深深地印到我的記憶裡去。

【評論】

首先讓我們看一看笛卡兒的這一部分沉思的遞進邏輯。

第一步透過普遍懷疑，否定了世界是虛無的，人是虛無的，得出第一個確信的結論「有個我，我存在」，這個命題引起人們很大的興趣，也帶來很多的爭辯。因為它牽涉意識和存在的關係問題，好像是從意識裡推出存在來，所以有些學者認為這一推論非常嚴重，是純粹主觀唯心論的虛構；但是也有一些哲學家，例如康德（Immanuel Kant）和羅素（Bertrand Russell），認為實際上這並不是推論。我們可以先看一看它的實際意義，不必急於替它定性。近代哲學的主要目標是為科學建立基礎，所以它拿認識論作為第一任務。認識論的對象就是人的認識。笛卡兒當作出發點的那個命題，顯然是從認識論的角度提出的。他不只是抽象地談一般意識活動，而是具體地提出「我有意識」作為認識的確存在的證據。他不提我看見、我聽見等等，是強調我有意識，因為一定要有意識伴隨著看見的、聽到的才能成為我所知道的，才有可能成為認知。說「我有意識」，只是陳述一件事實，並不涉及意識與存在的關係問題，也就更與唯心論無關了。同時，在笛卡兒本人校訂過的法語中也沒有提示我們這種因果關係。

第二步，由於「有個我，我存在」是我的一個「意識」，所以我確信

「有意識是我的一個屬性」。這裡我們需要注意屬性和存在的關係。舉個例子，我們說「鐵是金屬」，嚴格的理解就是「鐵屬於金屬，或鐵具有金屬的屬性」，就像生物分類學裡「屬」與「種」的關係，當然鐵還有黑色的屬性。在這一步，笛卡兒僅僅確信了「存在的我具有意識的屬性」。這裡我們就不能理解為「我是意識」，因為這會導致錯誤的理解。因為我們說「鐵是金屬」，這句大白話是基於大家對於現代物理學基礎知識普及的基礎上的，鐵是金屬、銅是金屬、金銀是金屬，大家都知道是屬於的意思，而如果說「我是意識」，很容易讓讀者錯誤地理解為我就是意識，意識就是我。基於前兩步得到的結論：因為「我存在」並且「我有意識的屬性」，所以「我是有意識的東西」，至於我還有沒有其他屬性，我還是不是其他的什麼東西，笛卡兒在這個沉思裡的結論是「不知道，也暫時不研究」。顯然這裡的東西和客觀存在是完全同義的，但是整個著作中的「存在」和「東西」不一定都是。

　　第三步，對於「意識」和「存在」在時間上的關係，在這裡笛卡兒沒有做結論，他說「如果我的意識不在了，那麼很可能我就停止了存在」。這裡，「很可能」是關鍵詞，這只是笛卡兒的猜測，而不是結論，對於邏輯上沒有論證的事情，暫時不做結論。如果結合我們今天的「植物人」、「腦死」等生物學現象，笛卡兒的結論仍然是沒有瑕疵的。

　　接下來是笛卡兒這個沉思的第二部分，關於感覺。既然感覺也是意識的一部分，那麼這部分意識可靠嗎？笛卡兒的結論很堅決：「靠不住！」因為值得懷疑的地方實在是太多了，如果這些感覺可信，那麼自己的身體豈不是更可信？今天看來如果確信了自己的身體，那麼跟現代醫學的人體解剖學對於人體的認知就大相逕庭了。物質性的東西是同樣的道理，它需要複雜的科學實驗進行檢驗。他以一塊蜂蠟這種簡單的物體為例，說明就連

看得見、摸得著的物體的屬性都難以認識，顯然對於更複雜的大量其他物質就更難了，從而得出非常重要的結論：意識比肉體更容易認知。所以當年笛卡兒選擇了首先相信意識存在，他也由此得出了本章標題的結論。

我想說，正是因為如此，人們才更容易被各種表面的現象所迷惑。因為任何以物質形態存在的客觀世界，現象背後的本質只有依靠科學才能證明，數字要真實、模型要有效、計算要準確、公理要正確，這其中只要動搖了一點點，結果就很有可能謬以千里。

第四章
對第二個沉思的反駁與答辯

第一節 第一組反駁與答辯

【反駁】

我請問：一個觀念要求什麼原因？或者告訴我，觀念到底是什麼東西？就其是客觀地存在於理智之中而言，觀念是被理智思考的東西嗎？客觀地存在於理智之中是什麼意思？如果我理解得沒錯的話，就是針對一個對象的意識活動。實際上，這無非是對命名的調整，它對對象本身增加不了什麼實在的東西。因為這就跟被看見一樣，在我意識裡不過是看的動作向意識延伸。同樣，被思考或者被客觀地放在理智之中，這本身就是思考的意識活動，而在事物本身上用不著什麼運動和改變，甚至用不著事物存在。那麼，一個現實如果並不存在，一個單純的名稱還有什麼意義呢？

這個偉大的人物說：「從一個觀念包含一個這樣的客觀實在性而不包含別的客觀實在性來說，它無疑地要有什麼原因。」我認為正好相反，它什麼原因也沒有，因為觀念的客觀實在性是一個純粹的稱號，它在現實上並不存在。可是，一個原因所給予的影響卻是實在的、現實的。現實不存在的東西並不能有原因，從而不能產生於任何真正的原因，也不需要原因。因此，應該是我有一些觀念，而這些觀念沒有什麼原因。

這位偉大的人物接著說：「一種東西客觀地用它的觀念而存在於理智之中的這種存在方式，不管它是多麼不完滿，總不能說它什麼都不是吧，也不能因此就說這個觀念來自無吧。」

這裡面有歧義：假如什麼都不是這一詞和現實不存在是一回事，那麼它就真是什麼都不是，因為它現實上並不存在，它就是來自無。也就是說，它沒有原因。不過，假如什麼都不是這一詞是指由理智虛構出來的，

人們一般稱為想像的東西，那麼這就不是什麼都不是。由於它僅僅是被想像出來的，而且它現實又不存在，因此它即使可以被想像出來，也絕不是由原因引起的，絕不能被放在理智之中。

【答辯】

問題的關鍵在於如何理解「觀念」這個詞。我說過，觀念就其客觀地存在於理智之中而言，就是被想像東西的觀念本身。對於這句話，他故意理解得和我不同。他說：「客觀地在理智之中，這就是針對一個對象的意識活動，而觀念只是一個外部的名稱，它對事物增加不了什麼實在的東西，這個外部的名稱不能被放在理智之中。」但是，我談到的「觀念」，它絕不是在理智之外的，你所謂的客觀地存在只是人們習慣上理解的對象。如果有人問，太陽的觀念客觀地存在於我的理智之中，這太陽是什麼呢？你們會回答，這不過是一個外部的名稱，它是針對一個對象的意識行為。但我的回答是，這是就我的理智了解到的太陽的觀念本身，沒有人會把它理解為太陽的觀念就是太陽本身。客觀地存在於理智之中也並不意味著針對一個對象的意識活動，而只是意味著這些東西經常以我們習慣的理解方式而存在於理智之中，從而導致太陽的觀念就像太陽本身存在於理智之中。這種理解觀念的方式，雖然比理解觀念存在於理智之外的方式要可疑得多，但既然是可疑的，就不能說它什麼都不是。

你認為「什麼都不是」這句話是有歧義的。你說：「以其觀念而存在於理智之中的這樣一個東西並不是一個實在的、現實的物體，不能想像出來的什麼東西，或者說一個由邏輯推論出來的存在體，就證明它是一個實在的東西。因為這個東西僅僅是被想像出來的，而在現實中並不存在，它

可以被想像，可是它不能被什麼原因所引起，因而存在於理智之外。」不過，為了被想像起見，它當然需要原因。

比如，如果有人在意識裡想到一個精巧機器的觀念，人們有理由問這個觀念的原因是什麼。那個說這個觀念在理智之外什麼都不是，從而它不能被什麼原因所引起而只能被理解的答案是不會令人滿意的，因為人們在這裡問的是這個觀念之所以被想像出來的原因。如果說精神本身就是它的原因，同樣不會令人滿意，因為人們對於這一點並不懷疑，人們想問的只是出現精巧機器的觀念裡面的客觀原因，即設計原理。這個客觀原因和上帝的觀念的客觀原因的邏輯是一樣的。人們可以替這個觀念找出種種原因，或者是因為人們看到過什麼實在的、類似的機器，這個觀念就是模仿這個機器做成的；或者是因為這個人的理智之中對於機械的廣博知識；或者那個人也許是一個天才，他能夠在沒有任何機械知識的情況下發明了這個機器。我必須指出，任何技術的觀念都必須遵循這個設計的原因，不管這個原因是什麼。

【評論】

這一部分的重點是關於觀念的定義，我們已經看到了二人的本質差異。反駁者認為觀念就是針對客觀實體對象的意識活動，不需要原因。而笛卡兒認為，觀念是理智基於邏輯思考形成的結論本身。所謂觀念的原因就是理智做出判斷的邏輯原因，比如三角形觀念的原因是基於幾何學公理對於三角形的定義；機器觀念的原因是機器的設計原理或天才發明等。

第二節　第二組反駁與答辯

【反駁】

　　第一點，你盡你所能把物體的一切圖像都拋棄掉了，以便推論出你僅僅是一個有意識的東西。怕的是在這以後，也許別人得出的結論卻是：你不是在事實上，而是在想像上，你是一個有意識的東西。所以，這並不是老實的、真誠的研究態度，而僅僅是一種想像。這是我們從你的頭兩個沉思裡所找出的問題。在那兩個沉思裡，你清楚地指出至少有意識的你是一個什麼東西，這一點是靠得住的。到此為止，你了解到你是一個有意識的東西，可是你還不知道這個有意識的東西是什麼。你怎麼知道這不是一個物體由於它的各種不同的運動和接觸而做出的你稱為意識的活動呢？雖然你認為你已經拋棄了一切物體，但是你可能在這上面弄錯了，因為你並沒有把你自己拋棄，你自己是一個物體。你怎麼證明一個物體不能有意識，或者一些物體性的運動不是意識的本身呢？為什麼你認為已經拋棄的肉體的全部或某幾個部分，比如大腦，是這些部分有助於做出我們稱為意識的活動的呢？你說，我是一個有意識的東西。可是你怎麼證明你不是一個物質性的運動或者被推動起來的物體呢？

【答辯】

　　我已經在我的第二個沉思裡指出過我已經想得夠多了，因為我在那個地方使用了這樣的話：「也有可能是由於我不認識而假定不存在的那些東西，事實上跟我所認識的我並沒有什麼不同，關於這一點，我現在不去討論。」透過這幾句話，我想要特別告訴讀者的是，在這個地方我還沒去追

查靈魂是否和肉體不同，我僅僅是檢查靈魂的哪些特性使我能夠有一種清楚、可靠的認識。儘管我在那裡指出許多特性，我的確不知道一個有意識的東西到底是什麼。雖然我承認我還不知道這個有意識的東西是否與物體不同，或它就是物體，但我並不承認我對它就毫無認識。我說過對任何一個東西了解到那種程度，以至於他知道在它裡邊的除了他認識的東西以外就沒有任何別的了嗎？我們認為最好的解釋是：是我們認識這樣的一個東西，在這個東西裡邊有著比我們所認識的更多的特性。我們對每天與之談話的那些人認識，比只認識他們的名字或面貌的那些人，有更多認識，不過我們並不否認我們對後者有認識的更多的可能性。從這個角度說，我認為已經足夠說明了不連帶人們習慣上認知的，關於物體的那些東西而單獨認識的意識，要比不連帶意識而單獨認知物體更容易。這就是我在第二個沉思裡打算去證明的全部東西。

關於第一哲學我只寫了六個沉思，讀者很奇怪在頭兩個沉思裡我僅僅推論出我剛剛說的東西，他們就覺得太貧乏了，不值得拿出來面世。對此，我不擔心，那些帶著判斷來讀我寫過的其餘部分的人們會有機會懷疑我。而我認為，那些要求特別加以注意、應該被彼此分開去思考的東西，已經分開放在幾個沉思裡了。因此，為了達到對事物的一種堅實的、可靠的認識，必須習慣先去懷疑一切，並且特別懷疑那些物質性的東西。我不知道有什麼更好的辦法，儘管在很久以前我讀過幾本由懷疑論者和科學院士寫的關於這方面的書，但本質上都是老生常談。我想要讓讀者不僅要用必要的時間來讀它，而且要用幾個月，至少幾個星期來思考它談到的內容，然後再讀別的，因為這樣一來他們才有可能從書的其餘部分得到更多的收穫。

此外，很多人直到現在還難以建立僅屬於意識，而沒有摻雜任何其他

東西的清晰觀念，這也是人們沒有能足夠清楚地理解我所說的關於上帝和靈魂的主要原因。我曾想，如果我指出為什麼必須把意識的性質與物質的性質區分開，以及怎麼去從本質上認識它們，這就足夠了。因此，為了很好地理解非物質的或形上的東西，必須把意識從感官中擺脫出來，可是據我所知，還沒有人指出過用什麼辦法能做到這一點。我認為，這樣做的真正的、有效的辦法已經包含在我的第二個沉思裡了，而且這種辦法使用一次是不夠的，必須經常檢查它而且長時間地使用它，以便避免把意識的東西和物質的東西混為一談，把它們分開，至少需要幾天時間的鍛鍊才可以。這就是我在第二個沉思裡不去談論其他東西的主要原因。

你們在這裡問我怎麼論證物體不能意識。請原諒，我到第六個沉思才開始談到這個問題。

【評論】

這裡是笛卡兒在重申第三步的必要性，就像我們在對第一個沉思中所評論的，他沒有否定「我」除了意識這個屬性之外，沒有其他的屬性，只是我現在還不知道，而且首先確認一個存在的屬性再去尋找其他屬性這樣更合理。反駁者在笛卡兒未下結論的一個地方進行反駁，顯然是找錯了地方，反駁也就失去了意義。笛卡兒認為，如果按照同樣的方法，先去審視物質性的存在，他覺得確實更為困難，不如先去確定有意識的存在更為簡單直接。

今天看來，按照當時的科技發展水準，對於物質性東西的理論知識正處在全面顛覆的時期，就像伽利略發明的天文望遠鏡，極大地支持了哥白尼的「日心說」，幾乎完全顛覆了傳統地心說對於宇宙性質的全部認知一

樣，如果在天文望遠鏡之前，花費再多的力氣想去確定天體的運行規律從而證明地心說的可靠性，與按照天文望遠鏡的觀察後的認知比較，這顯然是南轅北轍的。

第三節　第三組反駁與答辯

【第二個反駁：「我是一個有意識的東西。」】

您說得非常好，因為從我有意識或從我有一個觀念，可以推論出我是有意識的。因為我有意識和我是在意識著的，是一個意思。從我是在意識著的，得出我存在，而且，有意識的東西並非什麼都不是。不過，我們的作者在這裡加上了「也就是說，一個精神、一個靈魂、一個理智……」。這裡就產生出來一個疑問：說我是有意識的，因而我是一個意識，這樣的推理是不正確的。因為我也可以用同樣的推理說：我在散步，因而我是一個散步。笛卡兒先生把有意識的東西和意識當作同一件事了，或者至少他說在理解的東西和意識是同一個東西。可是所有的哲學家都把主體（體）跟它的行為（用）分開，也就是說，跟它的屬性和本質相區別。因為東西本身的存在和它的本身不是同一件事，因此一個有意識的東西可以是精神、理智的主體，所以是物質性的東西。可是他提出來的是與此不一致的，卻沒有加以證明。

他又說：「我了解到了我存在。現在我追問：我了解了我存在這個我究竟是什麼？我能確定的是關於『我自己』這個概念和認識，嚴格來說，他不取決於我是否知道他是什麼。」

對我存在這個命題的認識取決於我意識這個命題是非常可靠的。可是

對我有意識這個命題的認識是從哪裡來的呢？這無非是來自：沒有主體（體），我們就不能認識其任何行為（用），就像沒有一個在意識的東西就不能認識意識，沒有一個在知道的東西就不能理解知道，沒有一個散步的東西就不能理解散步一樣。似乎應該得出這樣一個結論：一個有意識的東西是某種物質性的東西，因為一切行為（用）的主體（體）都是在物體性的或物質性的基礎上才能被認知。正像他不久以後用蜂蠟的例子所指出的那樣：蠟的顏色、軟硬、形狀以及其他一切行為（用）雖然變了，可是蠟仍然被理解為還是那塊蠟。也就是說，那個物質可能有各種變化，可是我的認知並沒有變化。因為即使有誰能夠意識到他曾經有過意識，可是絕不能意識到他正在意識，也絕不能知道他在知道。因為這會是一個沒完沒了的問句：你從哪裡知道你知道你知道的？……

因此，既然對我存在這個命題的認識是取決於對我有意識這個命題的意識的，而對於「我有意識這個命題」的意識是取決於我們的一個意識，那麼似乎應該得出這樣的結論：一個在意識的東西是物質，不是意識。

【答辯】

我說過「也就是說一個精神、一個靈魂、一個理智……」，我用這幾個名稱不是指單獨的功能，而是指能有意識功能的東西說的。這是我用非常明顯的詞句解釋過的，我看不出有什麼可疑的地方。

用散步和意識進行類比是不恰當的。因為散步除了行動本身之外，從來不指別的，而意識有時指活動，有時指功能，有時指寓於這個功能之內的東西。我並沒有說意識和意識到的東西是一回事，而僅僅是當意識被當作有意識的東西時，它們是同一件事。我承認，為了說明一個東西或一個

實體，我要把凡是不屬於它的東西都要從它身上去掉，為此我盡可能使用了簡單、抽象的詞句。相反，這位哲學家為了說明實體，卻使用了另外的一些非常具體、非常複雜的詞句，比如主體、物質或物體，以便盡可能地不把意識和物體分開。我並不認為他使用的方法比我所使用的方法更能有效地認識真理。他認為：「一個在意識的東西可以是物質性的，而我提出來的倒是相反的東西。」對此我沒有加以證明。不是的，我沒有提出相反的東西，我也絕對沒有把它當作論據，我一直到第六個沉思才對它加以證明。

後來他說：「沒有主體（體），我們就不能理解其任何行為（用），就像沒有一個意識的東西，就不能理解意識一樣，因為在意識的東西不是無。」他接著說：「從這裡似乎應該得出這樣一個結論，即一個在意識的東西是某種物質性的東西。」這毫無道理，不合邏輯，因為一切行為（用）的主體（體）當然是指實體說的，所有邏輯學家，甚至大多數普通人都會認為：實體之中，有一些是意識性的，另一些是物質性的。我用蜂蠟這個例子只是證明顏色、軟硬、形狀等並不是蜂蠟的必要條件。

你說一個意識不能是另一個意識的主體，這也是錯誤的。意識不能沒有一個在意識的東西，一般來說，任何一個屬性或行為都不能沒有一個實體，行為是實體的行為。可是，既然我們不能直接認識實體本身，而只能由於它是某些行為（用）的主體（體）才認識它，那麼非常合理地，我們用不同的名稱來把我們認識為完全不同的行為（用）或屬性的主體（體）叫做實體，然後我們再檢查是否這些不同的名稱意味著不同的東西或相同的東西。有一些行為（用）我們叫做物質性的，如大小、形狀、運動或者不占空間的其他東西，我們把它們寓於其中的實體稱為物體，而不能錯誤地以為形狀的主體是一個物體，位置移動的主體是另外一個物體。一切行為

（用）在它們以廣延為前提的情況下都是彼此一致的。有一些其他的行為（用），我們稱為意識，如理解、意願、想像、感覺，所有這些，它們的共同特點都是意識活動，它們寓於其中的實體，我們把它叫做有意識的東西，如精神、感覺、想像等。只要我們不把它跟物質性的實體混為一談就行。因為意識性的行為（用）跟物質性的行為（用）完全相反，意識和廣延截然不同。在我們形成了這兩種實體不同的認知以後，再去看第六個沉思裡講到的話，我們就很容易了解到，它們到底是同一種東西還是兩種不同的東西了。

【第三個反駁】

笛卡兒說：「有什麼是有別於我的意識的？有什麼是可以說跟我自己分開的？」我們認為，我是有別於我的意識的。雖然意識和我分不開，可是它卻和我不同，就像散步有別於散步的人。假如笛卡兒先生指的「有意識的人和人的意識」是一回事，我們就陷入矛盾中了：意識去意識，觀看去觀看，願意去願意。應該是散步的功能去散步，意識的功能可以去意識。所有這些事情都被弄得一塌糊塗，這和笛卡兒先生平素的睿智完全不同。

【答辯】

我並不反對有意識的我有別於我的意識，就好像一個東西有別於它的形態一樣。我講的是：「有什麼是有別於我的意識的？」這句話我是從幾種意識方式來講的，而不是講我的實體。我接著說：「有什麼是可以跟我自己分開的？」我不過是想說，在我的意識裡所有這些意識方式，在我以外

不能存在。這裡，我既看不到有什麼可以使人懷疑的地方，也看不出你們為什麼在這個地方譴責我弄得一塌糊塗。

【第四個反駁】

笛卡兒說：「我必須承認我用想像是不能理解這塊蜂蠟是什麼，只有我的理智才能夠理解它。」

想像和理智推理之間有很大的不同，可是笛卡兒先生沒有解釋它們的不同在哪裡。如果推理就是用「是」字串連起來的一連串的名稱的總和，那麼其結果就是：用推理，我們得不出任何關於事物的本質的結論，只能得出關於這些事物的名稱。如果是這樣的話，那麼推理將取決於名稱，名稱將取決於想像，想像也許將取決於物體性器官的活動，因此意識無非是在有機物體的某些部分裡的活動。

【答辯】

在第二個沉思裡我用蜂蠟的例子，指出什麼是我們在蜂蠟裡想像的東西，什麼是我們單用推理的東西，我解釋了想像和推理的不同。我在別的地方也解釋了我們推理一個東西為什麼跟我們想像這個東西不同。舉例來說，我想像一個五邊形，就需要特別集中精力把這個形狀弄得好像是在面前一樣；我去理解一個五邊形，就不使用這個方法。在推論裡所做的總和並不是名稱的總和，而是名稱所意味著的事物的總和。我奇怪為什麼有人能夠想到相反方向上去了。

有誰會認為法國人是每一個法國人名字的總和呢？當這位哲學家對於隨意定義名稱時，難道他不是在譴責自己嗎？如果他承認什麼東西是由言語來

表達它的意義，那麼為什麼他不願意承認，我們的言辭和推理是表現為對有意義東西的言辭和推理，而不僅僅是語言本身的推理呢？當然，他可以用同樣的方式得出結論說，意識是一種運動；他也可以得出結論說，地是天；或者他願意說什麼就說什麼。因為意識和物體是兩種完全不同的實體！

【評論】

這裡最需要注意的問題是反駁者對於「我是有意識的東西」和「我存在」二者關係的理解。他說「從我是有意識的，得出我存在」，反駁者用物質性東西的主體（體）和運動（用）來類比意識的主體（體）和意識活動（用），笛卡兒予以了堅決否定。笛卡兒認為這完全是兩碼事，與物質性的東西不同，意識活動是活動寓於主體本身的一類主體。因此，意識和存在的關係也不是「因為意識，所以有意識」，而是這個存在就是意識寓於存在的「意識存在」，即「我是個有意識的東西」。這也為此後笛卡兒進一步論證「物質性存在和意識性存在的本質不同」做好了準備。

此外，在這裡我想說說「廣延」一詞，因為學術界都使用了這個翻譯。我認為它就是我們在邏輯表達上的「包括但不限於」。舉例來說，鐵的屬性包括但不限於「金屬、黑色、導電等」，這是一個典型的邏輯概念，而不是像很多學者所解釋的笛卡兒首次提出了「廣延」的物質概念。我相信被中文翻譯成「廣延」的這個外文單字，在很多笛卡兒之前的哲學著作中很可能已經出現過，因此大家也就習以為常了，這一點我們暫且不去查閱歷史資料。但是，很有可能就是這種習以為常或者對於一個單字詞性的誤讀，讓我們錯判了笛卡兒對前代哲學的進步價值。單字可能還是那個單字，在邏輯中的關係發生了變化，其確切的表意也就自然而然地會發生變化。

最後，關於多邊形的討論也再一次印證了笛卡兒關於幾何圖形本身與觀念差異性的定義。這裡笛卡兒主要講的是認知的方式，一種是推理，一種是想像。想像一個五邊形就是要在意識中建構一個虛擬的圖像，而推導一個五邊形，僅僅需要推匯出由五條線段首尾連線而成的東西就可以了。

第四節　第四組反駁與答辯

【反駁：關於人的意識本質】

根據我以往所讀過的著作，笛卡兒先生作為他的全部哲學基礎和第一原則而建立的東西和前人沒有什麼不同。（引用先哲的話，刪減）

既然他從他的意識裡排除一切物質性的東西，僅僅是按照他的思路和推理的次序，那麼，他的意思是除了他是一個「有意識的東西」以外，他不認識其他任何東西是屬於他的本質的。顯然，爭論依然停留在原來的地方，問題依然完全沒有解決，除了他是一個有意識的東西以外，如何得出沒有其他任何東西屬於他的本質？

【答辯】

也許在我裡邊有許多東西是我還不認識的，可是只要我了解到在我裡面的東西，僅僅因為這個就足以使我存在，我就確實知道上帝可以不用我還不認識的其他東西而創造我，從而那些其他東西並不屬於我的本質。我認為，任何東西，凡是沒有它，別的東西也可以存在，他就不包含在那個別的東西的本質裡。雖然意識不是人的本質，並且意識與肉體相結合，肉體也並不是人的本質。也就是說，用一種把事物理解得很不完滿的意識抽

象功能來理解一個東西而不牽涉另外一個東西，從這裡不能得出兩個東西之間的實在分別，只有把兩個東西的任何一個完全不牽涉另外一個，才能得出兩個東西之間的實在分別。

我不認為像阿爾諾先生所說的那樣，需要一種全部的、完整的認識。如果一個認識完整的話，就必須本身包含所認識的東西的一切特性，因此只有上帝自己才知道他有對一切東西的全部的、完整的認識。即使一個被創造的理智對於許多事物也許真有全部的、完整的認識，但如果上帝本身不特別啟示他，他就永遠不能知道他有這些認識。為了使他對於什麼東西有一種全部的、完整的認識，只要求在他裡邊的認識能力等於這個東西，這是容易做到的。但是，要使他了解到上帝在這個東西裡邊有沒有放進更多的東西，那他的認識能力就必須等於上帝的無限能力，這是完全不可能的。

【評論】

與其他幾位反駁者一樣，他還在追問為什麼「我是個有意識的東西」而不是別的什麼東西；而笛卡兒只反覆強調的是：我是個有意識的東西，至於我還是不是別的東西，我現在還不知道。他還在答辯的最後做了一個結論：知道一個東西裡有什麼，只要你的認知能力和那個東西一樣就可以了；如果想知道一個東西裡有沒有其他的東西那是不可能的。也就是說已知的答案永遠是因為已有的認知能力，認知能力改變了，答案就有可能改變。我認為這個論斷在全文中隱藏得很深，但是非常重要，他提醒人們對於人類自身的認知局限性要時刻保持清醒的頭腦，永遠不能自以為是。

第五章

第三個沉思：

上帝，他存在

【原文】

　　現在我要閉上眼睛，堵上耳朵，脫離我的一切感官，我甚至要把一切物質性東西的圖像都從我的意識裡排除出去，至少把它們看作是假的。這樣一來，由於我僅僅和自己打交道，僅僅思考我的內部，因此我要試著一點點地進一步認識我自己，對我自己進一步親熱起來。我是一個有意識的東西，我是一個在懷疑、在肯定、在否定，知道的很少、不知道的很多，在愛、在恨、在願意、在不願意，也在想像、在感覺的東西。即使我所感覺和想像的東西也許不是在我以外，但我確實知道我稱為感覺和想像的這種意識方式，一定是存在和出現在我意識裡的。

　　現在我要更準確地思考一下，在我意識裡還有沒有其他的認知。我確實知道了我是一個有意識的東西。在這個初步的認知裡，只有一個清楚、明白的意識。假如萬一我認識得如此清楚、分明的東西竟是假的，那麼就沒有任何認識能使我知道它是真的。我覺得我已經能夠把「凡是我們理解得清楚、明顯的東西都是真的」這一條定為總則；如果沒有什麼其他的讓我理解得清楚、明顯的東西證明它是假的，我就確信無疑。那麼為什麼我以前當作非常可靠、非常明顯而接受和承認下來，後來我又都認為是可疑的、不可靠的那些東西是什麼呢？是地、天、星辰，以及凡是我透過我的感官所感到的其他東西。可是，我在這些東西裡邊曾理解得清楚、明白的是什麼呢？當然不是別的，無非是那些東西在我意識裡呈現的印象或觀念，並且就是現在我還不否認這些觀念是在我意識裡。可是還有另外一件事情是我曾經確實知道的，並且由於習慣的原因使我相信它，我曾經以為看得非常清楚，而實際上我並沒有看清楚它，即有些東西在我以外，這些觀念就是從那裡發生的，並且似乎和那些東西一模一樣。我就是在這件事

情上弄錯了，假如我認為它是按照事實真相判斷的，那只能說我做出判斷的原因的真實性並不準確。

可是當我思考關於算學和幾何學某種十分簡單、十分容易的東西，比如三加二等於五等等，我至少把它們理解得清清楚楚，確實知道它們是真的。假如從那以後，我認為可以對這些東西懷疑的話，那一定不是由於別的理由，只能是我意識裡產生想法，也許是一個什麼上帝，他給了我這樣的本性，讓我甚至在我覺得是最明顯的一些東西上弄錯。但是每當上述關於一個上帝的至高無上的能力這種觀念出現在我的意識裡時，我都不得不承認，如果他願意，他就很容易使我甚至在我相信認識得非常清楚的東西上弄錯。反過來，每當我轉向我以為理解得十分清楚的東西上的時候，我是如此地被這些東西說服，以至我自己不得不說：「上帝能怎麼騙我就怎麼騙我吧。」只要我想我是什麼東西，他就絕不能使我什麼都不是，以及我認為存在這件事是真的，他就絕不能使我從來沒有存在過，他也絕不能使三加二之和不等於五，以及我看得很清楚的諸如此類的事情上不是我所理解的那樣。

既然我沒有任何理由相信上帝是騙子，既然我還對證明有一個上帝進行過思考，因此建構在這個觀念之上的懷疑當然是非常輕率的，而且是非形上學的。為了排除這個疑慮，一旦時機成熟，我就要檢查一下是否有一個上帝，如果一旦我找到了那個上帝，我就要檢查一下他是否是騙子。如果不認識這個事實的真相，我就看不出我能夠把任何一件事情當作是可靠的。為了我能夠有機會去做這種檢查而不至於中斷我向自己提出來的沉思次序，即從在我意識裡先找到的觀念一步步地推論到可能在我意識裡找到的其他觀念，我就必須在這裡把我的全部意識分為幾類，必須思考在哪些類裡有真理或有錯誤。

在我的各類意識之中，有些是事物的圖像，因為只有這樣，另外一些意識才真正適合觀念這一名稱。比如我想起一個人，或者一個怪物，或者天，或者一個天使，或者上帝本身。另外一些意識有另外的形式，比如我想要，我害怕，我肯定，我否定。我雖然把某種東西理解為我意識的活動的主體，但是我也用這個主體把某些東西加到我具有的觀念上了，後一類意識叫做意志或情感，前一類叫做觀念或判斷。

至於觀念，如果只就其本身而不把它們牽涉到別的東西上去，觀念本身不是假的。因為不管我想像一隻山羊或一個怪物，在我想像上這個觀念都是真的。

也不要害怕在情感或意志裡邊會有假的，因為即使我可以希望一些壞事情，或者甚至這些事情從來不存在，但是不能因此就說我對這些事情的希望不是真的。這樣，就只剩下判斷了。在判斷裡我應該小心謹慎以免弄錯。在判斷裡可能出現的最經常的錯誤就是我把在我意識裡的觀念和在我以外的一些東西看成等同的了。如果我把觀念僅僅看成是我的意識的一種結果，不把它們牽涉別的什麼外界東西上去，它們當然就不會錯。

在這些觀念裡邊，有些我認為是與我俱生的，有些是外來的，有些是由我自己主觀臆斷的。我有理解一個東西，或一個理智，或一個意識的功能，我覺得這種功能不是外來的，而是出自我的本質。但是，如果我現在聽見了什麼聲音，看見了太陽，感覺到了熱，那麼我就判斷這些感覺都是從存在於我以外的什麼東西發出的，而人魚、鷲馬以及諸如此類的其他一切怪物都是一些虛構和由我的理智憑空捏造出來的。很可能這些觀念都不是外來的，而都是和我與生俱來的，或者說都是我的意識產生的。因為到現在為止，我還沒有清楚地發現它們的真正來源。我現在要做的主要事情是，在關於我覺得來自我以外的什麼對象的那些觀念，看看有哪些理由使

我不得不相信它們是和這些對象等同的。

外來的觀念必須具備兩個條件之一：第一，我覺得這是大自然告訴我的。第二，我自己體會到這些觀念是不以我的意志為轉移的。比如不管我願意也罷，不願意也罷，我感覺到了熱，而由於這個原因就使我相信熱這種感覺是由於一種不同於我的東西，即由於我旁邊的火爐的熱產生給我的。除了判斷這個外來東西只是把它的圖像印到我意識裡以外，我看不出有什麼合理的解釋。

現在我必須看一看這些理由是否禁得起嚴格的考驗，是否有足夠的說服力。當我說我覺得這是大自然告訴我的，我用大自然這一詞所指的僅僅是某一種傾向，這種傾向使我相信這個事情，而不是理智使我判斷這個事情是真的。這二者之間有很大的不同，因為對於理智告訴我的真實的事情，我一點都不能懷疑，就像我意識到我存在，我就能夠推論出我存在。在辨別真和假上，我沒有任何別的功能或能力能夠告訴我，這個理智指給我的真的東西並不是真的，讓我能夠對於那種功能和對於理智同樣地加以信賴。至於傾向，我覺得它們對我來說是不同的，當問題在於對善與惡之間進行選擇的時候，傾向使我選擇惡的時候並不比使我選擇善的時候少。這就是在關於真和假的問題上我也並不依靠傾向做判斷的原因。

至於這些觀念既然不以我的意志為轉移，那麼它們必然是從別處來的，我認為這同樣沒有說服力。我剛才所說的那些傾向是在我的意識裡，儘管它們不總是和我的理智一致，同樣，也許是我意識裡有什麼功能或能力，專門產生這些觀念而並不借助什麼外在的東西。雖然我對這個功能和能力還一無所知，事實上到現在我總覺得當我睡覺的時候，這些觀念也同樣在我的意識裡形成而不借助它們所表現物質性的對象。最後，即使我同意它們是由這些對象引起的，也不能因此而一定說它們應該和那些對象等

同。相反，在很多事例上我經常看到對象和對象的觀念之間有很大的不同。比如對於太陽，我覺得我的意識裡有兩種截然不同的觀念，一種是源自於感官的，另一種從與我俱生的某些觀念裡得出來，根據這個觀念我覺得它非常小；另外一個是來自天文學的知識，是由我自己用什麼方法得出來的，根據這個觀念，我覺得太陽比整個地球大很多倍。我對太陽所形成的這兩個觀念當然不能指向同一的太陽。理性使我相信直接來自它的外表的那個觀念是和它不一樣的。

這些足夠使我了解到，直到現在我曾經相信有些東西在我以外，和我不同，它們透過我的感官，或者用隨便什麼別的方法，把它們的觀念或圖像傳送給我，並且對我印上它們的形象，這都不是一種可靠的、經過深思熟慮的判斷，而僅僅是盲目的、草率的判斷。

可是還有另外一種途徑做判斷，在我意識裡有其觀念的那些東西中間，是否有些是存在於我以外的？比如，如果把這些觀念看作只不過是意識的某些功能，那麼我就認不出在它們之間有什麼不同，好像是以同樣方式由我生出來的。可是，如果把它們看作是圖像，其中一些表現一個東西，另外一些表現另外一個東西，那麼顯然它們彼此之間是不同的。對我表現物質性實體的那些觀念，無疑地比僅僅對我表現物質性樣式或屬性的那些觀念更多一點什麼東西，並且本身包含著更多的客觀實在性。也就是說，透過表現物質性而反映更大的存在完滿性。我由之而體會到一個至高無上的、永恆的、無限的、不變的、全知的、全能的，他自己以外的一切事物的普遍創造者的上帝的觀念，他本身比對我表現物質性有限的實體的那些觀念要有更多的客觀實在性。

現在可以看出，在結果的原因裡一定至少和結果有同樣的實在性。因為結果如果不從它的原因裡來，那麼能從哪裡獲得實在性呢？這個原因如

果本身沒有實在性，怎麼能夠把它傳給它的結果呢？

　　由此可見，不僅無中不能生有，而且更完滿的東西，本身包含更多實在性的東西，也不能是更不完滿的東西的結果。這個無論是在哲學家稱為現實的或必要的實在性的那些結果裡，還是在人們僅僅從中思考哲學家稱為客觀實在性的那些觀念裡，都是清楚、明顯的。例如：沒有存在過的石頭，如果它是由一個東西所產生，那個東西本身必須包含可能進入石頭本質中的一切，即它本身包含著和石頭所有的同樣的東西或者更多一些別的東西，那麼石頭現在就不能開始存在。熱如果不是由於在等級上、程度上，或者種類上至少和它一樣完滿的一個東西產生，就不能在一個以前沒有熱的物質中產生，以此類推。此外，熱的觀念或者石頭的觀念如果不是由於一個本身包含至少像我在熱或者石頭裡所認知的同樣多的實在性，它也就不可能在我意識裡。雖然那個原因不能把它們客觀的實在性的任何東西傳送到我的觀念裡，但不應該因此就認為那個原因不存在。我們必須知道，既然每個觀念都是意識的作品，那麼它的本性使它除了它從意識所接受或拿過來的那種實在性以外，自然不要求別的實在性。而觀念只是意識的一種形式，一個觀念之所以包含這樣一個而不包含那樣一個客觀實在性，這無疑是來自什麼原因，在這個原因裡的形式實在性至少同這個觀念所包含的客觀實在性一樣多。如果我們設想在觀念裡有它原因裡所沒有的東西，那麼這個東西就一定是從無中來的。一種東西形式地或者透過表象，用它的觀念而存在於理智之中的這種存在方式，不管它是多麼不完滿，總不能說它不存在，因而也不能說這個觀念來自無。正如存在的方式是由於觀念的本質而客觀地存在於觀念中一樣，存在方式也由於觀念的本質而更客觀地存在於這些觀念的原因中。即使一個觀念有可能產生另一個觀念，可是這種現象也不可能是無窮無盡的，它最終必須達到一個第一觀

念，這個第一觀念的原因就像一個原型一樣，在它裡邊必須包含著全部的客觀實在性。這樣，理性的觀念在我的意識裡就像一些繪畫或者圖像一樣，它們有可能很容易減少它們物質性的完滿性，可是絕不能包含什麼更完滿的東西。

　　越是長時間地、仔細地考察所有這些事物，我就越是清楚、明白地看出它們是真的。不過最後我從這裡能得出什麼結論來呢？結論就是：如果我的某一個觀念的客觀實在性使我清楚地了解到它不是必然地存在於我，因此我自己不可能是它的原因，那麼結果必然是在世界上並不是只有我一個人，而是還有別的什麼東西存在，它就是這個觀念的原因。另外，如果這樣的觀念的客觀實在性不存在於我，我就沒有任何論據能夠說服我並且使我確實知道除了我自己以外就沒有任何別的東西存在。我曾經仔細地尋找過，可是直到現在我沒有找到任何別的論據。

　　在所有這些觀念之中，只有表現為物質性的我這個觀念是毋庸置疑的，其他諸如表現為物質性上帝的觀念、物質性天使的觀念、有生命的物質性動物的觀念、無生命的物質性東西的觀念以及像我一樣物質性人的觀念都是可以用另外的方式理解的。我們完全可以認為物質性的人、動物、天使這些觀念，可以由我關於物質性上帝的觀念與其他一些觀念混合而成，而世界上根本沒有動物、天使和其他的人。至於無生命物質性東西的觀念，我並不認為在它們裡邊有什麼東西使我覺得它們不能來自我自己。如果我再仔細地思考它們，像我昨天考察蜂蠟的觀念那樣考察它們，我認為在那裡只有很少的東西是我理解得清清楚楚的，比如大小或者長、寬、厚的廣延。用這幾個詞和邊界組成的形狀，不同形狀形成起來的各個物體之間所保持的位置，以及這種位置的運動或變化，還可以加上時間和數目。至於別的東西，像光、顏色、聲音、氣味、味道、熱、冷，以及落於

觸覺的其他一些觀念，它們在我的意識裡邊是那麼模糊不清以至我簡直不知道它們到底是真的還是假的。也就是說，我不知道對於這些性質所形成的觀念是否真的表象了一種實在的東西，或者說很有可能這些性質所表現出來的物質性東西的觀念本身就是我想像出來的，而並不是真實存在的物質性東西的表象。雖然我以前提出過，只有在判斷裡才能有真正的真和假，在觀念裡則可能有某種實質的假，當觀念把什麼都不是的東西表現為物質性是什麼東西的時候就是這樣。比如：我對於冷的觀念和熱的觀念很不清楚、不明白，以至按照它們的辦法我不能分辨出到底冷僅僅是缺少熱呢，還是熱是缺少冷呢？或者二者都是實在的物質，或者都不是。既然觀念就像圖像一樣，沒有任何一個觀念似乎不對我們表現物質性什麼東西，如果說冷真的不過是缺少熱，那麼當作實在的、肯定的什麼東西而把它對我表現出來的觀念就不應該被叫做假的，其他類似的觀念也一樣。我當然沒有必要把它們的作者歸之於別人而不歸之於我自己。因為如果它們是假的，就是說，如果它們表現物質性的東西並不存在，那麼理智使我看出它們產生於無，也就是說它們之所以在我意識裡只是由於我的本性缺少什麼東西，並不是非常完滿的。如果這些觀念是真的，那麼即使它們對我表現物質性的實在性少到我甚至不能清楚地分辨出來什麼是所表現的東西，什麼是無，我也看不出有什麼理由使它們不能由我自己產生，使我是它們的作者。

至於我具有的物質性的東西的清楚明白的觀念，有些似乎是我能夠從我自己的觀念中得出來的，像我具有的實體的觀念、時間的觀念、數目的觀念等等。我想到石頭是一個實體，或者一個本身可以存在的東西，想到我是一個實體，雖然我理解得很清楚我是一個有意識而沒有廣延的東西，相反石頭是一個有廣延沒有意識的東西，這樣，在這兩個概念之間有著明

顯的不同，可是，無論如何它們在物質性實體這一點上似乎是一致的。同樣，我想到我現在存在，並且除此以外我記得我從前也存在，我理解許多不同的觀念，了解到這些觀念的數目，這個時候我就在我的意識裡得到時間和數目的觀念，從此我就可以把這兩種觀念隨心所欲地傳給其他一切東西。

至於物質性的東西的觀念由之而形成的其他一些性質，即廣延、形狀、地位、變動等，它們固然不是必然地存在於我意識裡，因為我不過是一個在有意識東西，由於這僅僅是實體的某些形態，好像一些衣服一樣，物質性的實體就在這些衣服下面對我們表現出來，而且我自己也是一個實體，因此它們似乎是必然地包含在我的意識裡。

接下來就只剩下上帝的觀念了，在這個觀念裡邊，必須思考一下是否有什麼東西是能夠源自於我自己的。用上帝這個名稱，我是指一個無限的、永恆的、常住不變的、不依存於別的東西的、至上完滿的、無所不能的，以及我自己和其他一切東西（假如真有東西存在的話）由之而被創造和產生的實體說的。這些優點是這樣龐大、這樣卓越，以至我越認真思考它們，就越不相信我對它們所具有的觀念能夠單獨源自於我。因此，從上面所說的一切中，必然得出上帝存在這一結論。因為雖然實體的觀念之在我意識裡就是由於我是一個實體，不過我是一個有限的東西，假如不是一個什麼真正無限的實體把這個觀念放在我意識裡，我就不能有一個無限的實體的觀念。

我無法想像我不是透過一個真正的觀念，而僅僅是透過有限的東西的否定來理解無限的，就像我透過對動和光明的否定來理解靜和黑暗。相反，我明顯地看到在無限的實體裡，比在一個有限的實體裡具有更多的實在性。因此，我以某種方式在我的意識裡首先有的無限的觀念而不是有限

的觀念。也就是說，首先有的是上帝的觀念而不是我自己的觀念。假如在我的觀念裡，沒有一個比我的存在體更完滿的存在體，我怎麼可能了解到我懷疑和我希望。也就是說，我如何了解到我缺少什麼東西、我不是完滿的呢？

因此，不能說這個上帝的觀念是假的，是我從無中得出來的。也許因為我有缺陷，所以它可能沒有存在於我的意識裡，就像我以前關於熱和冷的觀念以及諸如此類的其他東西的觀念所說的那樣。相反，這個觀念是非常清楚、非常明白的，它本身比任何別的觀念都含有更多的客觀實在性，所以大自然沒有一個觀念比它更真實，能夠更少被人懷疑為假的。這個無上完滿的、無限的存在體的觀念是完全真實的。也許人們可以設想這樣一個存在體是不存在的，可是不能設想它的觀念不對我表現任何實在的東西。

這個觀念也是非常清楚、非常明白的，因為凡是我的理智清楚、明顯地理解為實在和真的，並且本身含有什麼完滿性的東西，都完全包含在這個觀念裡邊了。雖然我不理解無限，或者雖然在上帝裡邊有我所不能理解的，也許用意識不能認知到無限的事物，但這都無礙於上面所說的這個事實是真的。因為我的本質是有限的，不能理解無限，這是由於無限的本質所決定的。只要我很好地理解這個道理，把凡是我理解得清清楚楚的東西，其中我知道有什麼完滿性，也許還有無數的其他完滿性是我不知道的，都斷定為必然地、客觀地存在於上帝裡邊，使我對上帝所具有的觀念在我意識裡邊的一切觀念中是最真實、最清楚、最明白的。

可也許我是比我所想像得更多一點什麼，也許我歸之於一個上帝本質的一切完滿性是以某種方式潛在於我自己之中。只是由它們的行動表現出來。事實上，我已經體驗出我的認識逐漸增長，逐漸完滿起來，我看不出

有什麼能夠阻止它越來越向無限方面增長。還有，既然像這樣增長和完滿下去，我也看不出有什麼阻止我按照這個辦法獲得上帝本質的一切完滿性。如果我獲得這些完滿性的能力是存在於我的意識裡，它就能夠把這些完滿性的觀念引到我的意識裡去。在我更仔細一點的觀察下，我就看出這是不可能的。

首先，即使我的認識真是每天都獲得進一步的完滿，我的本質裡真是有很多潛在的東西還沒有成為現實的存在，可是所有這些優點也絕對不屬於我。因為在上帝的觀念裡，沒有僅僅是潛在的東西，全都是現實存在的、實在的東西，尤其是從我的認識逐漸增加，一步步增長這一事實上，難道不就是必然的、非常可靠的證據，說明我的認識是不完滿的嗎？再說，雖然我的認識越來越增長，可是我仍然認為它不能是無限的，因為它永遠不能達到一個不能再有所增加的那樣高度的完滿性。可是我把上帝的無限的理解到在他所具有的至高無上的完滿性上再也不能有所增加這樣一個高度。我理解得十分清楚：一個觀念的客觀的存在體不能由一個僅僅是潛在的存在體產生，它只能由一個客觀的、現實的存在體產生。

在剛才我所說的一切裡，對於凡是願意在這上面仔細進行思考的人，我看不出有什麼不是透過理智認識的。可是，當我把我的注意力稍一放鬆，我的理智就被可感覺的東西的圖像弄得模糊起來，好像瞎了一樣。不容易記得我對於比我的存在體更完滿的一個存在體所具有的觀念為什麼應該必然地被一個實際上更完滿的存在體放在我意識裡。這就是為什麼我現在放下別的，只思考一下具有上帝的這個觀念的我自己。在沒有上帝的情況下，我能不能存在？我是從誰那裡得到我的存在呢？也許從我自己，或者從我的父母，或者從不如上帝完滿的什麼其他原因。因為不能想像有比上帝更完滿，或者和上帝一樣完滿的東西。那麼，如果我不依存於其他一

切東西，如果我自己是我的存在的作者，我一定就不懷疑任何東西，我一定就不再有希望，最後我一定不缺少任何完滿性。因為凡是在我意識裡有什麼觀念的東西，我自己都會給我，這樣一來我就是上帝了。

我無法想像我缺少的東西也許比我已經有的東西更難獲得。我是一個有意識的東西，如果這個我是從無中生出來的，那麼理智告訴我這顯然是錯誤的。這樣一來，毫無疑問，如果我給了我自己更多的東西，也就是說，如果我是我產生的，那麼我至少不會缺少比較容易獲得的東西，至少不會缺少在我理解上帝的觀念中所含有的任何東西，因為那些東西裡邊沒有一件是我覺得更難獲得的。如果有一種更難獲得的東西，那一定是我的能力確實不能達到上帝的境界。雖然我可以假定我過去也許一直是像我現在這樣存在，但是我不會因此而懷疑這個推理的效力，也不能不了解到上帝是我的存在的作者。因為我的全部生存時間可以分為無數部分，而每一部分都絕對不取決於其餘部分，假如不是在這個時候有什麼原因重新產生我、創造我、保存我，從不久以前我存在過這件事上並不能得出我現在一定存在。

事實上，這對於凡是要仔細思考時間性質的人都是非常清楚、非常明顯的，即一個實體，為了在它延續的一切時刻裡被保存下來，需要同一的能力和同一的行動，這種行動是為了重新產生它和創造它。因此，理智使我看得很清楚，保存和創造只是從我們的思想方法來看才是不同的，而從事實上來看並沒有什麼不同。所以，只有現在我才必須問我自己，我是否具有什麼能力使現在存在的我將來還存在？因為既然我無非是一個有意識的東西，那麼如果這樣的一種力量存在於我的意識裡，我一定會時刻想到它並且對它有所認識。可是，我覺得像這樣的東西，在我的意識裡一點都沒有，因此我明顯地了解到我依存於一個和我不同的存在體。

也許我所依存的這個存在體並不是我叫做上帝的東西，而是我的父母，或者由不如上帝完滿的什麼其他原因。不可能是這樣，因為我以前已經說過，顯然在原因裡一定至少和在它的結果裡有一樣多的實在性。因此，既然我是一個有意識的、在我意識裡有上帝的觀念的東西，不管最後歸之於我的本質的原因是什麼，但必須承認它一定同樣地是一個有意識的東西，本身具有我歸之於上帝本質的一切完滿性的觀念。然後可以重新追問這個原因的來源和存在是由於它本身呢，還是由於別的什麼東西。如果是由於它本身，那麼根據我以前說過的道理，其結果是它自己一定是上帝，因為它有了由於本身而存在的能力。那麼它無疑地也一定有能力現實地具有它所理解其觀念的一切完滿性。也就是說，我所理解為在上帝裡邊的一切完滿性。如果它的來源和存在是由於它本身以外的什麼原因，那麼可以根據同樣的道理重新再問：這第二個原因是由於它本身而存在的呢，還是由於別的什麼東西而存在的？一直到一步步地，最終問到一個最後原因，這最後原因就是上帝。很明顯，在這上面再無窮無盡地追問下去是沒有用的。

世界上不能有兩個上帝。我也不能假定也許我的產生是由很多原因共同做成的，我從這一個原因接受了我歸之於上帝的那些完滿性之一的觀念，從另外一個原因接受了另外什麼的觀念。那樣一來，所有這些完滿性即使真的都存在於宇宙的什麼地方，可是也不能都結合在一起存在於唯一的地方。相反，在上帝裡邊有一切東西的統一性，或單純性，或不可分性，是我在上帝裡所理解的主要的完滿性之一；而上帝的一切完滿性各種統一和集合的觀念一定不可能是由任何一個原因放在我的意識裡。因為如果這個原因不讓我同時知道它們是什麼，不讓我以某種方式完全認識它們，就不能讓我把它們理解為不可分的。

至於我的父母，好像我是他們生的，關於他們，即使我過去所相信的都是真的，也並不等於是他們保存了我，也不等於他們把我做成是一個有意識的東西。因為他們不過是把某些部分放在一個物質裡，我斷定在這個物質裡邊關著的就是我自己。也就是說，我是一個有意識的東西。關於父母，我必然得出這樣的結論：單從我存在和我意識裡有一個至上完滿的存在體的觀念，就非常明顯地證明了上帝的存在。

　　我只剩去檢查一下我是用什麼方法獲得了這個觀念的。因為我不是透過感官把它接受過來的，而且它也從來不是像可感知的東西的觀念那樣，在可感知的東西提供或者似乎提供給我的感覺的外部器官的時候，不管我期待不期待而硬提供給我。它也不是純粹由我的意識產生出來或虛構出來的，因為我沒有能力在上面加減任何東西。因此沒有別的話好說，只能說它和我自己的觀念一樣，是從我被創造那時起與我俱生的。

　　這不足為奇，上帝在創造我的時候把這個觀念放在我的意識裡，就如同工匠把標記刻印在他的作品上一樣。這個標記也不必一定和這個作品相同。只就上帝創造我這一點來說，非常可信的是，他是照他的形象產生的我，對這個形象，我是用我理解我自己的那個功能去理解的。也就是說，當我對我自己進行反省的時候，我不僅了解到我是一個不完滿、不完全、依存於別人的東西，這個東西不停地傾向、希望接近比我更好、更偉大的東西。而且我同時也了解到我所依存的那個別人，在他本身裡邊具有我所希求的、在我意識裡有其觀念的一切偉大的東西，不是不確定的、僅僅是潛在的，而是實際的、現實的、無限的，因此他就是上帝。我在這裡用來證明上帝存在的論據，它的效果就在於我了解到：假如上帝真不存在，我的本質就不可能是這個樣子，也就是說，我不可能在我理智裡有一個上帝的觀念。我再說一遍，恰恰是這個上帝，我在我的意識裡有其觀念。也就

是說，他具有所有高尚的完滿性，對於這些完滿性我們的意識裡有一些觀念，卻不能全部理解。他不可能有任何缺點，凡是象徵任何不完滿性的東西，他都沒有。

這就足以明顯地說明他不能是騙子，因為理智告訴我們，欺騙必然是由於什麼缺點而來的。在我把這件事更仔細地進行檢查並對人們能夠從其中獲得的其他理智進行思考之前，我認為最好是停下來一些時候專去深思這個完滿無缺的上帝，消消停停地衡量一下他的美妙的屬性，至少可以說是為之神眩目奪的理智的全部能力去深思、讚美、崇愛這個燦爛的光輝之無與倫比的美。因為信仰告訴我們，來世至高無上的幸福就在於對上帝的這種深思之中。我們從現在起就體驗出，像這樣的一個沉思，儘管它在完滿程度上差得太遠，卻使我們感受到我們在此世所能感受的最大滿足。

【評論】

在這裡，笛卡兒已經明確地暗示我們上帝只是一個名稱，其實就是真理的別名，這個別名只是為了矇蔽教會而已。而且本文中所指的信仰，顯然指的是對於真理的信仰。

這裡笛卡兒使用的是排除法，他反覆地尋找哪些觀念是來自外部的，來自外部的觀念需要進行驗證；哪些觀念是來自我內部的，來自內部的就是與生俱來的，可以作為今後驗證疑問的理智。我們就看看他是如何把外來的觀念從自己確信的東西中排除出去的。

首先，「凡是我們理解得清楚、明顯的東西都是真實的」這一條定為總則，到目前為止，笛卡兒唯一十分清楚、十分分明的東西就是「我是一個有意識的東西」。

其次，他更確信關於數學上的公理，比如三加二等於五。假如這個也錯誤，那麼就是上帝讓他弄錯的。那麼三加二等於五有沒有可能弄錯呢？今天我說當然可以，比如我們使用四進位制，那麼三加二就等於一一，使用五進位制，那麼三加二就等於一〇。可見，這裡笛卡兒所謂的「上帝」是數學或者幾何學中的公理以及公理的使用的體系。

接下來就是一場關於觀念的大討論。

第一，意識分兩類：一類諸如我想要、我害怕、我肯定、我否定，這些叫做意志或情感；除此以外的第二類叫做觀念或判斷。

第二，觀念本身不是假的。如果說觀念形式存在於我的理智之中，那麼它所表現的對象就客觀地存在於某處，以此類推，最終的對象就會客觀地存在於現實之中。

第三，把觀念看成圖像，就可以由之而體會到一個至高無上的、永恆的、無限的、不變的、全知的、全能的，他自己以外的一切事物的普遍創造者的上帝的那個觀念，在他本身裡比給我物質性有限的實體的那些觀念要有更多的客觀實在性。

第四，無中不能生有，本身包含更多的實在性的東西，也不能是比較不完滿的東西的結果。因此上帝的完滿的觀念的原因一定是一個完滿的上帝的存在。即使一個觀念有可能產生另一個觀念，但是推到底還是源自於一個完滿的上帝的存在的觀念。

第五，觀念分兩類，一類是與我俱生的，一類是外來的，是由自己的理智認知的。

第六，如果我的某一個觀念的客觀實在性使我清楚地了解到它不是必然的存在於我，所以我自己不可能是它的原因，那麼結果必然是在世界上

並不是只有我一個人，而是還有別的什麼東西存在，它就是這個觀念的原因；另外，如果這樣的觀念不存在於我，我就沒有任何論據能夠說服我並且使我確實知道除了我自己以外就沒有任何別的東西存在。

第七，來自外部的觀念向我表現一個上帝，另外一些觀念向我表現物質性的、無生命的東西，另外一些觀念向我表現天使，另外一些觀念向我表現動物，最後，還有一些觀念向我表現和我一樣的人。

第八，有一類物質性東西的觀念就像意識替物體披上的外衣，這個外衣就是我的意識。

第九，上帝的觀念。用上帝這個名稱，我是指一個無限的、永恆的、常住不變的、不依存於別的東西的、至上完滿的、無所不能的，以及我自己和其他一切東西（假如真有東西存在的話）由之而被創造和產生的實體說的。這些優點是這樣龐大、這樣卓越，以至我越認真思考它們，就越不相信我對它們所具有的觀念能夠單獨地源自於我。

經過這樣的一大串的排除法，笛卡兒把最後的剩下的東西起了個名字叫做「上帝」，在他的意識當中所反映的「上帝」的觀念的原因就是他叫做上帝的那一大堆東西。這樣我們就好理解了，他代表未經確定證明的東西、代表有限認知以外無限的認知、代表他所描述的那些詞彙的總和，明白了吧，這個名字可以是「宇宙」，可以是「真理」，也可以是「張三」，也可以是「李四」。接下來的問題只有一個，就是這個「某某」是不是唯一的？邏輯上是肯定的，因為無限必唯一，無限包含無限、兩個無限同在都是偽命題。但是笛卡兒在此後還是使用了大量的篇幅進行論證，要麼就是表現嚴謹，要麼就是掩人耳目。他甚至去檢查有沒有可能是父母，我覺得這純粹是故弄玄虛。

第六章
對第三個沉思的反駁與答辯

第一節　第一組反駁與答辯

【反駁】

　　我認為，「由本身」這幾個字有兩種講法。第一種講法是作者的意思，就像由一個原因那樣由它本身，這樣就會由本身而存在，並且把存在性給予它自己。假如他事先就選擇好並把想要的東西都給了自己，毫無疑問他可以把一切東西都給自己，那麼他就是上帝；「由本身」的第二種講法是我們的意思，是不由別人的意思。如果按照我們的理解，一個東西不是由別人而存在，你由此怎麼證明他包含一切並且是無限的呢？如果按照你的理解，「因為我，所以我自己存在」，我就很容易把一切東西給了我自己。我想說，它並不像由一個原因那樣使自己而存在，因為在他還沒有存在之前，他也不可能預見自己可能是什麼，從而選擇他以後會是什麼。

　　如果就按你說的，一個東西因為它本身而存在，也就是說，它不是因為別的東西而存在，如果這種原因是來自它內部的組成它的那些要素、來自它自身的本質。在對於這種本質你還沒有證明它是無限的之前，你怎麼證明它自己的無限呢？比如，你認為熱就是由於熱本身，就是來自它就內部組成熱的要素，而不是由於冷。

　　我同意這位偉大的人物所建立的普遍規則：「我們理解得十分清楚、十分分明的東西都是真的。」而我卻相信凡是我感覺到的都是真的，並且從很長的時間以來我就拋棄一切想像和由理智推論出來的東西，因為任何一種能力都不能改變感知的對象本身，如果想像和理智活動起來，它就會產生傾向。我認為，感官本身並不能弄錯，因為視覺看見它所看見的東西，耳朵聽到它所聽到的東西都很真實，如果我們看見了閃爍著金黃色的

銅片，我們就看到了。但是當我們用判斷力斷定我們所看見的是金子，我們就弄錯了。因此，笛卡兒先生把一切錯誤都歸之於判斷，這是很有道理的。

　　接下來讓我們看看，他從這個規則推論出來的東西是否正確。他說：「我清楚、分明地了解到無限的存在體，所以它是一個真實的存在體，它是一個什麼東西。」我想問他：「你清楚、分明地認識無限的存在體嗎？」我想大家都會承認一個事實：「無限，因為它是無限的，所以是不可知的。」如果說當我想到一個千邊形，可我不能清楚地描繪出這個千邊形來。那麼，既然我不能清楚、準確地看到構成它的那些無限的現實性，我怎麼能清清楚楚地理解作為無限的存在體呢？

　　即使我們同意他這個原則並且讓我們假定笛卡兒先生具有一個至上的、至高無上完滿的存在體的清楚、分明的觀念，那麼他又能從那裡推論出什麼結論來呢？他非常肯定這個無限的存在體是存在的，就跟從數學的論證得出來的結論同樣的肯定。也就是說，理解一個上帝，理解一個至上完滿的存在體，然而卻缺少現實的存在性，這和理解一座山而沒有谷是同樣不妥當的。這就是全部問題的關鍵，目前誰要是退讓，誰就必須認輸。

　　笛卡兒先生好像在他的論據裡沒有同樣的前提。上帝是一個至上完滿的存在體，至上完滿的存在體包含著存在，否則他就不是至上完滿的。

　　這裡我也用簡單的幾句話反駁一下：即使人們同意至上完滿的存在體由於它本身的名稱就包含著存在性，這不等於說這種存在性在大自然裡就現實地是什麼東西，而僅僅是由於有著至上存在體這個觀念，存在性與這個觀念才是不可分割地被連在一起。從這裡，如果你不先假定這個至上完滿的存在體在現實中存在著，你就不能推論出上帝的存在在現實中是一個

什麼東西。如果你們不事先假定這個至上存在體存在，那就不等於說這個存在性在現實中是什麼東西，他即使具有他的其他一切完滿性，在現實上包含著存在性的完滿性，也必須再證明這個至上完滿的存在體現實存在。

對於我來說，我要對付的是一個強而有力的對手，我必須躲一躲他的鋒芒。既然總歸是要輸的，我至少可以拖延一段時間。

【答辯】

同樣，也必須想到在上帝觀念中的客觀實在性，即上帝的現實存在性。假如上帝不是現實地存在的話，那麼這個全部的實在性或者完滿性能夠在什麼裡邊呢？對於這個問題他首先反駁說：「一切觀念都和關於三角形的觀念一樣，即使也許世界上任何地方都沒有三角形，可是這並不妨礙有三角形的某一種確定不移的性質，這是我將告訴你們說這是來自我們人類意識的不完滿等等。」也就是說，在我們意識中僅僅是上帝的觀念是由於我們理智的不完滿，跟我們想像一個非常精巧的機器而不去想像一個不完滿的機器是由於對於機器的無知是一樣的。

我的觀點正好相反，如果有人具有一個機器的觀念，在這個觀念裡含有人們可能想像出來的全部技術，那麼人們就可以由之而推論出這個觀念是從一個原因產生的，在這個原因裡實在地、事實上有全部可想像的技術。同樣道理，既然我們在意識裡有上帝的觀念，在這個觀念裡含有人們所能理解到的全部完滿性，那麼人們就可以由之而非常明顯地得出結論說，這個觀念取決並產生於什麼原因，這個原因本身真正地含有全部的這種完滿性，即上帝現實存在的這種完滿性。由於並不是所有的人都是精通機械學的，因而對於十分精巧的機器不能理解，同樣如果大家也不是都理

解哲學，那麼這就難於理解上帝的觀念。可是，因為這種觀念是以同樣的方式刻印在大家的精神裡，而且我們看到它絕不是來自別處，而只是來自我們的意識，所以我們假定它是屬於我們理智的本性。不過我們忘記了應該思考的另一件事，如果我們的理智僅僅是一個有限的東西，而且它沒有上帝這一原因作為它存在的原因的話，那麼本身有著上帝的觀念的這種功能就不能在我們心中。這就是為什麼我曾經問過下面的話：如果在沒有上帝的情況下我是否能夠存在？我不是為了提出一個與前面不同的解釋，而是為了更完滿地解釋它。

我的論據並不是從我可感覺的東西裡的某種動力因中提出來的，而是因為我想到上帝的存在性是遠比任何一種可感覺的東西的存在性更為明顯，也是因為我沒有想到這種認識有其他原因，而只是使我認識我自己的不完滿。因為我不能理解無限的東西怎麼能如此永恆地彼此相續而沒有第一原因。我不能理解它，這並不等於說沒有一個第一原因。同理，由於我不能理解一個有限的量可以無限分割，也不等於說我們不能達到一個最後分割。只等於說我的理智是有限的，不能理解無限，這就是為什麼我更喜歡把我的推理依靠在我自己的存在性上。這個存在性的持續不取決於任何原因，而且沒有什麼別的東西比我自己認識得更多。關於這一點，我並沒有追尋我從前是由什麼原因被產生的，現在保存我的是什麼原因，以便我用這個方法使我從我持續存在的原因中擺脫出來。到此我還沒有談論我是否是肉體和靈魂的組合，而僅僅是作為一個有意識的東西，來追尋我的存在的原因。堅信任何我沒有認識的東西都不能存在於我的意識裡，這樣對於我擺脫成見、趨向真理大有益處。同樣，如果我思考我的存在是因為我的父親，而我的父親也是來自他的父親，如果看到也在追尋父親的父親時，我不能把這種程序繼續到無限，為了結束這種追尋，我斷言我的存在

有一個第一原因。同時，就我是一個有意識的東西而言，在各式各樣的意識中間，我認出了在我的意識裡有著一個至上完滿的存在體的觀念。我論證的全部力量就是取決於它。

首先，因為這個觀念使我認識上帝是什麼，至少是按照我所能認識他的那種程度。按照真正的邏輯規律，如果首先不知道它是什麼，絕不要問它是否存在。其次，因為就是這個觀念給了我機會去檢查我是由我自己還是由別人而存在的，也給了我機會認識我的缺陷。最後，就是這個觀念，它教導我不僅我的存在有一個原因，而更多的是這個原因含有各式各樣的完滿性，而這個原因就是上帝。

我沒有說過一個東西不可能是它自己的動力因。雖然人們把動力的定義限定在與其結果不相同或者在時間上在其結果之先的那些原因是可以理解的，可是在這個問題上它好像沒必要這樣限定它。一方面，那會是一個毫無意義的問題，因為誰都知道同一的東西不能與其自身不同，也不能在時間上先於它自身。另一方面，真理並沒有告訴我們動力因的本質在時間上在它的結果之先。相反，如果沒有產生結果，它就既沒有動力因的名稱，也沒有動力因的本質，從而它並不是在結果之先。真理告訴我們，沒有任何東西是不可以問它為什麼存在的，或者不能追尋它的動力因。假如它沒有動力因，那麼還可以問它為什麼不需要動力因。因此，如果我想找出任何東西與它自己的動力因果關係，我就還得找出這個動力因的動力因。這樣我就永遠不會達到一個第一的原因。因此，我們必須承認有個什麼東西，在這個東西裡邊有一種能力，這種能力是如此強大、如此無限，它絕不需要任何幫助而存在，並且它現在也不需要任何幫助被保存，它在某種方式上就是自己的原因，我理解上帝就是這樣的。因為即使我過去是永恆存在的，在我之先什麼都沒有，可是當我看到時間的各個部分是彼此

分開的，我現在存在並不說明我以後還應該存在。如果我是每時每刻都重新被什麼原因創造的話，我就可以把這個原因稱為動力因，它不斷地創造我、保存我。這樣一來，因為上帝過去存在，而且他自己保存他自己，所以他似乎自己就是自己的動力因。必須指出，我的意思並不是由動力因可以保存任意一種結果，而僅僅是認為上帝的本質是這樣的，他不可能不是永遠存在的。

　　說明了這一點，我就很容易回答「由本身」這個詞的含義。那些只拘泥於動力因一詞舊有的、狹隘的意義的人們認為一個東西不可能是自己的動力因，而不在這裡指出與動力因有關的、類似的其他種類的原因。當他們說，一個由本身存在，應該理解為不由別的東西存在。與其說關注的是邏輯，不如說他們是在咬文嚼字。可是他們會很容易地了解到，「由本身」這一詞的反面意義不過是人類理智的不完滿，這種反面意義在邏輯上沒有任何意義。而正面意義是為了邏輯意義得出來的，我的論據就是根據這種正面意義的。比如，如果有人認為一個物體是由它自己而存在的，他的意思就是說這個物體是沒有動力因的，這樣就不能用任何正面的原因，而只能用一種反面的方式來肯定他所認為的東西。這是因為他對這個物體的任何動力因都沒有認知，只能證明了在他的認知上的某種不完滿。他以後可以很容易了解到，如果他考慮到時間的各個部分彼此不相依存，考慮到他假定這個物體到現在為止是由自己而存在的，沒有原因，這並不等於說，如果沒有一個能力不斷地重新產生它，它以後還可以存在。在物體的觀念裡顯然沒有這種能力，因此就很容易推論出這個物體不是由自己而存在的，這樣就會把由自己而存在這一詞當作是正面的。同樣，當我們說上帝是由自己而存在的，我們也可以把這理解為反面的，認為他的存在沒有任何別的原因。可是我們以前曾經追尋過他為什麼存在或者為什麼他不停

止存在的原因，如果思量包含在他的觀念裡的廣大無垠、深不可測的能力，我們把這種能力認識為如此飽滿、如此豐富，以至事實上這種能力就是他為什麼存在以及不停止存在的原因，如果除了這個原因以外不能有別的原因，那麼我們說上帝是由自己而存在的。這不再是在反面的意義上，而是在正面的意義上的。為了避免人們對動力因這個詞繼續爭論下去，也不必說他是自己本身的動力因，因為我們看到他是由自己而存在的，或者使他沒有不同於本身的原因並不是從無中生出來的，而是從他的能力的實在的、真正的廣大無垠性中生出來的，所以我們完全有理由想到他以某方式對於他本身做跟動力因對於結果所一樣的事情，從而他是正面地由自己而存在的。每個人也有權問自己：在這種意義上我們是否是由本身而存在的？當他在他本身裡找不到任何一種能力可以保存自己哪怕是一剎那，他就有理由相信他是由一個別人而存在的，甚至由一個由自己而存在的人而存在的。任何結果不能僅僅追究到一個第二原因，如果它有著那麼大的能力以至能夠保存一個在它以外的東西，就更有理由用它本身的能力保存它本身，這樣一來它就是由自己而存在的。

　　當人們說任何局限性都是由於一種原因，人們理解對了，只不過他們沒有用準確的言辭把它表示出來，或者是因為沒有去掉自身的成見。局限性不過是一個更大的完滿性的缺陷，這個缺陷不是一個原因，而是由原因的局限性導致的。一切局限性的原因，必須從這個局限性的原因之外尋找證明。這位精細的神學家回答得很好，一個東西可以因為兩個方面產生局限性：或者是因為產生它的那個東西沒有給它更多的完滿性；或者是因為它的本性有缺陷，即它只能接受某一些完滿性。就好像三角形的本性不能有三個以上的邊那樣。不過我認為凡是存在的東西都是由於一個原因，可以是由於自己，把自己作為原因而存在。既然我不僅對於存在性，同時也

對於存在性的否定理解得很清楚，那麼就沒有什麼我們能非要對一個我們認為「由本身存在的東西」找出理由說明為什麼它存在而不是不存在。這樣我們就永遠應該正面地說明「由本身而存在」這幾個字，就好像這是由於一個他本身固有的一種非常豐富的能力而存在，這種能力只能是在上帝那裡。

他隨後說，雖然他對下面的問題事實上沒有疑問，但這是個經常被人忽略的問題，這個問題對於把哲學從黑暗中挽救出來十分重要。所以為了在我的事業上給予幫助，他用他的權威來進行肯定。

他又說：「是否清楚、分明地認知無限？這個問題非常容易被任何人提出來，所以你對它回答一下是有必要的。」首先，「無限」就其是無限的來說無法被認知，不過它是可以被理解的。因為清楚、分明地把一個東西理解為在它裡邊絕沒有限制，這就是清楚地理解了它是無限的。我在這裡把無窮（indefini）和無限（infini）做了區別，沒有什麼東西是我真正稱為「無限的」，除非在它裡邊什麼地方我都看不到限制，在這種意義上只有上帝是無限的。對那我看不到止境的東西，比如空間的廣延、數不清的數目、量的各部分的可分割性等，我把它們叫做無窮。不管怎麼說，它們並不是無止境的，也不是沒有界限的。還有，我把無限的觀念或無限性，與無限的東西加以區別。無限的觀念或無限性，雖然我們把它理解為正面的東西，可是我們只是以一種反面的方式，即從我們看不出在這種東西裡邊有任何界限來理解它。至於無限的東西，我們把它也從正面來理解，可是只是理解它的局部。也就是說，我們不理解在它裡邊的所有的存在。當我們看一下海，不能不說我們看見了海，雖然我們的視覺並沒有達到海的全部，也沒有衡量海的全部領域。當我們只是從遠處看它，就好像我想要用眼睛把它全部一覽無餘，可是我們只是模模糊糊地看見了它，就像當我們

試圖想像一個千邊形所有的邊的時候，我們也只能模模糊糊想像它。可是當我們的視覺僅僅停止在海的一部分的時候，我們所看見的就能夠是十分清楚、十分分明的。同樣，當我們只想像一個千邊形的一兩個邊的時候，我們的想像也能夠是十分清楚、十分分明的。同樣，我和所有的神學家都同樣認為，上帝是不能被人類理智認知的。那些試圖用理智把他全部一覽無餘的嘗試，就如同從遠處看他的人一樣，也不能清楚地見到他。（此處刪除作者對湯瑪斯〔Thomas〕的引用）至於我，每次當我說上帝是能夠被清楚、分明地認識的時候，我的意思從來都只是認知有限的、適合於我的理智的小小的能量的那一部分。就像人們將會很容易看到的那樣，對這個問題我只在兩個地方說到過：一個地方是，當問題在於是否什麼實在的東西包含在我們關於上帝所做成的觀念裡邊，或者是否有一個事物的否定，就像人們可以懷疑是否在冷的觀念裡有一個熱的否定，儘管人們不懂得無限，這也是很容易被認識的；在另一個地方是，我主張的存在性屬於至上完滿的存在體的本質，就像三個邊屬於三角形的本質一樣，用不著具有廣闊到把包含在上帝裡邊的一切東西都認識的認識能力，這也是可以充分認知的。

【評論】

因為反駁者反覆強調不引用權威的論點，所以我就把他反駁過程中的所有引用都去掉了，當然，我也把他們兩個人辯論中多餘的客氣話都刪除了，只保留了他們自己的反駁和答辯。

首先是關於「上帝由本身存在」的無限存在性問題。反駁者的觀點是：不是由於其他的東西而存在無法證明由本身存在的自己是無限的。笛卡兒

的方法是，把不由別的東西看成是邏輯上論證上的認知缺陷。而只有把「上帝由本身存在」的動力因果關係拓展為邏輯因果，即時間上沒有先後的因果關係，由本身才有邏輯的現實意義，因為這樣的「由本身存在的」才是廣大無垠的上帝。

他們爭論的核心是客觀存在是否現實存在。他們把結果與原因的實在性從形式存在與客觀存在的關係進一步拓展到客觀存在與現實存在的關係。反駁者值得現實存在應該是物質性的存在，而笛卡兒認為它仍然是邏輯性的現實存在。在開篇我就說過，這個反駁者作為一個神學家應該說是有進步性的，他已經退讓到可以不討論上帝的神性，而只討論上帝的先驗性，我們可以把先驗性理解為依靠與生俱來的、經驗的、知識的結論，不需要證明的東西。也就是說對於他來說，需要假設上帝存在的觀念是先於人的意識而現實存在，這已經明顯地看出他已經走在由客觀唯心主義向主觀唯心主義轉變的路上，是神學向哲學的轉變。在今天看來，似乎這種轉變只是一小步，你可以指責他的局限性，但客觀地說，很多生活在今天的人們，除了願意從書本、權威、媒體、老師、學者那裡快速接受先驗的結論之外，是不是連用自己獨立的理智向前走一小步的勇氣和意願都沒有呢？笛卡兒論證的目標是上帝的觀念存在，如果這個觀念僅僅是一種觀念，那麼從某種意義上講他至少是要否定客觀唯心主義對於上帝的定義的主觀唯心性。

後面反駁者希望笛卡兒闡述一下對於無限的認知，笛卡兒簡明扼要地講了兩點：第一是從有限認知中無法得到無限的觀念；第二是我們可以認知無限的局部。

第二節　第二組反駁和答辯

【反駁】

　　第二點，從你認為有一個不能是由你產生的至上存在體的觀念，你就得出一個至上存在體的存在，以及你意識裡的其他觀念都由它產生。如果是我們在自己的心中找到一個充分的證據，沒有至上存在體，或者不知道是否有一個至上存在體，或者想不到它的存在性，只有依靠它我們就能做成這個觀念，那麼，我豈不是看到我有意識的功能，就有某種程度的完滿性嗎？這樣別人不就也有和我一樣程度的完滿性嗎？既然如此，我就有理由認為這個意識的程度可以增加，一直可以增加到無窮。同樣，哪怕世界上只有一種程度的熱或光，我都可以在上面永遠加上一些新的程度的熱或光以至無窮。為什麼我不能同樣地在我意識裡發覺的某種存在的程度上加上其他任何程度，並且把可能加上的一切程度做成一個完滿的存在體的觀念呢？可是你說，結果裡所有的任何程度的完滿性或實在性只能是在它的原因裡所擁有的東西。可是，我們每天看到蒼蠅以及許多其他動物、植物都是由太陽、雨水和土產生的，在太陽、雨水和土裡生出來，而它們裡邊並沒有像在這些動植物裡邊的生命，這種生命是比其他任何純粹物質性的東西更完滿。由此可見，結果從它的原因裡引出某種實在性，可是這種實在性並不在它的原因裡。一個觀念不過是一個理性的存在體，它並不比理解你的理性更完滿。再說，如果你一輩子都生活在荒無人煙的地方，不是和一些有學問的人共事的話，你怎麼知道這種觀念一定會呈現在你的意識裡呢？難道人們不會說這個觀念是你從你以前的認知裡、從書本裡、從與朋友們的談論裡得來，而不是光從你的理性裡、從一個存在著的至上存在

體裡得來的呢？所以你必須更清楚地證明一下，如果沒有一個至上的存在體，這個觀念也能在你意識裡，到那時，我們大家就都心服口服了。就像我剛剛說過的，加拿大人、休倫人，以及其他的野蠻人沒有這樣一種觀念。如果這個觀念是你可以從你對物質性的東西的認識中做成，那麼你的觀念就只表現物體界，它包含你所能想像的一切物體的完滿性，所以你所能得出的結論不過是有一個非常完滿的物質性的存在體。除非你再加上什麼東西，這個東西把我們的理性一直提高到對於靈魂的認識上去。我們在這裡也可以說一個天使的觀念能夠在你的意識裡，和一個非常完滿的存在體的觀念一樣。因為天使比你更完滿，所以你在心裡做成一個實際存在的天使的觀念。可是，我們沒有上帝的觀念，也沒有一個無限的數目或一個無窮的線的觀念，雖然你可以有數目和線的觀念，可是無窮是不可能的。還有，把其他一切的完滿性都囊括成為唯一的完滿性，這種統一化和單一化只能由推理來完成。這和共相的統一所做的是一樣東西，這種共相的統一並不存在於事物之中，而只存在於理智之中，就像人們將種統一成屬一樣。

【答辯】

　　第二點，當你們說我在我本身裡找不到足以做成上帝的觀念的根據時，你們並沒有說出跟我意見相反的東西。在第三個沉思的末尾我自己明確地說：這個觀念是我與生俱來的，它不是來自別處，只是來自我自己。應該說，即使我們不知道有一個至上的存在體，我也承認我們可以做成它，而不是事實上如果沒有一個至上的存在體，而我能夠這樣做。我曾說過，我的論據的全部力量就在於：如果我沒有被上帝創造，那麼做成這個觀念的功能就不可能在我的意識裡。

　　你關於蒼蠅、植物等所說的話也絕不能證明某種完滿性可以在結果裡而並不在它的原因裡。要麼是在動物裡沒有完滿性，即動物和非生物一樣沒有生命，否則，如果它有什麼完滿性，這種完滿性就是從別處來的，而太陽、雨水和土並不是這些動物的全部原因。如果你們僅僅由於他不知道他所說的東西僅僅是有助於一個蒼蠅出生的原因，並不是有著和在一個蒼蠅裡的一樣程度的完滿性，卻不知道此外還有別的一些完滿性，那我就無話可說了。

　　我再加上一句：你們在這裡對於蒼蠅的論述，認為從對物質性的思考中得出來的東西，是不會來到這些人的意識中來的，你們可以按照我沉思的次序把意識從可感知的一些東西上避開以便開始進行哲學思考。

　　你們說在我們心中上帝的觀念不過是一個理性的存在體，我認為這一點也反駁不著我。如果一個理性的存在體指的是一個不存在的東西，那就說不通了。只有把凡是意識的活動都被當作理性的存在體，那才是對的。在這個意義上，這個世界的全部也可以被稱為一個上帝的理性的存在體，也就是說，由上帝的理智的一個簡單行為創造的一個存在體。我已經在幾個地方充分說明過，我僅僅談上帝的觀念的完滿性或客觀實在性，這種完滿性或客觀實在性也同樣要求一個原因，這個原因裡邊包含全部透過物表象呈現的東西，這和某一個工匠由於擁有的一個非常巧妙的機器的認知，所以呈現出高超的製作機器的技巧是一樣的。

　　假如不是讀者不把他們原有的舊的成見拋棄掉，習慣信任全新的一些觀念，就不可能理解：如果一個至上的存在體不存在，這個觀念就不能在我們心中。在一個結果裡沒有什麼東西不是曾經以一種同樣的或更加完滿的方式存在於它的原因裡的，這個基本觀念是明顯得不能再明顯了。而無中不能生有是另一個基本觀念，後一個概念包括了前一個。假如人們同意

在結果裡有什麼東西不是曾在它的原因裡有過，那麼就必須同意這個結果是從無中產生的，而顯然「無」不能是什麼東西的原因，那只能是這個原因並不是這個結果的原因。

觀念裡的全部實在性，或者全部完滿性，必定必要地或者充要地在它們的原因裡，這也是一個基本觀念。我們一向所具有的關於在我們理性之外的東西的存在性的全部理解就是依靠這個觀念的。如果你們用這些東西的觀念之來自感官的說法來反駁我們，那麼我想問：如果沒有感官給我們的觀念，我們怎麼能猜測到我們之外的東西的存在呢？

在我意識裡有一個至上強大、完滿的存在體的什麼觀念，同時這個觀念的客觀實在性既不是必要也不是充要地在我們意識裡。這對於那些認真思考的、願意和我一起對它進行沉思的人是顯而易見的。不過我不能強迫那些只把我的《沉思錄》當作小說讀來解悶而不用心地去理性思考的人去理解。顯然，人們可以從這些沉思裡非常明顯地得出上帝存在的結論。儘管如此，為了那些缺乏基本邏輯，從而看不到在一個觀念之中的全部完滿性一定是客觀存在於某種原因裡的人，我曾用一種更容易理解的方式證明：有著這個觀念的理性不能由自己而存在。

你們說向我表現上帝的觀念也許是我從以前有過的認知裡、從書本的學習裡、從朋友們的談論裡獲得，而不是單獨從我的理性裡獲得的，這話我看不出你們能夠反駁我什麼。因為說我是從他們那裡接受上帝觀念的人，如果我問他們是從他們自己還是從別人那裡有這個觀念的，我的論據仍然會有同樣的力量。我仍然會得出最前面的那個人是上帝，這個觀念首先就是從他那裡得出來的。

至於你們接著說它可以由對物質性的東西的認識而生成那些觀念，我

認為那等於是說你們說我們沒有任何聽覺器官，卻可以單獨用看顏色的視覺就能夠得到真實的對聲音的感知。因為眾所周知，在顏色和聲音之間，比在物質性的東西和上帝之間，存在著更大的類似性。當你們要求我再加上什麼東西把我提高到對非物質性或理性的存在體的認識上時，請你們最好看看我的第二個沉思。因為僅僅為這個問題我就準備長長的一段話來說明，如果那都沒有作用，我在這裡用一、兩個段落又有什麼作用呢？對第二個沉思，我認為比我所發表的任何一個別的著作都下工夫。

雖然在這個沉思裡我僅僅說到人類的理智，但它並不因此就對於認識上帝的本質和物質的東西的本性之間的不同就沒有價值。我很願意在這裡坦率地承認，我們所具有的觀念，就像一個無限的數和二進位制數或三進位制數不同，對我來說，理性的上帝觀念和理性的我自己的觀念也沒有什麼不同。只不過對於上帝的全部本質，我們的理智只認識了一點點。

除此而外，我們在上帝那裡理解到一種廣大無垠性、單純性或絕對統一性，它囊括了其他一切。對於這種廣大無垠性、單純性或絕對統一性，無論是在我們的意識裡，或是在別處，我們都找不到。我曾說過，它就如同工匠刻印在他的作品上的標記，用這個辦法我們了解到：按照學院所指定的特定含義，由於我們理智的弱點，我們零星地歸之於上帝的那些個別屬性，沒有一個像在我們理智裡所體驗的那樣屬於上帝的全部。

我也了解到，很多具體關於無窮的觀念，比如無窮的知識、無窮的力量、無窮的數量、無窮的長度以及各種無窮的東西的觀念，有些是形式地包含在我們所具有上帝的觀念之中，像知識和力量，其他一些是充分地包含在我們所具有的上帝的觀念之中，如數目和長度。假如這個觀念是在我的理智中虛構出來的，事物當然就不會是這種樣子的。

它也不會這麼容易地被所有的人以同樣的方式理解。非常值得注意的是，一切形上學家在他們對上帝屬性的描述上，至少是僅僅對於被人的理性所認識的那些屬性的描述上意見是一致。沒有任何物理的、可感知的東西，沒有任何由於我們的特異功能可觸及的東西。哲學家們關於這個觀念的性質，沒有太大的分歧。

　　如果大家對至上完滿存在體的觀念加以注意，就一定能對於上帝的本質有所認識。那些把這個觀念摻雜上什麼別的一些觀念的人，組成了一個虛構的上帝本質，在這樣的一個上帝的本質裡存在一些互相矛盾的東西。在這樣組合以後，如果他們否認由一個虛假的觀念向他們表現的上帝之存在，那是不足為奇的。當你們在這裡談到一個非常完滿的物體的存在體時，你們把非常完滿這一名稱物體化了，解為一個在其中有著一切完滿性存在體的物體，那麼你們就說了互相矛盾的話，因為物體的本質包含著許多不完滿性。舉例來說，物體可以分為許多部分，每一個部分都不是另外一個部分。不能被分割比能被分割有著更大的完滿性，這是自明的道理。如果你們僅僅像理解物體那樣來理解非常完滿的東西，那它就不是真正的上帝。

　　你接著說到一個天使的觀念，這個觀念比我們更完滿，用不著這個觀念由一個天使放在我們心中。我很同意你的意見，因為我自己曾在第三個沉思裡說過，它可以由我們所具有的上帝的觀念和人的觀念組合而成。在這上面一點都反對不著我。

　　至於那些否認在他們意識裡有上帝的觀念，而假造某種偶像來代替上帝的觀念的人，我說，那些人否認事實而承認名稱。我不認為這個觀念是和可以被任意描畫的物質的東西的觀念屬於同一性質。相反，我認為它只能單獨被理智所理解，它就是由理智的第一個活動、第二個活動，或者第

三個活動使我們認識的觀念，不管這個完滿性是用什麼辦法表現給理智的，它一定是在我之上的什麼完滿性成為我的理智的對象。比如，僅僅由於我發覺我永遠不能數到一個比一切數字更大的數字，我了解到在數目上有什麼東西是超出我的認知能力，我就必然能夠得出無限的數目可能存在的結論，而不是像你們所說的無限的數目的存在性含有矛盾。我想說，這種在我所認知的最大的數目上永遠有更大的數目的理解能力，不是來自我自己，而是來自什麼比我更完滿的別的東西。

　　把對於一個無窮的數目的認知叫做觀念，或者不叫做觀念，這倒沒有什麼關係。我不能找到它的終點，而實際上終點是存在的，這和無限的距離不是同一件事。為了理解這個比我更完滿的存在體是什麼，那就必須思考他的一切完滿性，除給我這個觀念的能力以外，還可以包含更大完滿性，那麼這個東西就是上帝。

　　最後，關於上帝的統一性，這要從一種完整的、全面的觀念來理解。這個觀念包括全部完滿的東西，而不包含我們不美好的、不完滿的東西，這種觀念足以使我們認識上帝存在。你說在上帝裡的一切完滿性的統一的觀念是由類似屬對種一樣的共相統一，這你也證明不了我有錯誤。這完全是兩碼事，上帝裡的是一種統一的、整體的完滿性，而類似屬對種的共相統一對於其中的每一個個體什麼實在的東西都增加不了。

【反駁】

　　第三點，你說你還不確實知道上帝的存在。按照你的說法，這種認識取決於對一個存在著的上帝的清楚認識，而這種認識你還沒有在你斷言你清楚地認識你是什麼的那些地方證明過。如果你不首先肯定地、清楚地認

識上帝存在，你就不能確實知道任何東西，或者你就不能清楚、分明地認識任何東西，那麼這就等於你還不知道你是一個在意識著的東西。此外，一個無神論者清楚、分明地認識三角形三角之和等於二直角，雖然他絕不信上帝存在。他會說，假如上帝存在，那就會有一個至上的存在體和一個至上的善。而在一切完滿性上都無限的那種東西排斥其他一切東西，不僅排除一切種類的存在體和善，也排除一切種類的非存在體和惡。事實上，仍然有許多存在體和許多善，也有許多非存在體和許多惡。對於這種反駁，我們認為你應該給予答辯才好，以便使得不信神的人再沒有什麼可以反駁的，再沒有什麼可以作為他們不信神的藉口。

【答辯】

第三點，我說如果我們不首先認識上帝存在，我們就什麼都不能確定地知道。我在那個地方是用特別的詞句說我只談這個結論。當我們不再想我們從什麼地方得出的這個結論時，這些結論的記憶可以回到我們的理智中來。因為對於第一原理認識不會被邏輯學家（dialecticiens）稱為習慣或知識。可是當我們發覺我們是有意識的東西時，這是一個第一觀念，這個觀念並不是從任何三段論式推論出來的。當有人說：因為我有意識，所以我存在時，他從他有意識，按照三段式的邏輯得出他的存在的，那是不對的。我是作為一個自明的事情，是用意識的一種單純的靈感看出它來的。顯然，如果他是從一種三段論式推論出來的，他就要事先認知一個普遍前提：凡是在意識的東西都存在，這顯然是由於他自己感覺到如果他不存在他就不能有意識這件事告訴他的。由個別的認識做成普遍的命題，這是人們理智經常犯的邏輯錯誤。

　　我並不否認，一個無神論者能夠清楚地認識三角形三角之和等於二直角。但我認為他的認識並不是一種真正的認知，因為凡是可以懷疑的只是都不能叫做理智的認知。既然人們假定他是一個無神論者，他不能肯定在他認為非常明顯的事情上沒有弄錯，也許這種懷疑他沒有想到，但是如果他檢查一下，或者如果別人向他提出，他仍然可以懷疑。如果他不承認一個上帝，他就永遠不能擺脫知識被懷疑的風險。

　　也許他認為他有一套論證來證明沒有上帝，這也沒有關係，因為這些所謂的論證都是錯誤的。我們總是可以使他了解到那些論證的錯誤，到那時他們就會改變看法。不管他有多少理由，只要你們拿出我在這裡提到的理由就夠了，比如在一切事情上都是完滿的無限性排除其他所有無限性。

　　如果我們問他，他從哪裡知道的排除其他東西的這種排除是屬於無限的本質的，他會回答不出來。因為在無限這個名稱上，人們沒有習慣把它理解為排除其他無限事物的存在；而對於什麼都不是的東西的本質，他們幾乎一無所知。「無」沒有特殊的本質，有的只是單獨的、普通的意義上的一種東西的名稱。此外，如果這個理性的無限什麼都創造不了，那麼它的無限的力量有什麼用處呢？從我們體驗在我們自己的心中有什麼意識的能力，我們就很容易理解到這樣的一種能力可以存在於什麼別的東西裡，甚至比我們更強大。雖然我們認為那個能力是無限的，但是只要我們在心中遵從上帝的意志，我們就不由此而害怕在我們意識裡的能力變小了。他的其他一切本質也是如此，產生本身以外結果的能力也是如此。因此我們就完全能夠理解，他的無限絲毫無礙於被創造東西的存在。

【反駁】

第四點，你否認上帝能夠撒謊或欺騙，儘管有些經院哲學家主張相反的論點。你為了避免你在你認為認識得清楚、分明的東西上受騙而假想一個騙子上帝，這是多麼可怕呀！雖然你沒有想到，但受騙的原因可能是在你。因為你怎麼知道總是受騙或者經常地受騙不是你的本性如此呢？你認為你在清楚、分明地認識的東西上肯定從來沒有受騙，而且你也不能受騙，你這是從哪裡知道的？因為有多少次我們看到有些人在他們以為比看見太陽還清楚的一些事物上弄錯。由此可見，需要把清楚、分明地認識這條原則解釋得非常清楚、分明，讓凡是有理智的人今後不會在他們相信知道得清楚、分明的事情上受騙，否則，我們還看不到我們可以靠得住的東西以保證任何事物的真實性。

【答辯】

第四點，當我說上帝既不能撒謊，也不是騙子的時候，我認為我和所有的神學家的意見都是一致的。你們所提出的全部相反的意見都不比下面的事實更有說服力。我反對《聖經》上的有些地方，即上帝生了氣或者他受靈魂的其他激烈情感的支配，這似乎是把人類的某些情緒加給了上帝。

我們都知道《聖經》上談到上帝使用的是樸素的方式，這種方式是適合一般人的理解能力的。它們包含著某種理智，不過這些理智只關係到人，表示一種簡單、樸素的理智。至於那些邏輯方法論方面的理智，在本質上是穩定的。我還沒有假定我認識的任何一個人不是在進行哲學思考時使用它們。我在我的《沉思錄》中也不得不主要地使用這些邏輯的方法。到目前為止我還沒有假定我是一個人，也沒有考慮到我是肉體和靈魂的組

合，我僅僅考慮到我是一個意識的東西。

顯然在這個地方我並沒有談到用言語表示的謊言，而僅僅談到謊言本身。雖然你們提出一些經院哲學家認為上帝會撒謊和欺騙，認為那是善意的謊言。有時我們看到我們真的上了上帝所給我們的天然本能的當，就像當一個水腫病人口渴時那樣，因為那時他真是受上帝為了保存他的肉體所給他的天性促使他喝水，但是這種天性騙了他。因為喝水對他是有害的，不過我在第六個沉思裡解釋過這不可以與上帝的善和真相提並論。

在那些不是我們非常清楚、非常準確的判斷上，判斷如果是錯誤的，就不能被其他更清楚的判斷所糾正，也不能借助其他任何一個天然功能來改正；而在這些我們非常清楚、非常準確的判斷上，我堅決認為我們不會受騙。因為上帝既然是至上存在體，他必然也是至上的善，至上的真，從而他必然反對來自他的什麼東西正面地趨向於錯誤。只是由於在我們意識裡不能有任何實在的東西不是他給我們的，就像在證明他的存在性時已經表達的那樣，同時由於我們意識裡有一個認識什麼是真的以及把它與假的東西分別開來的功能，因此即使這個功能不趨向於真，至少是當我們正確使用它的時候，當我們只對我們理解得清楚、分明的東西表示同意的時候，我們當然可以把這個功能給了我們的上帝被當作是一個騙子。如果是這樣，我就要懷疑我們理解得清楚、分明的事物，我們在認識了上帝存在之後就會想像他是騙子，這就進入了死循環。因此，我們就必須承認上帝絕對不會騙我。

然而，我看出你們還停留在我在第一個沉思裡所提出的問題。我在這裡把我認為已經足夠準確地在沉思裡已經排除的懷疑再解釋一遍。首先，我們一旦認為清楚地理解了什麼真實性，我們就堅決地相信它。如果這種信念堅定到我們永遠不能有任何懷疑的理由達到我們相信的程度，那麼就

不需要進一步質疑，我們就有理由認為這件事情是全部可靠性。也許有人硬說我們如此強烈相信其真實性的東西在上帝的眼裡或者在天使的眼裡是錯誤的，因此就是絕對錯誤的，這和我們沒有關係。既然我們對於這個說我們「絕對的錯誤」的聲音不予理睬，我們費事管它做什麼呢？因為我們先對一個信念堅定到不可動搖的程度，那麼這個信念就是非常可靠的信念。當然，人們還可以懷疑人是否有這樣可靠性的本性，或者什麼堅定不移的信念。

人們不能對模糊不清的東西有什麼信念，即使是一點點的模糊不清也不行。因為不管什麼樣的模糊不清都是我們對這些東西懷疑的原因。對於由感覺得來的東西也不能有信念，因為我們經常發現在感官裡可能有錯誤，就像當一個水腫病人口渴或者有黃疸病的人把雪看成是黃色的，因為那個人把雪看得清楚、分明的程度並不比我們差，而我們看雪是白的。因此，如果人們能夠有信念，那僅僅是理性理解得清楚、明白的東西。

在這些東西裡邊，有一些是那麼清楚，同時又是那麼簡單，以至我們不可能想到它們而不認為它們是真的。例如，當我有意識時我存在，一經做成的東西就不能是沒有做成的等等。關於這些東西，我們顯然是具有十足的把握的。就像我剛才說的那樣，如果我們不想到那些東西，我們就不會懷疑它們，如果我們不相信它們是真的，我們就絕不會想到它們。結論就是：如果我們不能同時既懷疑它們又想著它們，我們就必須相信它們。

人們時常發現，有些人在他們以為比看見太陽還清楚的一些事物上弄錯，這也沒有什麼。因為任何人都沒有看見過這樣的事情發生在那些單獨從他們的理智中得出全部清楚、分明性的人身上，只看見過這樣的事情發生在那些從感官或者從什麼錯誤的偏見中得出全部清楚、分明性的人身上。想要欺騙我們認為在上帝或者天使這類問題有錯誤的人，也無須理

會，因為我們的理智絕不允許我們去聽從那些謊言。

對於所有的事情，當我們仔細檢查對它們的認識所依據的那些理由時，我們的理智對它們理解就會十分清楚，因此我們不懷疑它們。有人會問，對於這些結論，在我們記得它們是從一些非常明顯的原則推論出來的時候，是否能夠有一個堅定不移的信念。因為這個記憶必須設定，以便這些結論能夠被稱為結論。我回答說，那些認識上帝到如此程度以至他們知道，由上帝給予他們的理解功能除了以理智作為工具之外不可能有其他的人，他們能夠對於這些結論有一個堅定不移的信念，而其他的人不能夠有。關於這一點，可以看我第五個沉思的末尾。

【評論】

這一部分非常精彩，笛卡兒用找到一個軟柿子捏到底的架勢，窮追猛打，而且完全是降級打擊。當我理解了他引入數學的必要條件、充分條件、充要條件的概念來論證因果關係時，我就知道對手是毫無還手之力的。這裡使用的數學中的必要條件和充要條件的方法是：如果 a 是 b 的必要條件，則 b 是 a 的原因，但 a 不是 b 的原因；如果 a 是 b 的充要條件，則他們可以彼此互為原因。在早期中文翻譯的古代西方哲學著作中，經常出現「客觀地存在於」、「卓越地存在於」等片語，對於今天的讀者來說，這些翻譯除了成為我們閱讀的障礙，我看也沒有什麼別的價值。

笛卡兒在這裡展示了高超的數學能力，使用的全是數學的從假設到公理、從公理到定理的邏輯推理方式，邏輯非常嚴謹。在這裡我們可以得出一個初步的結論，笛卡兒的上帝是數學的上帝。在他生活的年代，他就像一個穿越時空的人，對於科學的態度遠比當時大多數科學家超出幾個量

級，他已經把數學擴展到高等數學的初始階段，剩下的工作僅僅需要後來的數學家們沿著這條道路走下去即可。到此，我有理由預見，這是一部以數學作為上帝將科學導向現代之路的奠基之作。

接下來的反駁與答辯更加精彩。

首先，是笛卡兒對於我們普遍理解的「我思故我在」這個中文短語的錯誤翻譯，他明確了他的最基礎的意識，即「我是一個有意識的東西」，而不是我們習慣理解的「因為我有意識，所以我存在」。這有力地證明了他的哲學，連一個主觀唯心主義都不是，他是一個既不是有神論，又不是唯心主義，而是完全用數學武裝起來的哲學家。在此基礎上他明確了我的第一個與生俱來的觀念 —— 一個至上完滿的、廣大無垠的上帝的觀念。

其次，另一個問題是「上帝是否會欺騙我們」，按照前面我們對笛卡兒的上帝的理解，討論的結果已經不需要關注了。關於上帝的謊言，笛卡兒的結論其實很簡單，只要是謊言就都是傳播過程中的錯誤，或是違背了上帝的初衷，絕不可能是上帝的本意，因為原本他們討論的上帝也不是同一件事。

最後，他明確提出了「信念」或「信仰」的概念。他指出信念或信仰不應該是模糊不清的、有所疑慮的，必須是經過深思熟慮的、堅信不疑的信任，這樣它就成為理智中最為堅定的原點，是人類靈魂不可動搖的基石。也就是說，如果沒有經過深思熟慮從而推翻，就應該堅定地保持信念、信仰。

第三節　第三組反駁及答辯

【第五個反駁關於上帝】

　　笛卡兒說「它們之中」，即在人的各種意識之中。「有些是事物的圖像，只有這些圖像才真正適合觀念這一名稱，比如我想起一個人、一個怪物、天、天使，或者上帝。」

　　我想說，當我意識到一個人時，我給對象一個觀念或者一個由顏色、形狀組成的圖像，對於這個觀念或圖像，我可以懷疑它是否和一個人相稱。當我意識一個怪物的時候，我給對象一個觀念或者一個圖像，對於這個觀念或圖像，我可以懷疑它是什麼可能存在過的動物的肖像。當有人意識一個天使的時候，在我意識裡出現的有時是一個火焰的圖像，有時是一個帶翅膀的小孩子的圖像，我可以肯定地說，這個圖像並不像一個天使，從而它並不是一個天使的觀念，而是我們相信有一些看不見的、非物質性的造物。它們是上帝的大臣，我們就把天使這個名稱給了我們相信或假設的一個東西，儘管我由之而想像一個天使的這個觀念是由一些看得見的東西的觀念組合成的。上帝這個令人尊敬的名稱也是這樣。對於上帝我們沒有任何圖像或觀念，這就是為什麼不許我們用偶像來崇拜他的原因，因為恐怕我們理解了不可理解的東西。

　　因此，我們意識裡好像根本沒有上帝的形象觀念。就跟天生的瞎子一樣，他多次接近火，他感覺到了熱，了解到這火是由於一種東西熱起來的，聽人說這就叫做火，就得出結論說有火，雖然他不認識火的形狀和顏色，他根本沒有什麼火的觀念或圖像表現在他意識裡。同樣，當人看到他的一些圖像或者一些觀念必定有什麼原因，而這個原因之上必定還有別的原因。這樣

一直推到最後，或者推到什麼永恆的原因。因為它並沒開始存在過，在它之前就不能有原因，那就必然是有一個永恆的存在體存在。儘管他並沒有這個永恆存在體的觀念，可是信仰或者他的理智說服他把這個原因稱為上帝。

現在既然笛卡兒先生從心中有上帝的觀念假設，做出了上帝，一個全能、全智、宇宙的創造者等存在體存在的定理，那麼他最好應該先解釋這個上帝觀念，然後再由此推論出上帝的存在，以及世界的創造。

【答辯】

如果反駁者用「觀念」一詞指任意描畫為物體性的東西的圖像，這樣就不難理解，人們沒有任何真正上帝的觀念，也不能有任何真正天使的觀念。而我用「觀念」一詞是指意識所直接理解的東西。因此，在我想要和我害怕時，由於我理解到我想要和我害怕，這種想要和這種害怕，我把它們放在意志的範疇裡。為了讓另一種意識意味著理智的認知，我使用「觀念」這個名稱，這個哲學家已經一致接受了。對於那些贊同我的人，我想我把上帝的觀念已經解釋得夠明白了，可是對於那些硬要把我的話曲解的人，我怎麼解釋也不夠。最後，他談到世界的創造，這是毫無邏輯的，因為在研究是否有一個被上帝創造的世界之前，我已經證明了上帝存在，而僅僅從上帝這個全能的存在體存在這件事，就可以得出：如果有一個世界，那麼這個世界必然是由他創造。

【第六個反駁】

笛卡兒說：「另外一些意識有另外的形式，比如我想要、我害怕、我肯定、我否定。我雖然把某些東西理解為我意識活動的主體，這個主體把

某些東西加到我對於這個東西的意識上，屬於這一類的意識叫做意志或情感，另外一些叫做觀念或判斷。」

我要說，在有人想要或害怕的時候，事實上他真有他害怕東西的圖像和他想要東西的圖像，不過他想要或害怕的是什麼東西，是不是比他的意識包含有更多的東西，我們還不知道。如果一定要把害怕說成是一種意識，那麼我看不出害怕的為什麼不是人們所怕東西的觀念。當一隻獅子對著我們來的時候，如果不是這隻獅子的觀念，以及這樣的一種觀念在意識裡產生的結果，由於這些結果，害怕的人就做出了我們稱為逃跑的這種動物性動作的話，那麼這種怕還能是什麼別的嗎？可是逃跑的動作並不是意識，所以害怕裡邊沒有別的意識，只有所怕的那種東西的觀念。

此外，肯定和否定沒有言語和名稱就不行，因此動物就不能肯定和否定，牠們不能用意識來肯定或否定，從而也不能做任何判斷。人和動物都有意識，我們肯定一個人跑的時候，我們的意識是和一隻狗看到牠主人跑的意識是一樣的，肯定和否定並不在意識上加上什麼東西，除非是組成肯定的那些名稱就是在做出肯定的人意識裡某種東西的名稱。這不過是用意識來理解東西的名稱，在諸如此類的事情上，動物和人是不一樣的。

【答辯】

事情本來是非常明顯的：看見一隻獅子同時害怕牠，這跟僅僅看見牠不是同一件事。同樣，看見一個人跑和確信看見他也不是同一件事。我看不出在這裡有什麼需要去解釋的。

【第七個反駁】

笛卡兒說：「我只剩下去檢查一下我是用什麼方法獲得了這個觀念的。因為我不是透過感官把它接受過來的，也不是像可感知的東西的觀念那樣，似乎是在它提供給我外部感官的時候直接提供給我的；它也不是純粹由我的意識產生出來或者想像出來的，因為我沒有能力在上面加減任何東西。因此，他只能說它跟我自己的觀念一樣，是從我存在那時起與我與生俱來的。」

笛卡兒似乎想說，如果沒有上帝的觀念，他的全部研究都是無用的。我想說，我自己的觀念就是我，因為我可以看到我的身體，所以主要從觀看得來的。說到靈魂，我沒有靈魂的觀念，可是理智讓我知道人的肉體裡包含有某種東西，它給予人的肉體動物性的運動，肉體用這種運動感覺和動作，我把這種東西稱為靈魂。

【答辯】

首先，如果有一個上帝的觀念，那麼所有這些反駁就都不成立了；其次，說沒有靈魂的觀念，它是由理智理解出來的，這就如同說，沒有隨意描畫出來靈魂的圖像，而卻由我迄今稱為觀念，同樣是不成立的。

【第八個反駁】

笛卡兒說：「太陽的另外一個觀念是從天文學的研究裡得來，也就是說，從理智的某些觀念裡得出來的。」

同一個時間，只能有一個太陽的觀念，這個太陽或者是他由眼睛看見

的，或者是他由推理理解到它比眼睛看見的要大很多倍。因為後一種並不是太陽的觀念，而是我們推理的結論，這個結論告訴我們，如果我們從很近的地方看太陽，太陽的觀念就大了許多倍。沒錯，在不同的時間就可以有不同的幾個太陽的觀念，比如我們用肉眼看它和用望遠鏡看它就不一樣，不過天文學的研究並不能使太陽的觀念更大或更小，這些研究只告訴我們太陽的可感知的觀念是騙人的。

【答辯】

我再一次回答：你這裡所說的並不是太陽的觀念。儘管如此，你所描寫的正是我稱為觀念的東西。既然這位哲學家不同意我對這幾個詞所下的定義，那麼我反駁也毫無意義。

【第九個反駁】

笛卡兒說：「指向實體的那些觀念，似乎比指向樣式或屬性的那些觀念多一點什麼東西，並且觀念的對象本身有更多的客觀實在性。我由之而理解到一個至高無上的、永恆的、無限的、全知的、全能的、自身之外一切事物的普遍創造者的上帝的觀念，無疑在他本身裡比我有限的那些觀念裡有更多的客觀實在性。」

在這以前我已經好幾次指出過我們既沒有什麼上帝的觀念，也沒有靈魂的觀念，現在我再加上，我們也沒有實體的觀念。我雖然承認，作為一種能夠接受不同屬性並且隨著屬性的變化而變化的實體，是由推理而被發現和證明出來的，可是它不能被理解為我們對它有任何觀念。因此，怎麼能說指向實體的那些觀念比指向屬性的那些觀念有更多的客觀實在性呢？

此外，笛卡兒先生要重新思考一下「有更多的實在性」這句話。實在性能有更多和更少嗎？如果他認為一個東西比另外一個東西有更多客觀實在性，那麼請他思考一下：在他做證明時所多次用過的一個東西的全部清楚分明性該如何解釋呢？

【答辯】

我多次說過，我稱為觀念的東西就是理智讓我們認知的東西，不管我們用什麼方式來理解這些東西。我已經充分解釋了實在性有多有少，實體是某種比形態更多的東西，不完全的實體也比形態的實在性要多，但比完全的實體少。最後，如果有無限的、不依存於別的東西的實體，那麼這個實體比有限的實體有更多的客觀實在性。

【第十個反駁】

笛卡兒說：「只剩下上帝的觀念了。在這個觀念裡邊，必須思考一下是否有什麼東西是能夠由我自己產生。用上帝這個名稱，我是指這樣的一個實體說的，這個實體是無限的、不依存於別的東西的、至上明智的、全能的，以及無論我自己還是宇宙間的一切東西都是由這個實體創造的。我越是想到它，就越覺得它不能由我自己產生。經過這樣的分析，必然得出上帝存在這一結論。」

思考一下上帝的屬性以便我們從那裡找到上帝的觀念，看一看在這個觀念裡是否有什麼東西能夠由我們自己產生。我發現，我們用上帝這個名稱所指代的東西既不是由我們產生的，也不是必然由外部的東西產生的。因為用上帝這個名稱，我是指一個實體說的，也就是說，我是指上帝存

在，不是由什麼觀念，而是由於推論。無限，也就是說，我既不能理解也不能想像它的盡頭或非常遠的部分，也不能想像很久以前的部分，從而無限這個名稱並不向我們提供上帝的無限性的觀念，它只提供我自己的盡頭和界限。不依存於別的東西，也就是說，我不能理解上帝可能由什麼原因產生，因此除了我對我自己的觀念的記憶以外，我沒有別的觀念，與「不依存於別的東西」這個名稱相適應，我自己的觀念在不同的時間都有其開始，而且這個觀念是依存於別的東西的。

說上帝是不依存於別的東西，除了說明上帝是屬於我不知道其來源的那些東西以外，不說明別的。說上帝是無限的也是這樣，是屬於我們所不能理解其界限的那些東西。如果這樣，上帝的全部觀念就都被否定了，既沒有始終也沒有來源的這種觀念是什麼呢？

「至上明智的。」我請問：笛卡兒先生用什麼觀念理解上帝的明智？

「全能的。」我也請問：他觀看未知的東西的能力，是用什麼觀念去理解的？

而我是用過去的事物的圖像或記憶來理解的，是這樣推論出來的：他過去這樣做了，因為他過去能夠這樣做；因此只要他將來存在，他將來也能這樣做。也就是說，他有這樣做的能力。所有這些東西都是能夠從他物質性在外部的東西來理解的。

「宇宙間一切東西的創造者」。我用我看到過的東西的辦法，比如我看見過一個剛生下的人，他從小到幾乎看不見長到現在這麼大，就可以做成一種創造的圖像。我認為對於創造這個名稱，沒有人有別的觀念。用我們想像出來的創造的世間萬物，這並不足以證明創造。

他雖然指出了一個無限的、不依存於別的東西的、全能的存在體存

在，但並不說明一個創造者存在。除非有人認為這樣推論是正確的，即從什麼東西存在，我們相信這個東西創造了其他一切東西，因此世界從前就是由他創造的。

此外，他說上帝的觀念和我們的靈魂的觀念是由我們的意識產生的，並且居住在我們意識裡。我倒要問問，那些睡得很深、什麼夢也沒做的人，他們的靈魂有意識沒有？如果他們的靈魂一點意識也沒有，那麼他們的靈魂就什麼觀念也沒有，從而沒有什麼觀念是由我們的意識產生並且居住在我們意識裡的。由我們的意識產生並且居住在我們意識裡的東西，在我們的意識裡永遠是眼前的。

【答辯】

我們歸之於上帝所包含東西沒有一個是來自外部世界的。因為在上帝內部沒有什麼跟外部物體性的東西相似。顯然，凡是我們理解為在上帝裡邊跟外部東西不相似的東西，都不能透過外部的東西，而只能透過上帝來到我們的意識之中。

現在我請問這位哲學家是怎麼從外部的東西得出上帝的觀念的。對我來說，我用下面的辦法很容易解釋我所具有的觀念是什麼：用觀念這一詞，我是指某種理智的全部形式說的。有誰能理解什麼東西而不知覺這個東西，因而缺少理智的這種形式或這種觀念？理智的這種形式或這種觀念延伸到無限，就做成了理智中的上帝的觀念。

不過，既然我使用了我們理智中上帝的觀念來證明上帝的存在，並且在這個觀念中包含著一個如此廣大無垠的能力使我們理解到，如果上帝以外別的東西不是由上帝創造的（如果真有上帝存在的話），他就會反對那

些東西存在。顯然從它們的存在性被證明出來了這件事也就證明凡是存在著的東西，都是由上帝創造的。

最後，當我說某種觀念是我與生俱來的，或者說它是天然地印在我的靈魂裡，我並不是指它永遠出現在我的意識裡。如果是那樣的話，我就沒有任何觀念，我指的僅僅是在我們自己的理智裡有生產這種觀念的功能。

【第十一個反駁】

笛卡兒說：「我用來證明上帝存在的論據，它的全部效果就在於我看到：上帝，也就是我意識裡有其觀念的上帝，如果他真不存在，我的本性就不可能在我理智裡有上帝的觀念。」

那麼，既然我們的理智裡有上帝的觀念是一件沒有得到證明的事，並且基督教強迫我們相信上帝是不可領會的。按照我的看法，人們不能有上帝的觀念，因此上帝的存在並沒有得到證明，更不要說他創造世間萬物了。

【答辯】

說上帝是不可領會的，這是指一個全部地、完滿地理解上帝整體說的。對於我們的理智裡怎麼有上帝的觀念，我已經解釋過很多遍了。

【評論】

這一組辯論的主要價值是兩個人在方法上的邏輯都很嚴謹。但分歧主要在於實在性、觀念等的定義完全不同。作為機械唯物主義代表人物的霍布斯把一切觀念都理解為物質的本身，實在性也僅指物質的存在性，人的

理智所能做的只是對這個觀念和實在性進行認識。笛卡兒關於實在性的論述，是一種邏輯的客觀存在性，從邏輯上實在性上講無限大於有限，有限的三維空間大於有限的二維空間，實體大於形態等等。文中大量的「東西」指的就是邏輯上的客觀存在，它不是指任何物質存在。笛卡兒指的觀念，是意識的一類，是主觀對於客觀存在的推斷或判斷。笛卡兒在前面就已經說過了，它不同於「我想要」、「我願意」等，那些叫做意志。

因此，本節的幾個討論中他們就用同樣的邏輯方法，卻能得到完全不同的答案。關於這樣的爭辯大家可以看看附錄八，相對論和量子力學的科學大爭論就是這樣展開的，而且至今仍然沒有終結。

第四節　第四組反駁與答辯

【反駁：關於上帝】

我們的作者為了證明上帝的存在提出的理由包含兩個部分：第一部分是，上帝存在，因為他的觀念在我理智之中；第二個部分是，有著這樣的一個觀念的我只能來自上帝。

關於第一部分，只有一件事是我不能同意的。笛卡兒先生在指出錯誤的觀念來自判斷之後，接著說，有一些錯誤的觀念，不是因為因果關係錯誤，而是因為對象本身是錯誤的，我認為這似乎跟他的原則有些矛盾。為了在如此模糊的一個問題上把我的思想解釋得足夠清楚，我將用一個例子來把它說明得更清楚些。他說冷不過是熱的缺乏。如果冷僅僅是一個缺乏，那就不可能有任何冷的觀念來給我一個物質性的正面的對象。在這裡，作者把判斷和觀念混為一談了。冷的觀念是什麼？就其是客觀地在理

智之中而言，就是冷本身。如果冷是一個缺乏，它就不可能是用一個觀念而客觀地存在於理智之中，客觀的存在體的觀念是一個正面的客觀存在體。如果冷僅僅是一個缺乏，它的觀念絕不能是正面的，其結果是，不可能有任何一個觀念在對象上是錯誤的。笛卡兒先生為了證明「一個無限存在體的觀念必然是真的」所使用的也是同一種論證方法。雖然可以認為這樣的一個存在體不存在，但是不能認為這樣的一個存在體的觀念不是什麼存在的東西，對一切正面的觀念都可以這樣說。雖然可以設想我認為被一個正面的觀念所物質性的冷不是一個正面的東西，可是也不能認為一個正面的觀念不給我物質性的什麼實在的、正面的東西。我認為，觀念是否是正面的，不能按照它們作為認知的方式而具有的存在性來定。因為要是那樣的話，一切觀念就都是正面的了，而應該由它們所包含的，給我們觀念物質性的客觀存在體來定。因此這個觀念即使不是冷的觀念，也不可能是錯誤的觀念。他也許會說，就是因為它不是冷的觀念，所以它才是錯誤的觀念。我不這樣認為，錯誤的是你的判斷。你把它判斷為冷的觀念的話，那當然是錯誤的。同樣，上帝的觀念，雖然有人把它轉變成一個不是上帝的東西，比如偶像崇拜者所做的那樣，也不應該說上帝的觀念在對象上是錯誤的。這個冷的觀念，即你說因為對象錯誤所導致的觀念，它給你意識物質性什麼？一種缺乏嗎？那麼它就是真實的、正面的東西嗎？那麼它就不是冷的觀念。再說，按照你的意見，如果這個觀念在對象上是錯誤的，那麼那個正面的、客觀的存在的原因是什麼呢？你說：「就是我自己，這個非存在的意識。」那麼，某種觀念的客觀的、正面的存在可以來自非存在，這與你的基本原則是完全矛盾的。

　　第二個部分，人們會問：是否有著上帝觀念的我，能夠由別的東西而不是由一個無限的存在體而存在，甚至，我是否由我自己而存在。笛卡兒

先生認為我不能由我自己而存在，因為如果我把存在給我自己，我就可以把在我意識裡有的一切完滿性也都給我自己。第一組反駁的作者反駁得好：「由自己而存在不應該從正面，而是應該從反面來理解，即不由別人而存在。」他接著說：「如果一個什麼東西是由自己，也就是說不是由別人而存在，你由此怎麼證明它包含一切，並且是無限的呢？如果按照你的理解，因為我，所以我自己而存在，我就很容易把一切東西給了我自己。我想說，它並不像由一個原因那樣使自己而存在，因為在它還沒有存在之前，它也不可能預見它可能是什麼，從而選擇它以後會是什麼呢？」為了反駁這個論點，笛卡兒先生回答說：「由自己而存在這種說法不應該當作反面的，而應該當作正面的說法，甚至在關於上帝的存在性上也是這樣。因此，上帝關於他自己，在某種意義上，和動力因對它的結果是一樣的。」這對我來說有點生硬，不真實。

　　這就是為什麼我一部分同意他，一部分不同意他。我承認我只能正面地由我自己而存在，但是我否認上帝也是這樣。我認為一個東西正面地就像由一個原因那樣由它自己而存在，這是矛盾的。我得出和作者相同的結論，不過是由完全不同的方法得出來的：為了由我自己而存在，我應該正面地由自己並且像由一個原因那樣存在，因此我由我自己而存在，這是不可能的。這個論證的普遍邏輯已經被證明了，他自己說：時間的各個部分可以分開，彼此不相依賴，由於我現在存在並不能得出我將來也存在，除非是因為在我裡邊有什麼實在的、正面的力量差不多每時每刻地創造我。至於具體的邏輯，即我不能正面地由我自己並且像一個原因那樣存在。我認為是由於我的理智，這是非常明顯的，用不著去證明。因為用一個不大為人所知的事情去證明一個大家都知道的事情，這是白費力氣。我們的作者本人，在他沒有公開否認這一點的時候，似乎也承認它是對的。那麼，

我就請你來和我一同仔細地研究他對第一組反駁的答辯中說的話吧。

他說：「我沒有說過一個東西不可能是它自己的動力因，雖然人們把動力的意義限制在與其結果不相同或者在時間上先於其結果的那些原因上，這一點似乎是正確的，可是在這個問題上不應該這樣限制它，因為理智並沒有告訴我們動力因的本性是時間上在它的結果之先。」

首先，關於這個反駁的第一點講得非常好，可是他為什麼省略了第二點呢？他為什麼不接著說，同樣的理智又告訴我們，動力因和它的結果不同，這是動力因的本質決定的，除非因為理智不允許他這樣說。坦白地說，一切結果都是取決於它的原因並且從原因裡接受到它的存在，那麼同一的東西既不能取決於它自己也不能從它自己接受到存在性，這不是非常清楚的嗎？再說，一切原因都是結果的原因，一切結果都是原因的結果，從而在原因和結果之間有著一種互相的關係，而只有在兩個東西之間才可能有一種互相的關係。此外，把一個東西理解為接受存在性，而同一的東西卻在我們理解它曾接受這個存在性之先就有那個存在性，這樣理解不能不是荒謬的。如果我們把原因和結果的概念加給一個從它本身來看是同一的東西，那麼這樣荒謬的事就有可能發生。原因的概念是什麼？給予存在；結果的概念是什麼？接受存在。那麼原因的概念自然在結果的概念之先。

我認為，對於接受者來說，接受先於擁有。在這種觀念的前提之下來理解這個東西，如果我們不能給出存在的原因，我們就不能理解一個東西有存在性。所以我們在理解一個東西擁有存在性之前，必須先理解一個東西接受存在性。這個道理還可以用另外的辦法解釋：任何人都不能給出他自己所沒有的東西，因此任何人都只能把自己所擁有的存在性給他自己。可是，既然他自己有了存在性，為什麼他把這種存在性給他自己呢？

最後他說：「理智告訴我們，創造和保存只有透過理智才可以區分開來，這是非常明顯的。理智也告訴我們，任何東西都不能創造它自己，從而也不能保存它自己，這也是非常明顯的。」如果我們從普遍的論題具體到特殊的論題——上帝上來，在我看來事情將更為明顯，即上帝不能真正地由他自己而存在，而只能是反證地由他自己而存在，也就是說，他不能由別的東西而存在。首先，笛卡兒先生提出來作為證明的理由講得很清楚：「如果一個物體是由它自己而存在，它一定是正面地由它自己而存在。他說，因為時間的各部分彼此不相依存，從而假定一個物體到現在為止是由自己而存在的，也就是說它沒有原因。假如不是在它裡邊有什麼實在的、正面的能力，這個能力，不斷重新產生它，就不能得出結論說它以後還應該存在。」這個道理遠不能適用於一個至上完滿和無限的存在體，恰恰相反，由於一些完全相反的道理，因此必須得出完全不同的結論。因為在一個無限的存在體的觀念裡，也包含著他存在的時間的無限性，也就是說，這個觀念不包含任何限制，從而它同時既是不可分的，又是長久不變的，又是連續存在的，而由於我們理性的不完滿，我們在這個觀念裡只能是錯誤地理解過去和將來。因此，我們顯然不能理解一個無限的存在體存在，儘管是一剎那，也不能同時理解他過去永遠存在，將來將永恆地存在（我們的作者自己在某個地方也說過），從而如果問他為什麼堅持繼續存在，那是多餘的。何況就像聖奧古斯丁（Saint Augustine of Hippo）教導的那樣：「在上帝那裡，既沒有過去，也沒有將來，有的只是一個繼續不斷的現在。」這就清楚地說明如果問上帝為什麼堅持繼續存在，那就是荒唐的，因為這個問題顯然包含著前和後，過去和將來，而這些都是必須從一個無限的存在體的觀念裡排除出去的。

　　他不能理解上帝是在正面的意義上由自己而存在，就好像不能理解他

原來是由他自己產生。就像我們的作者不只一次地說過的那樣，他不是在存在以前就存在，而現在僅僅是他保存了自己。可是，對於無限的存在體來說，保存和第一次產生是一樣的。請問，保存如果不是一個東西的一種繼續不斷地重新產生還能是什麼呢？從而其結果是一切保存都以第一次產生為前提，而就是因為這個道理，「繼續」這一名稱，就像「保存」這一名稱一樣，與其說它們是原因，不如說是潛能，是他本身就帶有的某種接受的能力。然而無限的存在體是一個非常純粹的存在，不可能是這樣的一些能力產生或保持了它。

那麼讓我們做個結論吧。我們不能把上帝理解為在正面的意義上由自己而存在，除非是由於我們理智的不完滿，所以它以造物的方式來理解上帝。這從下面的理由看得更清楚：問一個東西的動力因，是從它的存在性上來問的，而不是從它的本質上來問的。舉例來說：問一個三角形的動力因時，這是問誰使這個三角形存在於世界之上的，如果我問一個三角形的三角之和等於二直角的動力因是什麼，這就很可笑了。對問這個問題的人，不是從動力因方面來回答，而僅僅是這樣地回答：因為這是三角形的性質使然。算學家不大關心他們的對象的存在性，因此不從動力因和目的因來論證。一個無限的存在體之存在，或者持續存在，是由於他的本質使然的，同樣，一個三角形的三角之和等於二直角，也是它的本質使然的。因此，對問為什麼一個三角形三角之和等於二直角的人，也不應該從動力因來回答，而只能這樣地回答：因為這是三角形的不變的、永恆的性質所決定的。同樣，如果有人問上帝為什麼存在，或者為什麼他不停止存在，那就不應該在上帝裡或上帝外尋找動力因或者和動力因差不多的東西，因為我在這裡對於名稱不去爭辯，而只爭辯事實。我們必須得說：因為這是至上完滿的存在體的性質所決定的。

就是因為這個原因，對笛卡兒先生所說：「理智告訴我們沒有任何東西是不許問它為什麼存在，或者不能追尋它的動力因的，或者，如果它沒有動力因，問它為什麼不需要動力因。」我回答說，如果問上帝為什麼存在，不應該用動力因回答，而只能這樣回答：因為他是上帝，也就是說，一個無限的存在體。如果問他的動力因是什麼，就應該這樣回答：他不需要動力因。最後，如果問他為什麼不需要動力因，就必須回答說：因為他是一個無限的存在體，他的存在性就是他的本質。只有這樣的一些東西才需要動力因，在這些東西裡，允許把現實的存在性與本質區別開。

他緊接著說的話就否定了他自己，他說：「如果我想任何東西以某種方式對它自己的關係就是動力因對結果的關係，從這裡我絕不是想要得出結論說有一個第一原因；相反，從人們稱為第一的這個原因本身，我再繼續追尋原因，這樣我就永遠不會達到一個第一原因。我想從什麼東西上追求動力因或者準動力因，就必須尋求一個和這個東西不同的東西，顯然，任何東西都不能以任何方式與它自己重疊，就像動力因和它的結果重疊那樣。」我認為應該警告我們的作者去小心謹慎地思考所有這些東西，因為我敢肯定差不多所有的神學家都會為以下的命題所困擾：上帝是正面地由於自己並且如同由於一個原因那樣而存在。

我只剩下一個疑慮了，那就是，對於他所說的話，只有由於上帝存在，我們才肯定我們所清楚明白的理解的東西是真的，他怎麼辯護才能免於陷入循環論證——我們之所以肯定上帝存在，只因為我們對這件事理解得非常清楚、非常明白，因此，在我們肯定上帝存在之前，我們必須先肯定凡是我們理解得清楚、分明的東西都是真的。

【答辯】

　　一直到這裡我都是試圖回應阿爾諾先生給我提出的論據並且招架他的一切反駁。不過此後，效法那些對付一個太強而有力的對手的人，我將寧願試圖躲避他的鋒芒，而不是直接迎著這個鋒芒而上。在這一部分他僅僅談到了三件事，這三件事如果按照他所理解的那樣，似乎是成立的。不過，在我寫這三件事的時候，我是採取另外一個意義的，也是可以被認為真實的而接受下來的。

　　第一件事是：有一些錯誤觀念在於對象的錯誤。按照我的意思，它們以錯誤的對象給予判斷。但是經過判斷，在把對象轉為形式上的觀念後，觀念本身並沒有錯誤。

　　第二件事是：上帝是由他自己而存在，在那個地方我僅僅是想說上帝為了存在不需要任何動力因。按照正面的，基於上帝的廣大無垠性本身，它是能夠存在的。可是阿爾諾用的是反面的，他證明上帝不是由別的東西產生的，也不是由別的動力因正面保存的，關於這一點我也是同意的。

　　第三件事是：不管什麼東西，如果關於這個東西我們沒有認識，就不能存在於我們的意識裡，這話我是指觀念說的，而阿爾諾是從潛能方面否定的。我可以把這些再解釋一下。

　　在他說冷僅僅是一種缺乏，不能給我一個物質性的正面的東西觀念的地方，他顯然是指在形式上的觀念說的。按照他的意思，由於觀念本身不過是一些形式，而且它們不是由物質組成的，每次當它們被思考作為物質性的什麼東西的時候，它們不是在存在上而是在形式上被使用，如果不是把它們作為物質性的一個東西來思考，而僅僅是作為理智的形式來思考，那麼當然可以說它們錯誤地被當作對象使用了。

不過那樣一來，它們就與事物的「對」絕對無關，也與事物的「錯」絕對無關了。所以，我不認為把觀念看作對象是錯誤的。就像我已經解釋過的意義，不管冷是一個正面的東西，還是一種缺乏，我並不因此而對它有不同的觀念，而是這個觀念在我意識裡是和我一直有的觀念是同一的觀念。如果冷真的是一種缺乏，並且沒有和熱同樣多的實在性，那麼熱的觀念就物質性了錯誤的對象。因為在分別思考到我從感官接受過來的這一個觀念和那一個觀念時，我認不出來由這一個觀念所物質性的實在性比由那一個觀念所物質性的實在性更多。

我並沒有把判斷和觀念混為一談。我說過在觀念裡有一種對象的錯誤，但是在判斷裡，除了形式上的錯誤沒有別的。當他說就其是客觀地存在於理智之中而言，冷的觀念是冷本身。我認為必須給予區別，因為在模糊不清的觀念裡（包括冷的觀念和熱的觀念），經常發生這樣的事，即它們是關於別的東西的，而不是關於它所真正物質性的那些東西的。這樣一來，如果冷僅僅是一種缺乏，就冷是客觀存在於理智之中而言，冷的觀念並不是冷本身，而是什麼別的東西，那種東西被錯誤地當作這種缺乏，即某一種感覺，這種感覺在理智之外絕不存在。

上帝的觀念並不是這樣的，至少清楚、分明的觀念不是這樣的。不能說它是關於某種對它並不一致的東西的。至於由偶像崇拜者所捏造的那些神的模糊觀念，就其引發錯誤的判斷而言，我看不出來為什麼它們不能也叫做對象的錯誤。那些沒有給判斷以任何錯誤或非常輕微的錯誤觀念，不應該和那些給予非常多的錯誤觀念相提並論，應該說它們也是對象的錯誤。我很容易舉例說明有些觀念就比另一些觀念給予人更大的錯誤機會。因為由我們的理智本身捏造的那些模糊的觀念，就像那些假神的觀念那樣。這些錯誤的機率和由感官向我們模模糊糊提供的那些觀念同樣大。就

像我所說的冷的觀念和熱的觀念那樣，它們並不物質性任何實在的東西。舉例來說，一個水腫病人的渴的觀念，當這個觀念使他相信喝水對他會有好處而實際上是有害處的時候，對他來說，這個觀念實際上難道不是錯誤的嗎？

但是阿爾諾先生問這個冷的觀念對我物質性了什麼？他說，如果它物質性了一種缺乏，那麼它就是對的；如果它物質性一個正面的東西，那麼它就不是冷的觀念。這一點，我同意。可是，我之所以認為對象是錯誤的，僅僅是因為既然它是模糊不清的，我分辨不清它對我物質性的東西在我的感覺之外究竟是不是正面的，那麼我有可能把雖然也許僅僅是一種缺乏判斷為正面的東西。

所以不應該問：使這個觀念在錯誤的那個正面的、客觀的東西的原因是什麼？因為我並沒有說對象的錯誤是由於什麼正面的東西，而只是說這僅僅是由於模糊不清，而這種模糊不清的主體是一個正面的東西，即感覺。這個正面的東西是在我意識裡，因為我是一個真實的東西。它之所以模糊不清是因為我的觀念物質性著在我之外的、人們叫做冷的什麼東西，它沒有實在的邏輯，它僅僅是來自我的本性之不是完全完滿，這絕對推翻不了我的論證邏輯。

阿爾諾先生最不滿意的，同時也是我認為他最不該反對的東西是：我說我們很容易想到，在某種意義上，上帝對於他自己和動力因對它的結果是一樣的。針對這一點，我不認可他粗暴地反駁上帝是他本身的動力因。因為在我說某種意義上是一樣的時候，我指的就是不完全一樣。同時，在把我們很容易想到這幾個字放在這句話的前頭，我是指，我之所以如此解釋這些事情只是因為人類理智的不完滿。何況，在我的書的其餘部分裡，我一直做了同樣的區分。自一開始，在我說沒有任何東西是不能追究

其動力因的地方，我加上一句：或者，如果它沒有動力因，可以問問為什麼它沒有。這句話就足以證明我認為有什麼東西存在不需要動力因。

然而，除了上帝以外，什麼東西是這樣的呢？甚至在稍後一點，我說在上帝裡邊有一個如此強大、如此用之不竭的能力，以至他不需要任何幫助而存在，不需要任何幫助而被保存，因此他在某種方式上是自因的。自因這兩個字怎麼也不能被理解為動力因，而只能被理解為在上帝裡邊的這個用之不竭的能力就是原因，或者是他不需要動力因。由於這個用之不竭的能力，或者這個本質的廣大無垠，是非常正面的，因此我說上帝之所以不需要原因，其原因或理由是正面的。這對任何有限的東西說來無論如何都是不可能的，儘管這種東西在它那一類裡是非常完滿的。如果說一個東西是自因的，就只能用反證法來理解，因為從這個東西的正面論證找不出來任何理由我們可以由之而應該理解它不需要動力因。

同樣，在其餘的一切地方我都把上帝的存在和被保存不需要原因的這個從上帝本質中提出的原因，與有限的東西缺少它就不能存在的動力因做比較。這樣，從我的專門術語來看，無論什麼地方都可以很容易地看出，認識出上帝和其他東西的動力因完全是兩回事。在任何地方都找不到我曾說過上帝和他的造物一樣都是以一種正面的原因保存的。我只是說他的能力或他的本質的廣大無垠性，這種廣大無垠性是他之所以不需要保存的原因，是可以正面論證的。這樣一來，我就能夠很容易同意凡是阿爾諾先生為了證明上帝不是他自己的動力因、不是由任何一種正面的作用或者由一種他自己的不斷再產生而自我保存所提出來的東西，而這些東西是人們從他的理由中所能推論出來的全部東西。我希望他也不會否認上帝不需要原因而存在的這種廣大無垠的能力，在上帝裡是一件正面的原因，而在其他一切東西裡，人們不能理解到任何類似的正面的不需要動力因就能存在的

東西。當我說其他任何東西都只能透過反證被理解為不能由自己而存在，只有上帝除外，我就是這個意思。為了答覆阿爾諾先生所提出的詰難，我用不著再說別的了。

但是，由於阿爾諾先生在這裡嚴重地警告我說，神學家大多反對下面的命題：即上帝就如同由一個原因那樣正面地由自己而存在，我在這裡將要說出為什麼我以為這種說法在這個問題上不僅非常有用，而且是必要的，以及為什麼沒有人可以認為這種說法不好。

我知道我們的神學家在談論神聖的事物時，當問題在於列舉三位一體的三位的行列，並且在希臘人用三個不同的單字時，他們又使用了「本原」這個詞。採取這一詞的最直接的意義，就是怕讓人錯以為聖子比聖父小。這樣的三位一體，就不會出現錯誤，而僅僅是對於上帝的單一本質。我看不出為什麼應該躲避原因這一詞，對一般人而言，使用這一詞非常有用而且在某種意義上是非常必要的。它的最大作用在於證明上帝的存在，如果不使用它，就不能把上帝的存在性說明得那麼清楚。即使用動力因來證明上帝的存在性不是我唯一採用的方法，那麼至少是第一的、主要的方法，我想這是人人皆知的。如果我們不放任我們的理智去追尋世界上一切事物的動力因，就連上帝也不例外，那麼我們就不能使用這個理智。在我們證明上帝存在之前，我們為什麼沒有理由去追尋上帝存在的動力因呢？

我們可以問每一個東西，它是由自己而存在的呢，還是由別的東西而存在的？用這種辦法我們可以得出上帝存在的結論，雖然我們不必用嚴謹的詞句解釋我們應該怎麼理解「由自己而存在」這幾個字。凡是只遵照理智指引而行事的人，都可以立刻在他們的心中形成某一種概念，這種概念既有動力因，也有形式因，也就是說，由別的東西而存在，就像是由一個動力因。而由自己而存在的，就是像由一個形式因，也就是說，自己由自

己存在具有一種不需要動力因的那種性質而存在。這就是為什麼我沒有在我的沉思裡解釋這一點，以及我把它當作一個自明的東西而省略了，不需要做任何說明。

但是，當那些由於長期習慣而有這種意見，即斷定任何東西都不能是它自己的動力因，而且認真把這種原因與形式區分開來的人，聽到人們問什麼東西不是由自己而存在的，很容易在他們的意識裡只想到純粹的動力因，他們想不到由自己這幾個字應該被理解為由一個原因，而只想到其反面，即不能因為其他原因。因此他們認為有一個什麼東西存在，我們不應該問它為什麼存在。

「由自己」這幾個字這樣解釋，如果它被接受的話，它就會使我們放棄把上帝作為結果的證明方法，就如同由我對第一組反駁所做的答辯：「為了恰當地回答他的反駁，我認為有必要證明在真正的動力因和沒有原因之間有一個什麼中間的東西，即一個東西的正面本質，動力因的觀念或概念可以如跟我們在幾何學裡習慣地用同樣的方式那樣延伸到它。在幾何學裡我們把要多大有多大的一條弧線的概念延伸到一條直線上去，或者一個具有無窮的邊的多邊形的概念延伸到圓的概念上去。」

我曾經說過，我們不應該把動力因的意義理解為以下的原因：這些原因不能包含結果，或者時間上在其結果之前。一方面，那會是沒有意義的，因為沒有人不知道一個同一的東西不能與其本身不同，也不能時間上在它本身之前；另一方面，也因為這兩個條件中的一個可以從它的概念中被取消，而並不妨礙動力因的概念保持完整。因為沒有必要讓它時間上在它的結果之先，這是非常明顯的，因為只有當它像我們所說過的那樣產生它的結果時，它才有動力因的名稱和本質。

　　從另外一個條件之不能被取消，我們只應得出結論，這並不是一個真正的動力因，不過這並不能說它絕不是一個正面的原因，這個原因可以認為和動力因相類似，而這正是在所提出的問題上所要求的。因為就是由於理智，我理解到，如果我把存在給予我，我就會把凡是在我意識裡有其觀念的完滿性都給我，同時我也理解到，沒有什麼東西能夠按照人們習慣於用限制真正的動力因的意義的辦法來把存在給予自己。同一的東西，由於它給了自己存在，它就不同於它自己，因為它接受了存在。在這二者之間有矛盾：是它本身，又不是它本身或不同於它本身。因此，當我們問道是否有什麼東西能把存在給予它自己的時候，這只能這樣去理解，即某一個東西的本性或本質是否是這樣的，即這個東西不需要動力因就能存在。

　　當我們接著說：如果什麼東西是還不具備它有其觀念的一切完滿性的話，它就會把這些完滿性都給它自己。這就是說，它現實不可能不具備它有其觀念的一切完滿性。理智使我們了解到，一個東西，它的本質是如此廣大無垠以至它不需要動力因就能存在，那麼它也不需要動力因就能具備它有其觀念的一切完滿性，而且它自己的本質充要地把凡是我們能夠想像到可以由動力因給予其他東西的完滿性都給它自己。如果它還沒有這些完滿性，它就會把這些完滿性給它自己。因為同一的理智，我們懂得，在我說話的時候這個東西不可能有把什麼新的東西給它自己的這種能力和可能，而只能是它的本質是這樣的，即凡是我們現在想得出，它應該給它自己的東西，它都已經永遠地具備了。

　　所有這些與動力因有關和相類似的說法，對於引導大家追求真理，使我們清楚分明地理解這些東西，是非常必要的。同樣，阿基米德關於由曲線組成的球形和其他形狀，拿這些形狀與由直線組成的形狀相比較，證明了許多東西。如果不這樣，就很難使人理解。由於這樣的證明沒有遭到反

對，所以雖然球形在那裡被看作是一個具有很多邊的形狀，但是我不認為能夠在這裡重新用我使用過的與動力因的類比來解釋屬於形式因的東西，也就是說，屬於上帝的本質本身。在這上面用不著害怕有任何產生錯誤的可能，因為凡是獨立具有動力因的特性，以及不能被延伸到形式因上去的東西，本身都含有一種明顯的矛盾，絕不能被任何人相信。例如，任何東西和它本身不同，或者是同一的東西同時又不是同一的東西。

必須注意：我把原因這個高貴的頭銜歸之於上帝，可是不能由此得出結論說我把結果這個不完滿性也歸之於上帝。因為就像神學家們吧，當他們說聖父是聖子的本原時，他們並不因此就認為聖子是由本原而生的，同樣，雖然我說上帝從某種方式上可以被說成是他自己的原因，可是在任何地方都找不出來我說過是他自己的結果，這是因為我們習慣於主要地把結果連結在動力因上，並且把它斷定為不如原因高貴，雖然它經常比它的其他的原因更高貴。

為了在所提出的問題裡不把原因這一名稱歸之於上帝是很不容易辦到的，從阿爾諾先生已經試圖用另外一個辦法得出和我同樣的結論，然而卻沒有成功，就是最好的證明。他在大量指出上帝不是他自己的動力因（因為動力因不同於結果，這是動力因的本性）的同時，也指出上帝不是正面地（正面地這一詞指原因的一種正面作用而言）由自己而存在。嚴格地講，就保存這一詞指事物的一種不斷再產生而言，他自己不保存他自己。這一點我同意。在所有這些以後，他想再證明上帝不應該被說成是他自己的動力因。他說：因為問一個東西的動力因，這只是從它的存在性上來問的，絕不是從它的本質上來問的。然而，一個無限的存在體之存在的本質並不少於一個三角形之有它的三角之和等於二直角的本質。所以當人們問上帝為什麼存在時，不應該用動力因來回答，這和當人們問三角形的三個

149

角之和為什麼等於兩個直角時不應該用動力因來回答是一樣的。

這個三段論式可以很容易按照這個樣子倒轉過來反對它的作者本身：雖然我們不能從本質上來問動力因，可是我們可以從存在性上來問動力因；不過在上帝身上本質和存在是沒有區別的，所以我們可以問上帝的動力因。

但是，為了把二者協調起來，我們應該說，對於問上帝為什麼存在的人，不應該用真正的動力因來回答，只能用事物的本質本身，或者用形式因來回答。由於在上帝身上，存在和本質是沒有區別的，只是和動力因很相似，從而可以被稱為「準動力因」。

最後他接著說：對於問上帝的動力因的人，必須回答說他不需要動力因；對於問他為什麼不需要動力因的人，必須回答說，因為他是一個無限的存在體，他的存在性就是他的本質，因為只有允許把現實的存在性與本質區別開的東西才需要動力因。由此他得出結論說，我以前說的話完全被推翻了。即如果我想任何東西以某種方式對它自己的關係就是動力因對它的結果的關係，在追尋事物的原因上，我永遠達不到第一個。可是我認為絕對沒有被推翻，甚至一點都沒有被削弱或被動搖。因為肯定的是：不僅是我的論證的主要力量，就連人們提供用結果來證明上帝的存在性的一切論證的力量都完全取決於此。然而，差不多所有的神學家都主張，如果不根據結果就提供不出來任何一個論證來。

因此，當他不允許人們把上帝對於他自己的動力因的類似關係歸於上帝時，他遠沒有替上帝的存在性的證明和論證提供什麼闡釋，相反，他把讀者弄糊塗了，阻礙讀者弄懂這個證明，特別是在結尾時，他結論說：如果他想必須追求每一個東西的動力因或者準動力因，他就會追求到一個與

這個東西不同的原因。因為那些還不認識上帝的人，如果不認為人們可以追求每一個東西的動力因，他們怎麼會追求別的東西的動力因，以便用這個辦法來達到對上帝的認識呢？最後，如果他們認為每一個東西的動力因都必須被追求出來與這個東西不同，他們怎麼會像停止在第一因上那樣停止在上帝身上，並且在上帝身上終止他們的追求呢？

阿基米德在談到他在用內切於圓形裡的一些直線形狀的類比關係證明圓形的東西時也許會說：如果我認為圓形不能被當作一個具有無窮的邊的直線形或準直線形，那麼我就不會給予這個證明任何力量，因為嚴格地講，這個證明不把圓形看作是一個曲線圖形，而僅僅是把它看作是一個具有無窮數目的邊的圖形。阿爾諾先生所做的和阿基米德一樣。如果阿爾諾先生認為這樣稱呼圓形不好，卻希望保留阿基米德的證明，說：如果我認為在這裡得出來的結論必須是指一個具有無窮數目的邊的圖形說的，那麼我就絕不相信這是一個圓形，因為我確實知道圓形並不是一個直線形，這樣，他就和阿基米德做的不一樣，因為他給他自己一個障礙，並且阻礙別人去很好地理解他的證明。

最後，我已經在我對第二組反駁的答辯的第三點和第四點裡足夠清楚地指出，當我說我們確知我們非常清楚、非常明白地理解的東西之所以都是真的是因為上帝存在，而我們確知上帝存在是因為我們對上帝存在理解得非常清楚、非常分明。我這樣說並沒有陷入循環論證中，我是把我們事實上理解得非常清楚的東西跟我們記得以前曾理解得非常清楚的東西區別開來。

首先，我們確知上帝存在。我們不但要記住那些證明上帝存在的理由，此後還需要我們記得曾經把一個東西理解得清清楚楚以便確知它是真的，如果我們不知道上帝存在，不知道他不可能是騙子就不行。關於「假

如理智本身對那個東西沒有實現認知，就精神是一個有意識的東西而言，是否任何東西都不能存在於我們的精神裡」這個問題，我認為非常容易解決，就精神是一個有意識的東西而言，顯然，除了意識或者完全取決於意識的東西之外，沒有什麼東西存在於它裡邊，否則就不屬於意識了。而在我們心中不可能有任何意識，在它存在於我們心中的同時是因為我們對之沒有存在性的認識。因此我不懷疑精神一旦滲入一個小孩子的身體裡就開始有意識，從這時起他就知道他有意識，雖然他以後不記得什麼，因為他所有意識的東西沒有刻印在他的記憶裡。

不過必須注意，我們應該對於意識有一種實在的認識，而不僅僅是對於它的功能有實在的認識，哪怕這些意識是潛在的。當我們打算使用什麼功能的時候，如果這個功能就在我們的意識裡，我們立刻就得到關於它的現實認知，就是因為這個原因，如果我們不能得到關於它的這種現實認識，我們就可以確定地否認它在那裡。

【可能引起神學家疑問的東西】

最後，我想在這裡用盡可能簡短的形式來討論。首先，我擔心有些人會對懷疑一切事物這種思辨的方法感到疑慮。事實上，我們的作者自己在他的《談談方法》一書中也承認，這個辦法對於理智薄弱的人是危險的。我承認，在他的關於第一個沉思的內容提要裡已經緩解了我的擔憂。此外，我不知道是否為這些沉思加上一個序言比較好一些。在序言裡告訴讀者，懷疑這些事物並不是嚴肅的，而是為了把我們的理智中懷疑的能力盡可能地使用一下，看看是否在這以後沒有辦法找到什麼可靠的真理。還有，說不認識我的來源的作者，我認為最好是改為假裝不認識。

【對於能夠對神學家引起疑難的東西的答辯】

我完全同意後來的那些建議，最後一個除外。我承認，六個沉思裡所包含的東西並不是對各種人都合適的，我不是到今天才這麼想的。只要有機會，我必須反覆重申。這也是我在《談談方法》一書中不談論這些事的唯一理由。因為《談談方法》是用簡單語言寫的，我把這樣複雜的問題留給《沉思錄》，因為它應該僅僅是給菁英看的。同時，不能因為不是對大家都有用我就不寫，因為我認為這些東西非常必要，我相信如果沒有它們，人們就絕不能在哲學上建立任何堅實可靠的東西。雖然鐵器和火如果讓孩子們或者不謹慎的人拿到是會發生危險的，可是因為它們在生活上是有用的，沒有人認為因為危險就不使用這些東西。

【評論】

在這一部分裡最有價值的內容是關於形式因和動力因的討論。雖然辯論雙方都在使用這兩個詞，但是他們對於其理解是不一樣的。對於形式因使用得不多，基本上可以理解為一般意義上形式的、造型的原因。但是動力因就完全不同，亞里斯多德的動力因[07]指事物達成目標的推動力原因，有點像能量原因；而在本部分的最後笛卡兒對他論證過程中所使用的動力因的含義做了嚴格說明，是指邏輯上的原因。這和我們今天在數學計算中使用的因為、所以幾乎是一個意思。他推理中所使用的因果關係，就是邏輯上的因果關係，為了不造成理解上的混淆，還強調原因和結果之間不能存在時間上的先後順序。

再加上前文中笛卡兒對於條件充分性、必要性的使用，不管其他的神

---

[07] 亞里斯多德：《形上學》(*Metaphysica*)。

學家和哲學家能否意識到，一個數學家對於宇宙觀建構的鴻篇巨制正在他們的助力下逐漸完成。上帝是數學的上帝，即公理、科學的真理。從某種意義上說，笛卡兒哲學對於當時科學的局限性是更具有前瞻性的。

　　其實他們兩個人都明白，看似針鋒相對的辯論都是純粹理性的邏輯思辨，這樣的思考方法的確不是一般人能夠駕馭的。此外，他建議笛卡兒撰寫序言的意思是建議笛卡兒把本書討論的範疇進一步限定在純粹的理性邏輯範疇，否則關於上帝存在和靈魂不滅的論證就會與現實生活中教會所主張的東西有所不同，這樣對笛卡兒不利。這跟我們一開始所做的判斷是完全一致的，除了純粹的邏輯方法之外，反駁者對笛卡兒沒有任何的偏見，而且還充滿了對真理的敬畏和對作者安危的關切。

第七章
第四個沉思：
正確和錯誤

【原文】

　　這幾天我已經習慣於從感官裡把我的理智擺脫出來，我又正好看出關於物質性的東西有很少是我們了解得準確的，關於人的意識有更多的東西是我們了解的，關於上帝本身我們了解得還要更多。這樣，我現在把我的意識從思考可感覺或可想像的東西上轉到思考完全脫離物質、純粹理性的東西上去就毫無困難了。

　　關於人的理智，既然它是一個有意識的東西，一個沒有長寬厚的廣延性、沒有一點物質性的東西，那麼我的這個觀念當然比任何物體性的東西的觀念都要無比地清楚。而且當我了解到我是一個不完滿的、依存於別的東西的時候，在我意識裡就十分清楚明白地出現一個完滿的、不依存於別的存在體的觀念，也就是上帝的觀念。單就這個觀念只存在於我自己裡，或者具有這個觀念的我是存在的，我就得出這樣的結論：上帝是存在的，而我的存在在我的生命的每一時刻都完全依存於他。這個結論是如此的明顯，以至我不認為有什麼能比這件事更明確、更可靠地為人的理智所認識。因此我覺得我已經發現了一條道路，順著這條道路我們就能從審視包含著科學和智慧的全部寶藏的上帝，走向認識宇宙間的其他事物。

　　首先，我看出他絕對不能騙我，因為凡是欺騙都含有某種不完滿性，即使能夠騙人好像是一種所謂機智和能力，想要騙人卻無疑是一種缺陷或惡意。因此在上帝的本性裡不可能包含欺騙。其次，我了解到在我自己的意識裡有某一種判斷能力，這種能力和我所具有的其他一切東西一樣，是我從上帝那裡接受過來的。因為他不想騙我，所以他肯定沒有給我那樣的一種判斷能力，讓我在正當使用它的時候總是弄錯。

　　我認為，假如在這一點上我沒有弄錯的話，那麼對這個理智就再沒有

可懷疑的了。因為如果凡是我所有的都是來自上帝的，如果他沒有給我弄錯的能力，那麼我絕不應該弄錯。當我單單想到上帝時，我在意識裡並沒發現什麼錯或假的東西。後來，當我回到我自己身上來的時候，經驗告訴我，我還是會犯無數錯誤的。在仔細追尋這些錯誤的原因時，我注意到在我的理智中不僅出現一個實在的、肯定的上帝觀念，或者一個至上完滿的存在體的觀念。同時，也出現一個否定的、「無」的觀念。也就是說，與各種型別的完滿性完全相反的觀念。而我好像就是介乎上帝與無之間的。也就是說，我被放在至上存在體和非存在體之間。就我是由一個至上存在體產生的而言，在我意識裡實在沒有什麼東西能夠引導我到錯誤上去。但是，如果我把我看成是以某種方式分享了無或非存在體，也就是說，由於我自己並不是至上存在體，我處於一種無限缺陷的狀態中，因此我不必奇怪我是會犯錯誤的。

由此我了解到，上帝並不是我犯錯的原因，而僅僅是我自己的一種缺陷，所以並不需要上帝專門給我一個犯錯誤的能力，之所以我有時弄錯，只是由於上帝給我的分辨真假的能力並不是無限的。

這還不夠，因為錯誤並不是因為無知，也就是說錯誤不是因為我不知道，而是缺少判斷對錯的能力。在思考上帝的本質時，如果說他給了我某種不完滿的，缺少什麼必不可少的完滿性的功能的話，這是不可能的。因為工匠越是精巧熟練，從他的手裡做出來的物品就越是完滿無缺的這件事如果是真的，那麼我們可以想像由一切事物的至高無上的創造者所產生的東西，有哪一種在其各個部分上是不完滿、不精巧的呢？毫無疑問，上帝沒有能把我創造得永遠不能弄錯，同時他確實總是想給予人類最好的東西。

那麼弄錯比不弄錯對於我更有好處嗎？

仔細思考一下之後，我首先想到的是，我的理智理解不了為什麼上帝沒有給我完滿的能力。這倒也不奇怪，因為很多透過經驗理解的東西，我也不知道上帝為什麼以及怎樣產生了它們。既然已經知道了我的本性是極其軟弱、極其有限的，而上帝的本性是廣大無垠、深不可測的，我再也不用費力就看出他的潛能裡有無窮無盡的東西，這些能力的原因遠遠超出了我的認知能力。僅僅這個理由就足以讓我相信：人們習慣於從目的裡追溯出來的所有這一類原因都不能用於物理的或自然的東西上去。因為去探求上帝的那些深不可測的動機，那簡直是狂妄至極。

我還想到，當人們探求上帝的作品是否完滿時，不應該單獨拿一個作品孤立地來看，而應該總是把所有的作品都合起來看。如果它是獨一無二的，是這個宇宙整體，它的本質上就是非常完滿的。而且，自從我故意懷疑一切事物以來，我僅僅肯定地認識了我的存在和上帝的存在；自從我認出了上帝的無限潛能以來，我就不能否認他也產生了其他很多東西，或者至少他能夠產生那些東西。因此，我也不能否認，我作為一切存在的東西的一個部分存在，並且被放在世界裡。

在這以後，更進一步看看我，並且思考一下哪些是我的錯誤（只有這些錯誤才證明我不完滿）。我發現這是由兩個原因造成的，一個是由於我意識裡的認知能力和判斷能力；另一個是由於我的自由意志。因為出於理智我對任何東西都既不加以肯定，也不加以否定，我僅僅是理解我所能理解的東西的觀念，這些觀念是我能夠加以肯定或否定的。在把這樣的理智加以嚴格觀察之後，在它裡邊絕找不到任何錯誤。雖然也許在世界上還有很多東西在我的意識裡邊，而我沒有任何觀念，也不能說這些東西不存在，只能說認知對於對象是遠遠不夠的。事實上，沒有任何理由能夠證明上帝本來應該給我比他已經給我的那些認識功能更大、更廣一些的認識功

能，不管我把它想成是多麼精巧熟練的工匠，我也不應該因此就認為他本來應該把他可以放到幾個作品裡的完滿性全部放到每一個作品裡。我也不能埋怨上帝沒有給我一個相當廣泛、相當完滿的自由意志，因為事實上我體驗出這個自由意志已經是非常大、非常廣的了，什麼界限都限制不住它。這裡很值得注意的是，在我意識裡的其他東西裡，沒有一個能再比自由意志更大、更完滿的了。舉例來說，如果我考慮在我意識裡的理解功能，我認為它是很狹隘、很有限的，同時，我向我提供另外一個理解的功能，這個功能要廣闊得多，甚至是無限的。僅僅從我能向我提供其理解能力這一事實，我就毫無困難地了解到這個功能是由上帝而來的。如果我用同樣方式檢查記憶、想像，或者別的什麼功能，我找不出任何一種能力在我之內不是非常小、非常有限的，而在上帝之內不是無限的。我了解到，在我之內只有意志是大到我理解不到會有什麼別的東西比它更大、更廣，我之所以想像上帝的形象和我的形象如此相似，主要就是因為自由意志的緣故。雖然我的意志與上帝的意志無法比擬，但是我的意志無限地擴展到更多的東西上，不論是在認識和能力方面，還是在事物方面。如果我仔細想想意志的形式，我就覺得它沒有那麼大，因為它僅僅在於我們對同一件事想做或不想做。為了能夠自由，我沒有必要在相反的兩個東西之間做出選擇。而且，無論是由於我明顯地認知在那裡有善和真，或者由於上帝是這樣地支配了我的思想內部，我越是傾向於這一個，我就會越自然地選擇這一個。而且，上帝的恩寵和自然的知識當然不是為了減少我的自由，而是為了增加我的自由。因此，當我由於沒有任何理由迫使我傾向於這一邊而不傾向於那一邊時，我所感覺到的這無所謂的態度不過是最低限度的自由。這種無所謂的態度與其說是在意志裡所表現出一種完滿，不如說是在知識裡表現出的一種缺陷。如果我總是清清楚楚地認識什麼是真、什麼是

善，我就絕不會費時間去思考我到底應該採取什麼樣的判斷和什麼樣的選擇。這樣，我才真正獲得了自由，而不是盲目地接受或者抵制。

我終於了解到，我的意志是從上帝那裡接受過來的，因為上帝的本質是非常廣泛、非常完滿的，因此我錯誤的原因既不是意志的能力本身，也不是理解能力的本身。

因為既然我用上帝所給我的這個能力來理解，那麼毫無疑問，凡是我所理解的，我都是實事求是地去理解，我不可能由於這個原因弄錯。那麼我的錯誤是從哪裡產生的呢？是從這裡產生的：既然意志比理智大得多、廣得多，而我卻沒有把意志加以同樣的限制，反而把它擴展到我所理解不到的東西上去，而意志對這些東西既然是無所謂的，所以我就很容易陷於迷惘，並且把惡的當成善的、把假的當成真的了。

舉例來說，過去這幾天我檢查了是否有什麼東西在世界上存在，而且了解到僅僅由於我檢查了這一問題，因而顯然我自己是存在的。於是我就不得不做這樣的判斷：我理解得如此清楚的一件事是真的，不是由於什麼外部的原因強迫我這樣做，而僅僅是因為在我的理智裡邊的一個龐大的清楚性，隨之而來的就是在我的意志裡邊有一個強烈的傾向性。並且我越是覺得不那麼無所謂，我就越是自由地去相信。到此為止，我不僅知道由於我是一個在「有意識的什麼東西」，因而我存在，而且在我意識裡出現某一種關於物體性的本質的觀念，這使我懷疑在我之內的這個有意識著的本性，或者說，我之所以問我的那個東西是否與這個物體性的本質不同，或者是否二者是一個東西，顯然我還不知道有任何理由使我相信後一種而不相信前一種。因此，對於「我是個有意識的東西」這個判斷，暫時沒有必要再糾結了。

因此，當意志思考到這些東西時，意志的這種無所謂不僅可以擴展到

理智已經認識的東西上去，而且也可以擴展到理智不能完全清楚地發現的東西上去。因為不管當我傾向於某種判斷而採取主觀臆斷和可能性多小，單是這一認識的前提（即這些不過是一些猜測，而不是可靠的、無可置疑的），就完全可能讓我做出錯誤的判斷。這幾天我充分體會到，當我把我以前當作非常正確的一切事物都假定是假的，就足以看出這種懷疑態度的意義。

如果我對我沒有理解得足夠清楚、明白的事情不去判斷，那麼顯然是我把這一點使用得很好，至少我沒有弄錯；如果我決定去否定它或肯定它，我也不會再像從前那樣使用我的自由意志了。如果我肯定了假的東西，那麼顯然我弄錯了，我判斷對了，這也不過是碰巧，今後我仍然難免弄錯。因為犯這種錯誤就是由於我不正確地使用我的自由意志。真理告訴我們：理智的觀念必須先於意志的決定。造成錯誤的原因就在於不正確地、草率地使用自由意志。精神的缺陷在於運用，因為運用是我的精神來運用，而不是因為上帝賦予我的能力，也不是因為上帝來直接運用。我當然沒有任何理由埋怨上帝沒有給我一個比我從他那裡得來的那個智慧更有才能的智慧，或比理智更大的理智。事實上，不理解無窮無盡的事物，這是有限的理智的本性，是一個天生就是有限的本性。但是我完全有理由感謝他，因為他從來沒有欠過我什麼，卻在我運用之中給了我少量的完滿性。我絕不應該有抱怨的情緒，抱怨他應該把其他完滿性也給我。我也沒有理由抱怨他給了我一個比理智更廣大的意志，因為意志和他的主體是不可分的。因此，自由意志的本性應該是這樣的：我從它那裡什麼也減不掉，它越是蔓延，我就越要感謝把它給了我的那個好心人。最後，我也不應該抱怨上帝縱容我自由意志的行為，也就是錯誤的判斷。因為這些行為既然是取決於上帝的，它就是真實的、絕對善良的。在某種意義上，錯誤

和犯罪的形式的理由就在於缺陷，我能夠做出這些行為，比我不能做成這些行為在我的本質上有著更多的完滿性。至於缺陷的彌補，不需要上帝的什麼幫助，因為它不是一個東西，也不是一個存在體。假如把它牽連到上帝，把上帝當作它的原因，那它就不能叫做缺陷，而應該叫做否定。

事實上，上帝已經給了我判斷對錯的自由，讓我在做出理性的判斷之前不輕易放縱自由的意志，所以這也不是上帝的不完滿，而無疑是我的不完滿，是我沒有使用好這個自由。只是我在我理解得不清楚的時候，草率地做出了判斷。

我一直是自由的，並且具有少量的認識。也就是說，上帝在把一種清楚、明白的認識給了我的理智，使我對於一切事物沒有理解得清楚、明白時就不要做判斷深深地刻在我的理智裡，使我永遠不會忘記。他是很容易使我絕不犯錯的，只要我把我自己看成是獨一無二的，就好像世界上只有我自己似的，如果上帝把我造成為永遠不犯錯，那麼我就會比我現在完滿得多。可是我不能因此就否認，宇宙的某幾個部分犯錯，比全部犯錯會有更大的可能性。

上帝在把我投入世界中時，如果沒有想把我放在最高貴、最完滿的東西的行列裡去，我也沒有任何權利去埋怨，我當然應該心滿意足。因為如果他沒有給我不犯錯誤的能力，這種能力取決於我對於我所能夠思考的一切事物的一種清楚、明白的認識，他至少在我的能力裡邊留下了另外一種辦法，那就是下定決心在我沒有把事情的真相弄清楚以前無論如何不去下判斷。雖然我看到在我的本性中的這種缺陷，使我不能不間斷把我的意識統一到同一種理智的狀態，可是我仍然可以堅持專心致志地反覆沉思，把它強烈地印到我的記憶中，使我每次在需要它的時候都能記起它，由此養成少犯錯誤的習慣。由於人的最大的、主要的完滿性就在於此，因此我認

為我從這個「沉思」裡獲益匪淺，我找出了錯誤的原因。

可以說，除了我所解釋的那個原因以外不可能再有其他原因了，因為每當我把我的意志限制在我的理智的約束之下，讓它除了理智向它清楚、明白地提供出來的那些事物之外，不對任何事物下判斷，這樣我就不會犯錯。凡是我理解得清楚明白的，都毫無疑問的是實在的、肯定的東西，而且它不能是從無中生出來的，而上帝必然是它的作者。上帝，他既然是至上完滿的，就絕不能是錯誤的原因，因此像這樣一種理解或者判斷必然是正確的。此外，今天我不但知道了必須避免什麼才能不致犯錯誤，而且也知道了我必須做什麼才能認識真理。如果我把我的注意力充分地放在凡是我理解得完滿的事物上，而且把這些事物從其他理解得糊裡糊塗的事物中分別出來，我當然就會認識理智，這一點我會繼續堅持下去。

【評論】

在這裡，笛卡兒一如既往地用理智來分析正確和錯誤產生的原因。這其中對於「自由意志」的論述，需要引起我們的高度重視。我在以往寫作的一些散文雜談中經常提醒大家注意「自由」在不同語境下的定義。在經濟學中的自由是指人的本性私慾，如「人是自私的，人是理性的」[08]；在法學中是指不受約束的權利，如「海洋是取之不盡，用之不竭的，是不可占領的，應向所有國家和所有國家的人民開放，供他們自由使用」[09] 等等。這些理性內涵和我們日常生活中所理解的自由自在、無拘無束是完全不同的。笛卡兒在這裡對於自由意志的論述非常具有思辨性，這和我們今天經常提到的法律框架下賦予公民自由的概念如出一轍，也就是說追求自

---

[08]　亞當斯密（Adam Smith）：《國富論》（*The Wealth of Nations*）。

[09]　格勞秀斯（Hugo Grotius）：《海洋自由論》（*Mare Liberum*）。

由等同於追求理性，必須是以對於法律、社會規律的敬畏為前提。從這一點上我們甚至可以看到他對於啟蒙運動時期人與社會基本關係的理性錨定。

對於意志和理智的相對關係，他的結論是：越是理性的人越是自由的；越是非理性的人越是無知無畏，所有的錯誤都源自於自由意志的無所謂，或者至少是在理智做出判斷之前就產生了主觀意志傾向性或者動機。

此外他還延伸給出了一個超越人類與社會本身的關於自由的觀念：世界上只有一個自由是無限的，那就是上帝，是真理，是宇宙的普遍規律。而追尋這個理智的首要條件和唯一方法就是理性的邏輯，即科學精神。

第八章
對第四個沉思的反駁與答辯

第一節　第二組反駁和答辯

【反駁】

第五點，如果意志按照理智的清楚、分明的理智引導行事時，就絕不會無法達到目的或者失敗。相反，當它按照理智的模糊不清的認知行事時，就有無法達到目的的危險。那麼請你注意人們似乎由之而可以推論出土耳其人和其他不信基督的人不僅在不接受基督教和天主教上犯錯誤，甚至在接受基督教和天主教上由於他們把理智認識得既不清楚，也不分明，因而也犯錯誤。如果你所建立的這條規律是正確的，那麼它只能被容許意志接受非常少的東西，因為你為了做成一種不能有任何懷疑的可靠性，而要求的這種清楚性和分明性使我們幾乎什麼都認識不了。所以，你想要堅持理智，可是你沒有做必要的證明，所以你沒有支持理智，反而把它推翻了。

【答辯】

第五點，我奇怪你們會懷疑當意志按照理智的模糊不清的認知行事時，就有無法達到目的的危險。假如它所按照其行事的東西不是被清楚認識的，誰能使它靠得住呢？不管是哲學家也好，神學家也好，或者僅僅是運用理智的人也好，都得承認，在理解得越清楚的東西上，我們所面臨的無法達到目的的危險就越小，而那些對於原因還不認識就貿然下什麼判斷的人就會失敗。如果是因為在它裡邊有什麼還不認識的內容，理解就是模糊不清。

你們關於人們應該接受的信仰所做的反駁，跟反對任何時候都不應該

培養人類的理智是一樣的，它對任何人都沒有作用。因為雖然人們說信仰是模糊不清的東西，可是我們之所以信仰那些東西的理由卻不是模糊不清的，而是比任何理智更清楚、分明的。不僅如此，還必須把我們信仰的具象東西與導致我們的意志去信仰的必要的理由加以區別，因為就是在這種必要的理由中我們的意願才有清楚性和分明性。

至於具象的東西，從來沒有人否認它可以是模糊不清的，甚至它就是模糊不清性本身。當我們需要做判斷時，必須從我們的思想裡把模糊不清的東西去掉，以便能夠把我們的判斷交給我們的理智。這樣，即使我做成一個清楚分明的判斷所指向的具象東西是模糊不清的，也不會存在無法達到目的的風險。

此外，必須注意我們的意志由之而能夠被激發起來去相信的那種清楚性、分明性有兩種：一種來自理智，另外一種來自上帝的恩寵。

人們通常說信仰是一些模糊不清的東西，不過這僅僅是指它具象的東西說的，而並不是指必要的理由說的，我們是因為必要的理由去信仰的。相反，這種必要的理由在於某一種內在的光明，用這個光明，上帝超自然地照亮了我們之後，我們就有了一種可靠的信念，相信要我們去信仰的東西是他所啟示的，而他完全不可能撒謊欺騙我們，這就比其他一切理智更可靠，經常由於恩寵的照耀而甚至更明顯。

當然，土耳其人和其他一些不信基督教的人，當他們不接受基督教時，並不是因為不願信仰模糊不清的東西而犯罪。他們犯罪是由於他們從內心拒絕告知他們的那種聖寵，或者由於他們在別的事情上犯了罪，不配享受這種聖寵。我敢說，一個不信仰基督教的人，他被排除於享受任何超自然的聖寵之外，並且完全不知道我們這些基督教徒所信仰的那些東西是上帝所啟示的。由於受到某些錯誤推理的引導，他也會信仰類似我們所信

仰的其他東西，而那些東西對他來說是模糊不清的。與其說那些犯罪的人是因為他們不信基督教，不如說是由於他們沒有很好地使用他的理智。

　　關於這一點，我想任何一個正統的神學家也絕不會有別的意見。讀過我的《沉思錄》的人們也沒有理由相信我沒有認識這種理智。在第四個沉思裡，我仔細檢查了錯誤的原因，我特別用下面的詞句說過：理智支配我們思想深處的願望，可是它並不減少意志的自由。

　　我在這裡請你們回憶一下，關於意志所能包括的東西，我一向是在日常生活和理智之間做非常嚴格的區別的。因為在日常生活中，我絕不認為應該只有按照我們認識得非常清楚、分明的事情才能做，相反，我主張用不著總是等待有可能確信的事物，有時必須在許多完全不認識和不可靠的事物中選擇一個並且決定下來，就如同由於一些可靠的和非常明顯的理由而選擇出來的那樣堅持下去，直到我們找到相反的理由為止。日常生活中，沒有人反對在模糊不清的、沒有被清楚認識的事物上應該去下判斷。我的《沉思錄》一書的唯一目的只是思考真理，這不但是由這些沉思自身可以足夠清楚地認出，而且我還在第一個沉思的末尾說得很明白：我在這上面不能使用太多的不信任，因為我對待的不是日常生活，而僅僅是對理智的追求。

【評論】

　　在這裡笛卡兒把信仰歸結為一個確定的理由而不是具體的形象、圖像等，比如信仰基督教是因為它啟示我們行善、自律、克制意願等。也可以說，這是笛卡兒反對盲目的偶像崇拜而堅信理性的原因。

　　在這裡笛卡兒還論述了「理智」與「信仰上帝」的關係。理智是通往真

理的唯一路徑，真理是笛卡兒的上帝！在這個沉思裡，笛卡兒向我們闡明了《沉思錄》的寫作的唯一目的 —— 追求理智，而且是科學的真理。我想沒有比這更值得讚美的了。此外，他已經說得再明白不過了，這裡嚴謹性要求是為了科學研究的邏輯推理。對於日常生活沒必要這樣較真，依靠一些基本常識、一些習慣知識做判斷、過日子，是再正常不過的了。

第二節　第三組反駁及答辯

【第十二個反駁關於第四個沉思論正確和錯誤】

笛卡兒說：「錯誤並不取決於上帝的什麼實在的東西，而僅僅是一種缺陷，從而對於犯錯誤來說，我不需要有上帝專門為這個目的而給了我的什麼能力。」

無知當然是一種缺陷，不需要什麼正面的功能去無知，至於錯誤就不這麼明顯。就像石頭以及其他一切無生物之所以不犯錯誤，就是因為它們沒有推理和想像的功能。似乎可以得出結論說，要犯錯誤，就需要給予凡是犯錯誤的人一種理智，或者至少是一種想像，不過只給予犯錯誤的人自己。但實際上這兩種功能對於所有人都是正常的功能。

笛卡兒先生又說：「我發現我的錯誤是由兩個原因造成的，即由於我意識的認識功能和判斷功能或我的自由意志。」這似乎是與以前說過的東西有矛盾。在這方面也必須注意，意志的自由是假定的。

【答辯】

　　雖然說需要有推理、判斷、肯定或否定的功能才能犯錯誤，不過，既然犯錯誤是個缺點，那麼不能因此就說這個缺點是實在的，這和盲目不能叫做實在的東西一樣。石頭雖然不會看，也不能因此就說石頭是盲目的。我在所有這些反駁裡感到奇怪的是，我還沒有遇到我認為是從原則中正確推論出來的任何結論。

　　關於意志的自由，除了在我們心中每天感覺到的東西之外，我沒有做任何假定，留下的只有理智。而且，我不能理解他在這裡為什麼說這和我以前所說的話有矛盾。也許有些人，當他們思量到上帝預先注定時，他們不能理解我們意志的自由怎麼能存在下去，並且能和上帝的預先注定配合一致。儘管如此，一個人體驗到意志的自由不過是體會到了自願的和想要的。

【第十三個反駁】

　　笛卡兒說：「舉例來說，過去這幾天我檢查了是否有什麼東西在世界上存在，並且注意到僅僅由於我檢查了這一問題，顯然我自己是存在的，於是我就不得不做這樣的判斷：我理解得如此清楚的一件事是真的，不是由於什麼外部的原因強迫我這樣做，而僅僅是因為在我的理智裡邊有一個龐大的清楚性，隨之而來的就是在我的意志裡邊有一個強烈的傾向性，這樣一來，我越是覺得不那麼無所限，我就越是擁有了相信的意志自由。」

　　在理智裡邊有一個龐大的清楚性這種說法很不明確，把它拿到一個論據裡是不適當的。沒有任何懷疑的人，自以為有這樣的清楚性，而且他的意志比知識豐富的人有同樣多的傾向性來肯定他沒有任何懷疑的東西。因此這種清楚性就是有人有某種成見並頑固地為之辯護的原因，可是他無法

確認這種成見是對的。

此外，不僅知道一個事情是對的，而且還要相信它，或者承認它，這並不取決於理智，因為用正確的論據向我們證明的事情或當作可信的事情向我講述的，不管我願意也好，不願意也好，我們都不能不相信。沒錯，肯定或否定，支持或拒絕一些命題，這是理智的行為，可不能因此就說同意和承認取決於理智。因此，「構成錯誤的必然性缺陷就在於不正確地使用我們意志的自由」這個結論還沒有得到充分的證明。

【答辯】

問題不在於把一個龐大的清楚性拿到論據裡來是否正確，只要能夠用它把我們的意識解釋清楚就行，而且事實就是這樣。因為沒有人不知道理智裡有一種清楚性是指一種認知的清楚性，這種清楚性是人人都認為有的，可是也許並不是人人所能有的。但這並不妨礙它和頑固的成見沒有什麼不同，這種頑固的成見是由於沒有清楚的認識形成的。

當他在這裡說，不管我們願意也好，不願意也好，我們對於我們清清楚楚理解的東西加以信任時，這就跟我們說不管我們願意也好，不願意也好，我們都願意和希望要好東西，只要這些好東西是我們清清楚楚理解的，沒有什麼兩樣，因為不管我們願意也好，不願意也好，這種說法在這裡說不通，因為對同一的東西又願意又不願意，這是自相矛盾的。

【評論】

第一，霍布斯堅定地認為物質的絕對第一性，無生命的東西不會犯錯，錯誤僅僅在於人類對於物質世界的認知不足和判斷力不足；而笛卡兒

把錯誤歸結為意志傾向或者意識做出判斷的盲目性。

第二，雖然他們都主張科學的邏輯方法，但霍布斯把真理的獲得歸結為物質世界的客觀存在；而笛卡兒把真理的獲得歸結為人類理智透過科學做出的判斷。

第三，這次，作為反駁者的霍布斯輸在了邏輯嚴謹性上，而且被笛卡兒狠狠地抓住了，此類的軟肋在第三組反駁中出現了很多次。注意這句話：「不管我們願意也好，不願意也好，我們都不得不相信。」明顯是邏輯上的矛盾句，因為相信是主觀的判斷，本身就是一種意志。遍觀笛卡兒全文，類似的邏輯表述幾乎一次都沒有。類似此類的邏輯表達應該是：不管我們願意也好，不願意也好，它都在那裡。這樣至少沒有語法邏輯錯誤。

第三節　第四組反駁與答辯

【反駁】

我想笛卡兒先生最好告訴讀者兩件事。

第一件，在他解釋錯誤的原因時，他的用意主要是說在辨認真和假上犯錯誤的原因，而不是在行為上的善和惡上犯錯誤的原因。既然這足以滿足作者的目的，而且由於他在這裡關於錯誤的原因所說的事情，如果把這些事情擴大到關於善和惡的行為上去就會引起很大的反對意見。所以我認為，為了謹慎起見，凡是對主題無用、能夠引起很多爭論的事情都要去掉。怕的是，在讀者爭辯一些無關緊要的事來取樂時，會忽略了對必要的東西的認識。

第二件，我認為我們的作者應該做一個說明，在他說我們只應該對我們理解得清楚明白的東西加以信任時，這只是指相關的知識，落於我們理智的一些東西，而不是指關於信仰和我們生活上的行為。也就是說，僅僅需要譴責無知無畏者的狂妄自大，不需要影響那些謹慎小心地接受信任的人。

笛卡兒先生現在可能在判斷，對於這些東西加以分別是多麼必要，怕的是今天有些傾向於不信神的人能夠利用他的話來反對信仰和我們信之不疑的上帝。不過，我預見到神學家們最反對的是，根據他的原則，似乎教會告訴我們關於聖體的神聖祕密的東西不能繼續存在，不能保持它們的完整性了。麵包的實體一旦從麵包的整體裡出去，就只剩下一些屬性了，這是我們都相信的。那麼這些屬性就是廣延、形狀、顏色、氣味以及其他可感知的屬性。這些屬性，我們的作者一律不承認它們的實在性，只承認是圍繞著我們的一些東西的運動，這些運動使我們感覺不同的印象，我們稱這些印象為顏色、滋味、氣味等。這樣一來，就只剩下屬性的狀態了。但是我們的作者否認這些屬性可以不依附它們的實體而被認知，從而他們也不能離開實體而存在。他對第一組反駁的答辯中都不只一次這樣說。除了這些形態或屬性與實體之間的形式的分別之外，也不承認其他的分別，而形式的分別似乎不足以使這樣的東西能夠彼此分得開，就連上帝的全能都無法把它們分開。

笛卡兒先生的虔誠是眾所周知的，我並不懷疑他對這些事情會認真進行檢查和衡量，他必須仔細注意支持上帝的事業、反對不信神的人，不把武器交在他們的手中來打擊他所保衛的上帝，用他自己的權威所建築起來的信仰，並且以同樣的辦法得到不朽的生命，這種不朽的生命是他應該一貫堅持的。

【答辯】

在第四個沉思裡，我的計畫是談論在分辨真和假上所犯的錯誤，而不是在追求善和惡上所發生的錯誤，並且在我說我們應該僅僅相信我們明顯地認識的東西時，我總是排除關於信仰和我們生活上的行為的東西，在我的《沉思錄》的全部內容裡都可以證明。除此而外，我特意在對第二組反駁的第五點裡做過宣告，在我的《沉思錄》的內容提要裡，我也宣告過，我說這些話的目的是為了指出我是多麼尊重阿爾諾先生的判斷，多麼重視他的勸告。

關於聖體聖事的問題。阿爾諾先生認為我的意見不合適，他說：「因為麵包的實體一旦從整體的麵包裡去掉，就只剩下一些屬性了，這是我們都相信的。」他認為我不承認屬性的實在性，只承認屬性的狀態，這些屬性如果離開它們所依附的實體就不能被認知，從而它們不能離開實體而存在。

對於這個反駁，我可以很容易用這樣的話回答：直到現在我從來沒有否認過屬性的實在性。雖然我在《折光學》裡和在《氣象學》裡都沒有用過它來解釋我那時研究的東西，可是我在〈論氣象〉第 164 頁裡特意說，我不願意否認屬性是實在的。

在這些沉思裡，我曾假定我還沒有很好地認識這些屬性，可是不能因此就說它們屬性沒有實在性。我所用的分析法，在我們還沒有足夠仔細地檢查事物的時候，有時容許做一些假定。比如在第一個沉思裡，在那裡我曾經假定過很多東西，而後來，在以後的幾個沉思裡我又否定了。當然，關於屬性的本質，我並不打算在這裡下什麼定義，我只研究我認為最首要的東西。最後，從我說過形態離開它們所依附的實體就不能被理解這句

話，不要推論說我否認由於上帝的全能不可以把它們分開，因為上帝可以做出無窮無盡的事情而我們不能理解，這是我堅信不疑的。

更加坦率地說，我相信我們的感官所接觸的東西除了被感官感覺或知覺的物體最外層的表面以外，沒有別的東西。因為接觸只能在表面接觸，接觸對於感官來說是非常必要的。我認為如果沒有它，我們的任何一個感官都不能被觸動，有這種看法的人不只我一個。亞里斯多德本人以及在我之前的很多別的哲學家都是如此。比如說，麵包和酒，如果它們的表面不是直接地或者間接地透過空氣或者別的物體的辦法，就像許多哲學家們所說的那樣，透過「有形外表」被感官所感受的話，它們就不會被感知。

要注意的是，這並不是在手上所感覺的，應該當作這種表面的、物體的唯一外形，而是也應該考慮到做成麵包的麵粉中的細小部分之間混合做成酒的淡水、醋、酒糟或酵母等分子之間以及其他一些物體的細小部分之間的一切小空隙，並且想到這些空隙終止之處的所有的小表面就做成了每個物體的表面的部分。

沒錯，一切物體的這些小部分有著各式各樣的形狀、大小和不同的運動，它們從來不能被安排得這麼合適，也不能結合得這麼緊密，以至在它們的周圍不剩有任何空隙。這些空隙並不是空的，而是充滿了空氣或什麼別的物質。就像在麵包裡看見的那樣，在那裡空隙是相當大的，這些空隙不僅可以充滿空氣，而且可以充滿水、酒或別的液體。而且因為麵包永遠是麵包，雖然空氣或包含在氣孔裡的其他物質變了，但這些東西確實是不屬於麵包的實體。因此，它的表面並不是由於一種小小的包圍圈把它全都圍繞過來的那個表面，而是直接接觸它的每個細小部分的那個表面。

還要注意，這個表面，當整塊麵包從一個地方拿到另外一個地方時，

它不僅是被整個地動了，而且當它的細小的部分之中的幾個部分被進到它的氣孔裡的空氣或別的物體所動搖時，它也部分地動了。如果有些物體是這樣的性質，即如果它們的部分之中的幾個或構成它們的所有的部分不斷地動起來（我認為麵包的許多部分和酒的所有部分都是這樣），就必須理解到，它們的表面是在不斷地運動中的。

請注意，麵包、酒或者無論什麼別的物質，它們的表面在這裡並不是指實體的任何部分，也不是指這個實體量的任何部分以及圍繞它的其他物體的任何部分。它僅僅是指人們理解為實體的各個分子和圍繞它們的物質之間的東西的極限，這個極限除了形態而外沒有任何別的實體。

如果不接觸這個極限就什麼都感覺不到，那麼顯然，僅僅由於麵包和酒的實體如此地改變成其他的實體，以至這個新的實體恰好被包含在包含了其他實體的同一的極限之內，或者它存在於麵包和酒以前存在過的同一地方裡。或者說，由於它們的極限不斷地被移動，如果它們跟隨，它們就會存在於那個極限了。其結果必然地是，這個新的實體如果沒有變體，它就應該跟麵包和酒以同樣的方式來觸動我們的一切感官。

然而教會在特蘭托公會議的第十三次會議，法規 2 和 4 裡說：「麵包的全部實體變成吾主耶穌基督的身體，只有麵包的表面還保留著。」在這裡，麵包的表面，我看只能指麵包的每一個細小部分和包圍著這些部分的物體之間的這個極限的表面。因此，接觸只有在這個表面才能發生。亞里斯多德本人也承認，不僅僅是這一感官由於一種特權被人稱為觸覺，即使其他一切感官也都是透過接觸這一辦法而感覺的。

沒有人認為外貌在這裡是指恰好被要求去觸動感官的東西，也沒有人相信麵包變成基督的身體，是因為基督的身體觸動了我們的感官，和原來

麵包的實體觸動我的感官恰好一模一樣。我們的靈魂被信仰之光所照耀之後，我們能夠理解上帝在原來麵包的表面之下可能存在。這種方式我們不得不確信無疑，所有這些東西對我來說是透過我的原則如此合適地解釋過了。不僅我不怕冒犯我們神學家們，相反，我希望他感謝我，因為我在物理上提的意見比起一般在這上面提的意見對神學家來說要得當得多。據我所知，教會從來沒有說過在聖體聖事裡的麵包和酒的表面是一些實在的屬性，這些屬性在它們所依附的實體被去掉以後還奇蹟般地獨自繼續存在。

但是，也許由於最初用自然哲學的道理來解釋這個問題的那些神學家如此堅信，觸動我們感官的這些屬性就是實體的實在性，他們甚至認為人們絕不會懷疑它。他們沒有任何有效的理由，沒有很好地思考，就假定麵包的外表是物質的實在性。然後他們全力以赴地解釋這些屬性如何能沒有實體而繼續存在。在這方面他們遇到了非常多的困難，使得他們離開了正路，就像行路的人走進了死胡同。首先，當他們假定在物體裡邊除了各式各樣的表面以外還需要什麼別的東西來觸動感官，這時，至少對於那些堅信物體只有由於接觸才能觸動我們的感官的那些人，他們好像是自相矛盾了。因為只有表面才可以被接觸，這是自明的道理，如果有什麼人不願意贊成不接觸就什麼也感覺不到的話，他們關於感官的對象怎麼觸動感官的方式就不能說得出任何道理。

除此而外，人類理智不能理解麵包的屬性是實在的，而且能離開實體而存在。因此，像教會所認為的那樣，麵包的全部實體都變了，而以前存在於麵包裡的什麼實在的東西卻一直不變，這似乎是矛盾的。因為除了繼續存在的東西，我們理解不到有什麼實在的東西一直不變。儘管把這說成是屬性，可是人們仍然把它當作一個實體來理解。如果人們說，麵包的全部實體都改變了，而人們稱為實在的屬性的一部分實體卻一直不變，這實

際上是同一件事。在以上這些話裡如果沒有矛盾，那麼在概念裡肯定有很大的矛盾。

有些人不相信羅馬教會了，其主要原因似乎就在這個問題上。但是誰能否認，當它們沒有任何理由隨便選擇答案，強迫我採取這一個意見而不採取另外一個意見時，我們更應該選擇那些不能給予任何人以藉口來脫離信仰的真理的意見。承認屬性的實在性，不合神學的道理，我認為在這裡是很清楚的。而從這個邏輯與哲學的邏輯完全相反這一點，我希望在不久我計劃出版討論原理的另一本書裡可以明確地加以說明。我會在那裡解釋顏色、滋味、重量，以及觸動我們的感官的其他一切屬性都是如何僅僅取決於物體的表面的。

再說，不能假定屬性是實在的，除非由於實體的原因。只有從聖體的言辭裡才可以得出衍生體的存在。我們沒有必要增加一個新的、不可理解的觀念：比如儘管麵包的屬性並不是由麵包的實體做成，但這些屬性離開麵包的實體依然可以存在。這不僅跟人類理智相矛盾，而且跟神學家們的定理也相悖。神學家們說，聖體的言辭只有言辭所意味著的東西，神學家們不願意把能夠用自然的道理解釋得通的東西歸於奇蹟。現在，所有這些難題都完全被我消除了。根據我的解釋，絕不需要什麼奇蹟在麵包的實體被除掉後去保存它的屬性；相反，沒有一個新的實體，屬性就不能被除掉。歷史告訴我們這種事情有時會發生，變成聖體的麵包，在神父的手中的一塊肉變成了一個小孩子。人們絕不相信只是由於實體改變了，而表面的屬性沒有改變，而人們僅僅是把這樣一個結果歸於奇蹟。

再說，一切事物的創造者──上帝能夠把一種實體改變成為另一種實體，後一種實體恰好待在包含過前一種實體的同一表面裡，這也沒有什麼不可理解的。不僅一切感覺，而且這一個物體施加於另一個物體的一切

行動，都是在於接觸。顯然，同一的表面總應該是以同一方式被被動地感知，不管它所涵蓋的本質發生了什麼變化，對於這一點，人們說不出什麼更合乎道理的東西來，也說不出什麼能為哲學家們一致接受的東西來。

如果說我斗膽在這裡說出真話，那麼我敢希望，認為屬性實在性神學家們肯定會不高興。因為他們的解釋在信仰上是靠不住的，對於理性是矛盾的，完全是不可理解的。而我的解釋將會代替他們的解釋，是可靠的，無可置疑的，這樣的時刻將會到來。這就是我毫不掩飾東西，以便盡可能地對付那些人的惡意中傷，那些人想要顯示比其他人的知識更淵博，不能忍受別人提出的任何與他們的意見不同的，被認為是真實的意見。他們慣於說那種意見跟信仰的真理相矛盾，以便企圖用權威來廢除他們用理智反對不了的東西。但是我提請把他們的宣判上訴給善良的、正統的神學家，我心甘情願地接受他們的審判。

【評論】

這裡提到了「善與惡」、「真與假」的問題。反駁者更傾向於從學術與現實社會的共同秩序思考，希望笛卡兒的論證能對學術秩序和社會秩序都有所貢獻，所以他傾向在論證當中思考現實存在的秩序；而笛卡兒的目的是明確的，就是以維護之名行顛覆之實！不討論善惡是因為如果討論那就進入了倫理學或者社會共同價值觀範疇，笛卡兒希望把他的論述純粹保留在像數學一樣的邏輯範疇。

我在前言中也說過，關於善惡的問題帶有道德、倫理、信仰等群體的主觀共識性，這些認知不僅僅是在東方與西方，就算地處同一區域、同一民族、同一傳統的群體之間也會存在。比如希特勒（Hitler）奉行納粹主義

實施屠猶政策，就是在種族的問題上和我們大多數人的樸素倫理認知背道而馳。所以，我們毫不懷疑地認為它是「惡」的，而他的黨衛軍乃至很多當時德國的民眾卻堅定地擁護。因此，笛卡兒對於善惡、對錯的區別對待表示出他明顯的客觀邏輯性，毫無任何主觀判斷，具有科學精神的大師風範！

　　接著，他們又討論了實體與屬性的關係。傳統神學家認為屬性可以脫離實體而現實存在，即屬性的存在性。他們用這樣的方法來解釋為什麼耶穌基督的聖體可以存在於看上去截然不同的麵包的表面；而笛卡兒的解釋更簡單，也更符合普通大眾的認知，他指出屬性不具有存在性，它必須依附於主體而存在。如果我們感覺到的屬性沒有發生變化，而裡面的實體發生了變化，用奇蹟來解釋就可以了。我需要指出，笛卡兒在論證的過程中對於表面的解釋是非常了不起的，他認為表面就是實體向外延展的極限，因此不是實體本身，因此也自然沒有實體的存在性，我們所感知的屬性僅僅是感知實體的表面而得到的認知。

第九章

第五個沉思：

物質性東西的本質，再論上帝他存在

【原文】

關於上帝的本質以及我自己的本質，即我的理智本性，還剩下很多東西有待檢查，我計劃另外再找機會去研究。在看出必須去做什麼或者必須不去做什麼才能認識真理之後，目前我要做的主要事情是試著從我這幾天所陷入的全部懷疑中解脫出來，甩掉那些懷疑，看看關於物質性的東西，是否我們一點確切的東西都認識不到。

在我檢查我以外是否有這樣一些東西存在之前，我應該先思索這些東西的觀念，因為這些觀念是在我的有意識之中的。看看哪些是清楚的，哪些是模糊的。

首先我清楚地想到哲學家通常稱為「連續量」的量，或者有長、寬、厚的廣延。廣延是在這種量裡邊的，更確切地說，它是在東西裡邊的。其次，我可以在這種量裡分出許許多多不同的部分，在每一部分上加上各種大小、形狀、位置和運動狀態，最後我可以替每個運動狀態規定出它延續的時間。

這樣一來，我不僅清楚地認識了這些東西，而且在我稍微加以注意之後，我就了解到關於數目、形狀、運動狀態以及諸如此類的特點，這些特點的真實性不但表現得非常明顯，而且和我的本性竟那麼相合，以至當我開始發現這些特點時，我似乎並沒有知道什麼新的東西，只是想起了我從前已經知道的東西。也就是說，發現了一些早已在我意識裡的東西，儘管我以前沒有想到它們。

目前我認為最重要的是，在我意識裡有無數觀念，雖然這些東西也許在我的有意識之外沒有什麼存在性，可是不能就認為它們是純粹的無。雖然我可以想到它們或者不想到它們，它們卻並不是我憑空捏造的，而是有

它們真實、不變的本性的。舉例來說，當我想到一個三角形時，即使在我的有意識以外世界上根本沒有什麼地方存在這樣的一個形狀，甚至從來沒有過，可是畢竟這個形狀的某一種確定的性質或邏輯或本質還是有的，它是不變的、永恆的，不是我憑空捏造的，也絕不取決於我的感官，就像我們能夠從推證出這個三角形的各種特性這件事所表現的那樣，它的三角之和等於二直角，最大的角對最大的邊，以及諸如此類的東西。這些東西，儘管在我第一次想到一個三角形時我絕對沒有想到過，但現在我認識得非常清楚、非常明白，不管我願意不願意，它們都是三角形之內的東西，因而不能說這是我憑空捏造的。

如果說也許三角形的這個觀念是透過我的感官來到我意識裡的，因為我有時看到過一些三角形狀的物體，可這不過是我自己反駁自己罷了。因為我可以在我意識裡做成千千萬萬其他形狀，絲毫不能使人疑心它們是曾經落於我的感官的，不過這並不妨礙我能夠推證出它們的本質的各種特點，當然我也可以推證出三角形的本質的各種特點。這些東西一定都是真的，因為我把它們理解得非常清楚，因而它們都是什麼東西而不是純粹的無。凡是真的都是什麼東西這一點，我前面已經充分證明過。凡是我認識得清楚、分明的東西都是真的。雖然對這一點我沒有加以證明，可是當我把它們理解得清楚、分明時，我不能不認為它們是真的，這是我的理智的本性使我這樣做的。而且我記得，即使我還在不自覺地結合在感官的對象上時，我仍然把我理解得清楚、分明的關於形狀、數目和其他屬於算學和幾何學的東西列入不變的真理之中。

那麼現在，如果僅僅由於我可以從我的有意識中得出什麼東西的觀念就斷言凡是我清楚、分明地了解到是屬於這個東西的都實際屬於這個東西，那麼難道我不可以由此得出關於上帝存在的一個論據和一個論證性的

證明嗎？當然我在我的意識裡覺察到他的觀念，一個至上完滿的存在體的觀念並不比不論什麼形狀或什麼數目的觀念差。我對於一個現實的、永恆的存在性是屬於它的本質這一事實認識得清楚、分明的程度，並不比我認識凡是我可以證明什麼形狀或什麼數目是真正屬於這個形狀或這個數目的本性的程度差。從而，即使我在前幾個沉思裡所斷言的都不是真的，上帝的存在在我意識裡至少應該算是和我迄今所認為僅僅關於數目和形狀的一切數學真理同樣可靠，雖然乍看起來並不完全明顯，好像有些詭辯的樣子。既然習慣於在其他一切事物中把存在和本質分開，我很容易相信上帝的存在是可以與他的本質分得開的，這樣就能夠把上帝理解為不是現實存在的。可是仔細想一想，我就明顯地看出上帝的存在不能與他的本質分開，這和一個直線三角形的本質不能與它的三角之和等於二直角分開，或一座山的觀念不能與一個谷的觀念分開一樣。因此，理解一個上帝，一個至上完滿的存在體，而他竟缺少存在性，也就是說，他缺少某種完滿性，這和理解一座山而沒有谷是同樣不妥當的。

事實上，我不能理解一個不帶存在性的上帝，也不能理解一個不帶谷的山，僅僅由於我理解一個帶谷的山也不能因此就說世界上有山。同樣，雖然我理解帶存在性的上帝也並不能因此就說有一個上帝存在，因為我的理智並不能為事物強加什麼必然性。就像儘管並沒有什麼帶翅膀的馬，而我卻想出來一個帶翅膀的馬；儘管並沒有什麼上帝存在，我也許能夠為上帝加上存在性。這個悖論的詭辯之處就在於此。從我不能理解一個不帶谷的山這一事實，不能得出世界上根本沒有山也根本沒有谷這個結論，只能得出山和谷不管它們有也罷沒有也罷，彼此無論如何都是不可分的。

反過來，僅僅由於我不能把上帝理解成不帶存在性，所以存在性和上帝是不可分的，所以上帝是存在的：不是因為我把事物想成怎麼樣事物就

怎麼樣，而把什麼必然性強加給事物，而是因為事物本身的必然性，也是上帝的必然存在性決定我有理智去這樣理解它。我可以隨便想像一個馬不帶翅膀或者帶翅膀，可是我並不能隨便理解一個沒有存在性的上帝，也就是說，我不能隨便理解一個缺少一種至上完滿性的至上完滿的存在體。

也不是說，我承認了上帝具有各式各樣的完滿性之後，我就真的必然要承認上帝存在，因為存在性就是各式各樣的完滿性之一。事實上，我的第一個假定並不是必然的，同樣，去想凡是四邊形都能內切於圓，也不是必然的。如果我有這樣的想法的話，那麼我就不得不承認菱形也能內切於圓，因為菱形也是四邊形，這樣一來我就不得不承認一個錯誤的東西。即使我不是非想到上帝不可，可是每當我想到一個完滿的、至上的存在體，並且從我心的深處提出他的觀念時，我必然要加給他各式各樣的完滿性，雖然我無法把這些完滿性都一一列舉出來，也無法把我的注意力特別放在這些完滿性上面。這種必然性足以使我在我認識了存在性是一種完滿性之後得出結論：這個完滿的、至上的存在體是真正存在的。事實上，我用幾種方式都看出來這個觀念並不是憑空捏造，只屬於我理智的東西，而是一個真實、不變的本性的觀念。首先，因為除了上帝以外我不能理解有別的什麼東西其存在是必然屬於它的本質的；其次，因為我不能理解兩個或許多跟他一樣的上帝，而且既然肯定了現在有一個上帝存在，我看得清楚，他以前必然是完全永恆地存在過，將來也永恆地存在著；最後，因為我在上帝身上理解了其他無數的東西，這些東西一點也不能減少，一點也不能改變。

不管我使用什麼證明和論據也必須回到這一點上來：只有我理解得清楚、分明的東西才有力量使我完全相信。而且即使在這樣理解的東西裡，事實上有一些是每人都顯然認識的，也有一些只有經過仔細思考，經過更認真檢查過的人才能被發現出來。這些東西一經被發現出來之後，大家都

認為它們是靠得住的。舉例來說，所有直角三角形，雖然起初很不容易看出用底邊做成的正方形的面積和用其他兩個邊做成的正方形的面積之和相等，因為顯然這個底邊是和最大的角相對的，不過一旦認出了這一點之後，我們就相信二者同樣都是真實的。至於上帝，如果我意識裡事先一點成見也沒有，如果我的有意識沒有讓不斷出現的可感知的事物的圖像干擾，那麼我所認識的事物中就沒有一個比我認識上帝更早、更容易的了。難道還有什麼東西本身比我想有一個上帝，一個至上的、完滿的存在體，光是在他的觀念裡就包含著必然的或永恆的存在性，從而他是存在的這件事，更清楚、更分明的嗎？

為了很好地理解這個真理，我費了不少精力，可是現在我不但從這裡確實相信了一切在我看來是最可靠的東西，而且我也看出其他一切事物的可靠性都是絕對取決於它的。如果沒有這種認識就永遠不可能完滿地知道任何事物。

我一旦非常清楚、分明地理解了什麼事物，我就相信它是真的，這是我的本性使然的。而當我不再去思考促使我做出這樣判斷的理由時，假如我不知道有一個上帝，就又可能出現別的理由使我很容易犯錯，這也是我的本性使然的。這樣一來，不管什麼事物我就永遠不能有真實、可靠的知識，而只能有空泛的、靠不住的認知。

舉例來說，當我思考三角形的性質時，因為我是幾何學的專家，我顯然知道三角形三角之和等於二直角，而且當我把我的有意識運用到證明它的時候，我不可能不相信這一點。可是，只要我的注意力稍微離開證明，雖然我記得我是清清楚楚地理解了它的三角之和等於二直角。假如我不知道有一個上帝，我還是很可能會懷疑它的真實性，因為我可以說服自己：本能使我生來就很容易在即使我以為理解得最明顯、最可靠的東西上弄

錯，因為我記得自己經常把很多事物認為是真實、可靠的，而以後又有別的理由使我把這些事物判斷成絕對錯誤的。

可是當我了解到有一個上帝之後，同時我也了解到一切事物都取決於他，而他並不是騙子，從而我斷定凡是我理解得楚楚、分明的事物都不能不是真的，雖然我不再去想我是根據什麼理由把一切事物斷定為真實的，只要我記得我是把它清楚、分明地理解了，就不能向我提出任何相反的理由使我再去懷疑它，這樣我對這個事物就有了一種真實、可靠的知識，這個知識也就推廣到我記得以前曾經證明過的其他一切事物，比如推廣到幾何學的真理以及其他類似的東西上去。還有什麼能反駁我，迫使我去懷疑它們呢？是因為我的本性的缺陷，使我老是弄錯嗎？可是我已經知道在我對於認識得清楚的那些理由時所下的判斷裡，我是不會弄錯的。是因為我從前把很多東西認為是真實、可靠的，而以後我了解到它們是錯的。可是我對這些東西沒有一個是我認識得清楚、明白的，而且那時我還不知道使我確實認識真理的這條規律，我是由於一些理由相信了它們，而以後我看出那些理由還不如我當時想像的那麼有說服力。還能再有什麼可反駁我的嗎？是因為也許我睡著了，或者是因為我現在的這些想法並不比我們想像是睡著了時做的夢一樣地不真實呢？

即使我睡著了，凡是明明白白出現在我意識裡的都是絕對真實的。因此我非常清楚地了解到，一切知識的可靠性和真實性都取決於對於真實的上帝這個唯一的認識，因而在我認識上帝以前，我是不能完滿知道其他任何事物的。而現在我既然認識了上帝，就有辦法獲得關於無窮無盡的事物的完滿知識，不僅獲得上帝之內的那些東西的知識，同時也獲得屬於物體性質的那些東西的知識，因為物體性質可以用作幾何學家推證的對象。幾何學家是不管這個對象的存在性的。

因此，我非常清楚地了解到：一切科學知識的可靠性都取決於對於一個真實的上帝的認識，因此，在我清楚理解了以後，我就可以使用科學的甚至是純粹數學的方法來理解一切事物。

【評論】

首先，這個沉思是笛卡兒對於無窮無盡和「無」區分最徹底的一次沉思。這個命題對於高等數學發展的意義重大，現代高等數學中的微積分就是對無窮大、無窮小、0 這些概念的延伸和計算方法的研究開始的。雖然 0 和無窮大的概念遠在笛卡兒之前就出現了，但在笛卡兒的時代之前至少這些概念還沒有系統化地在數學、哲學領域得以系統性應用。笛卡兒將其系統化地應用於哲學邏輯的研究中，無疑已經打通了現代哲學和現代科學的分水嶺，或者說本來就是原因和結果的關係。

其次，三段式邏輯推導，在這個沉思中對於上帝的本質與關係上的邏輯推導開始發力，這種有時候被稱為「詭辯」的論證方法，很好地調和或者說保護了笛卡兒的科學哲學體系與宗教神學、唯心主義哲學的關係。

此外，對於物體、物體性東西的本質，笛卡兒在這次沉思的表述中已經非常完美了，幾乎完全脫離了感官的干擾或誤讀，如果在接下來的反駁中反駁者還要繼續反駁，只有一種可能，就是反駁者仍然沒有從眼見為實的習慣中徹底、自覺地擺脫出來。

第十章
對第五個沉思的反駁與答辯

第一節　第二組反駁與答辯

【反駁】

第六點，在你對前一組反駁的答辯中，你得出的結論似乎不正確，你的論據是這樣的：我們清楚、分明地了解到，屬於事物的不變的、真正的本質肯定是屬於這事物的。所以，在我們足夠仔細地觀察了上帝是什麼以後，我們清楚、分明地理解上帝的存在是屬於他的真正的、不變的本質，所以上帝存在。我們認為結論應該這樣下：所以，在我們足夠仔細地觀察了上帝是什麼以後，我們就能夠確認這個真理，即存在是屬於上帝本質的。如果他的本質是絕對的，或者不矛盾的，這並不等於說上帝在現實中存在，而只能說他應該存在。如果他的本質是絕對的或者不矛盾的，也就是說，上帝的本質不能理解為沒有絕對性。那麼，如果這種本質存在，他就實際上存在。其他一些論證也和這個論證一樣，如果在上帝存在的本質上沒有矛盾，那麼上帝存在就是肯定的。所以，上帝存在的本質是正確的。問題在於具體邏輯：上帝存在的本質沒有矛盾。你的對手當中有些人懷疑，有些人否認。假定你的推理是正確的──「在我們足夠清楚地認識或觀察了上帝是什麼之後」。可是，這句話並沒有被大家所認同，因為你自己也承認你不過是不完滿地懂得無限，關於他的其他一些屬性也應該說是這樣。既然凡是在上帝裡邊的東西都完全是無限的，而理智只能夠非常不完滿地懂得上帝裡邊一點點東西，你怎麼能夠足夠清楚、分明地觀察了上帝是什麼呢？

【答辯】

　　第六點，在你們批評我邏輯上的一個三段論式中得出的結論，似乎是你們自己在邏輯上弄錯了。你們的普遍邏輯是這樣的：凡是我們清楚、分明地理解為屬於什麼本質的東西，都能被肯定為是屬於這個東西的本質。這樣一來，這個大前提除了無用、多餘的重複以外，沒有包含什麼東西。可是我的普遍邏輯是：凡是我們清楚、分明地理解為屬於什麼東西的本質的東西，都能被肯定為是屬於這個東西的。例如，如果「動物」屬於人的本質，那麼可以肯定人是動物；如果三角之和等於二直角屬於直角三角形的本質，那麼就可以肯定直角三角形三角之和等於二直角；如果存在屬於上帝的本質，那麼就可以肯定上帝存在等等。具體邏輯是：存在是屬於上帝的本質的，因此我們可以肯定地說上帝存在。而不是像你們所說的：我們可以肯定地說存在是屬於上帝的本質的。

　　你們本來應該否認我的普遍邏輯：我們清楚、分明地理解為屬於什麼東西的本質，不能因此就被肯定其屬於這個東西，除非它的本質是絕對的，或者排他的。不過，我請你們看一看這個例外的缺點：要麼是你們用「絕對的」這個詞，像一般人所做的那樣，指的是一切與人類思想不相矛盾的東西。在這種意義上，上帝的本質，按照我所描寫的方式來說，顯然是絕對的。要麼是因為在上帝的本質裡，除了我們清楚、分明地理解為應該屬於它的東西以外，我並沒有假定什麼其他的東西，這樣我就沒有假定什麼與理智或人類觀念相矛盾的東西；要麼是你們假想出什麼其他的絕對性，從對象本身來說，一種絕對性與另一種絕對性相矛盾，就絕不能被人類理智所理解，這就等於否定了人們以往的所有認知。沒有什麼力量來迫使我們去否定存在是上帝的本質。如果把上帝的本質是唯一的這件事加以

否定，雖然從觀念方面來說沒有什麼不可能，可是，凡是包含在上帝本質的這個觀念裡的東西都是如此地互相包含，以至如果說其中有某一個不屬於上帝的本性，這對我們來說似乎是矛盾的。因此，如果上帝的本質是唯一的這件事可以去否定，那麼同樣道理，也可以去否定一個三角形三角之和等於二直角絕對的，或者否定現實有意識的人存在是絕對的。人們甚至可以否定凡是我們感覺到的一切東西都是真的。那樣一來，人類的一切知識都將既無絲毫理由，又無任何根據而被完全推翻。

至於你們用來和我的論據相比較的那個論據：「如果在上帝之存在的本質上沒有矛盾，那麼上帝之存在就是肯定的，所以在上帝之存在的本質上沒有矛盾。」實質上它是對的。邏輯上，它是一種詭辯。因為在普遍邏輯裡，有矛盾這一詞是關於上帝之能夠存在所根據的原因的；而在具體邏輯裡，它是關於上帝的存在的本質的，如果否定普遍邏輯，就似乎必須這樣來證明它：如果上帝還沒有存在，那麼他存在的本質是有矛盾的。因為不能指定充足理由就來產生他，可是他存在的本質沒有矛盾，就像具體邏輯中所認可的那樣，所以上帝存在。如果否定具體邏輯，就必須這樣來證明：上帝存在沒有矛盾，在它的邏輯裡沒有什麼東西包含著矛盾；在上帝的存在或本質的邏輯裡，沒有什麼東西包含著矛盾，所以上帝存在。因此有矛盾這一詞有可能包含的意思是，在事物本身裡不會理解到什麼東西阻礙它能夠存在，然而在它的原因裡會理解到什麼東西阻礙它被產生。

可是，雖然我只是非常不完滿地認知上帝，但這並不妨礙他的本質是絕對的或者沒有矛盾的這件事是靠得住的，也不妨礙我們可以真正沒錯地確認我們已經足夠仔細地檢查了並且清楚地認識了上帝的本性。也就是說，足以認識上帝的本性是絕對的，以及必然的存在性是屬於上帝的本質的。如果我可以在這裡用經院哲學的話來說，一切矛盾性僅僅在於我們的

概念或思想，因為它不能把互相矛盾著的觀念結合到一起，而並不在於在理智之外的任何東西裡。因此，就是由於它不在理智之外，所以顯然它是沒有矛盾的，是絕對的。

而存在於我們思想裡的不絕對性不過是來自思想的模糊不清，在清楚、分明的思想裡不可能有任何不絕對性。從而，為了我們得以確知我們足夠認識上帝的本性以便知道上帝的本性之存在是沒有矛盾的，只要我們清楚、分明地理解我們在上帝的本性裡所看到的一切東西（儘管這些東西比起上帝的本性裡我們看不到的那些東西，數目是很小的），只要我們看出必然的存在性是我們在上帝裡所看到的許多東西之一，這就足夠了。

關於你們建議我把我的理由按照幾何學家的方法來處理，以便讓讀者能一下子就明白，我在這裡告訴你們我如何以前就按照這個方法做過，我如何今後還要這樣做。

在幾何學家們的寫作方式中我把兩件事區別開來：次序和證明方式。

次序僅僅在於：最先提出的東西應該是用不著後面的東西的幫助就能認識；後面的東西應該是這樣地處理，即必須只能被前面的東西所證明。我在我的沉思裡邊就是盡可能試用這個次序。這就是我之所以在第二個沉思裡沒有談意識和物體的不同，而留待在第六個沉思裡再談的原因；而且我故意取消了很多東西不談，因為那些東西要事先提出很多別的東西才能說得清楚。

證明方式是雙重的：一個是由分析法做的，一個是由綜合法做的。

分析法指出一條一件事物由之而被有條不紊地發現出來的真正道路，同時也指明結果如何取決於原因；這樣，如果讀者願意遵循這個方法並且仔細注視它所包含的一切東西，他們就會把這樣證明了的東西理解得同樣

完滿，就跟他們自己發現了它一樣成為他們自己的東西。

不過這種證明不足以使頑固的、不用心的讀者信服；因為如果一不經心漏掉了它所提出的一點點小事情，它的結論的必然性就不會出現，人們沒有習慣大量檢查那些本身足夠明確的東西，雖然那是最應該注意的東西。

綜合法則相反，它走的是一條完全不同的道路，好像從結果裡檢查原因一樣（雖然它所包含的證明經常也是由原因檢查結果），它固然清楚地證明在結論裡所包含的東西，並且使用了一長串的定義、要求、公理、定理、問題，以便如果否認它的什麼結論的話，它就指出這些結論是怎樣包含在前件裡邊的，這樣它就會使讀者（不管他們是多麼頑固不化）不得不同意，不過它不像另外那種方法那樣，使那些希望學習的人感到完全滿足，因為事物是用什麼方法發現的，它不告訴你。

古時幾何學家們習慣於在他們的著作裡僅僅使用這種綜合法，這不是因為他們對分析法完全無知，而是我認為，因為他們過於重視它，把它留給他們自己，當作一個重要祕密。

至於我，我在我的沉思裡僅僅採用分析法，因為我認為這種方法是最真實、最好的方法；至於綜合法，它無疑是你們希望我採用的方法，雖然在幾何學裡所談的東西上它僅次於分析法的地位，但是它對於形上學的東西不怎麼合適。因為有這麼一種不同：被假定來證明幾何學命題的第一概念適合於感官，從而很容易為每一個人所接受。因此在這上面沒有問題，問題只在很好地推出結論上，這對於各種人，甚至對最不經心的人來說，都不難做到，只要他們記得前面的東西就行。而且人們很容易迫使他們記起在提出的問題當中有多少東西要指出就分別出多少不同的命題，以便他們得以分別停留在每一個上面作為以後可以引證這些命題，讓他們知道應

該對這些命題加以思考。相反，在屬於形上學的問題上，主要的困難在於清楚、分明地理解第一概念。因為雖然第一概念由於其本性的關係並不是不如幾何學家們所對待的那些第一概念清楚，甚至時常是比那些第一概念更清楚，不過，由於它們似乎與我們透過感官接收來的許多成見不一致，而這些成見，我們自從兒童時期就已經司空見慣了，這些第一概念只有那些非常用心並且致力於盡可能把他們的理智從感官的互動中解脫出來的人才能完全懂得。因此，如果人們把它們單獨提出來，它們就會很容易地被那些好持反對意見的人所否認。

就是為了這個原因，我寧願寫沉思而不願像哲學家那樣寫爭論或問題，或者像幾何學家那樣寫定理或問題，以便由此來證明我寫這些沉思僅僅是為那些肯和我一起認真沉思並且專心致志地來思考事物的人。因為誰要準備向真理進行攻擊，就是因為這個原因他就越是不能懂得真理，因為他的理智與對於使他相信真理的那些理由的思考背道而馳，他是去追求摧毀真理的那些理由。

可是，儘管如此，為了證明我對你們的建議的尊重，我仍然在這裡試圖效仿幾何學家的綜合法，並把我用以論證上帝的存在和靈魂與人的肉體之間區別的主要理由做了一個概要 —— 這對於回饋讀者的關懷也許不無小補。

【評論】

這一部分實在是很燒腦，是典型的邏輯論證，對於此類「白馬非馬的問題」我們重點不是關注他的結論，而是應該關注過程以及運用三段式邏輯論證的方法。由於這種方法經常被我們稱為「詭辯」，所以容易讓人不屑。但從字面上中文中還有另外一類運用，比如「兵者，詭道也」。也就

是說「打仗，是個機智的大道」。用這種「詭辯」的方法對於我們在複雜的社會問題中找到源頭的根本原因幾乎是唯一的路徑。能夠看清事物運行的背後的真實規律，對人生的理解等也都是大有益處的。我們可以把這種思考方法理解為一種螺旋式逼近真理的方法，可能人類永遠無法真正到達真理，但是在逼近它的過程中的這種螺旋確是必然的，被昨天的邏輯肯定的東西在今天被邏輯否定，今天被邏輯肯定的東西明天又可能被邏輯否定，如此往復，但是，它卻是人類文明前進的唯一路徑。現代科學之所以能夠形成今天的局面，其底層的方法論就是笛卡兒那個時代的先哲用他們超凡的智慧和意志在這種經年累月的燒腦中堅實地建構起來的。如果有人對此沒有敬畏，那麼對於現代社會來說，某種意義上就等同於文盲。

在笛卡兒的時代，他還可以說這種有意識不一定需要與日常生活有必然關聯，僅僅靠習慣的知識、權威的指導、本能的判斷也是可以的，這種理性的方法還主要用於科學研究或理論推導。但是對於生活在 21 世紀資訊社會的我們，失去這種能力，就幾乎等於失去了基本的生存能力。原因很簡單，因為我們完全被浩如煙海的資訊所矇蔽，剩下的就是要麼盲從、要麼自以為是。

第二節　按幾何學方式證明上帝的存在和人的靈魂與肉體之間的區別的理由

【定義】

（一）意識，我是指凡是如此地存在於我們之內以至我們對之有直接認識的東西說的。這樣一來，凡是意志的活動、理智的活動、想像的活動

和感官的活動都是意識。可是我加上「直接」這個詞，這是為了把取決於我們意識的東西排除在外。舉例來說，出於意願的運動雖然真正來說是以意志為其原則的，但是它本身並不是意識。

（二）觀念，我是指意識的一種形式，由於這種形式的直接知覺，我們對這些意識才有認識。因此，當我理解我所說的話時，除非肯定在我意識裡具有關於用我的言辭所意味著的東西的觀念，我用言辭什麼都表達不了。因此，僅僅是任意描繪出來的圖像，我不把它們稱為觀念；如果這些圖像由肉體任意描繪出來的時候，也就是說，當它們是大腦的某些部分描繪出來的時候，我不把它們稱為觀念。只有當它們是被大腦理性理解的意識時，我才把它們稱為觀念。

（三）一個觀念的客觀實在性，我是指用觀念物質性內容的實體性或存在性說的，也就是說這個實體性是觀念的組成部分。同樣，人們可以說一個客觀的完滿性，或者一個客觀的技巧等等。因為凡是我們理解為在觀念的對象裡邊的東西都是客觀地或者透過物質性成為觀念的一部分。

（四）當某些觀念在對象裡邊就像我們所理解的那個樣子時，叫做觀念是對象的充要條件；當這些東西在觀念的對象裡邊實際上不是像我們所理解的那個樣子，而是能夠用它們的優越性來彌補這個缺點時，就叫觀念是對象的必要不充分條件。

（五）凡是被別的東西作為其主體而直接寓於其中的東西，或者我們所理解的（也就是說，在我們心中有其實在的觀念的某種特性、性質或屬性的）某種東西由之而存在的東西，就叫做實體。因為實體是這樣的一種東西，在它裡邊存在著我們所知覺的，或者存在著我們某一個觀念裡邊的東西。除此而外，我們對實體沒有其他概念，因為真理告訴我們「無」不能有任何實在的屬性。

（六）意識直接寓於其中的實體，在這裡就叫做精神。儘管如此，但這個名稱是有歧義的，因為人們有時也用它來指風和非常稀薄的液體；不過我不知道有什麼更恰當的名稱。

（七）作為廣延以及以廣延為前提的性質（如形狀、位置、地點的運動等）的直接主體，叫做物體（或肉體、身體）。不過，如要知道叫做意識的實體是否同時就是叫做物體的實體，或者是否它們是兩個不同的實體，這留待以後再去研究。

（八）我們理解為至上完滿的、我們不能理解其中有任何包含著什麼缺點或對完滿性有限制的東西的那種實體，就叫做上帝。

（九）當我們說某種屬性包含在一個東西的本性裡或者包含在它的概念裡時，這就和我們說這個屬性真是這個東西的屬性，這和我們可以確信它在這個東西裡邊是一樣的。

（十）當兩種實體之中的一種可以沒有另外一種存在時，這兩種實體就是獨立的。

【要求】

第一，我要求讀者思考一下，直到現在使他們相信他們的感官的那些理由都是非常軟弱無力的，他們一向依靠感官所下的判斷都是非常靠不住的。我要求他們長時間地、反覆地加以思考，使他們最後習慣於不再去那麼堅強地相信他們的感官時為止。因為我認為這對於能夠了解形上學的東西的真理是必要的。形上學的東西是不依靠感官的。

第二，我要求他們思考一下他們本身的靈魂以及靈魂的全部屬性，這些屬性是他們將要看出是絕不能有所懷疑的，雖然他們把他們一向透過感

官得來的東西都假定為完全是錯誤的。我要求他們對這一點要不斷地思考下去，直到他們首先習慣於清楚地理解並且相信它比一切物體性的東西都更容易認識時為止。

第三，我要求他們專心研究一下不需要證明就能了解的，其中每一個的概念都能在它自身中找到的那些命題。例如：一個東西不能同時存在又不存在，「無」不能是任何東西的動力因，以及諸如此類的東西。我要求他們運用理智，這理智由於感官的干擾，經常被弄得模糊起來。我說，我要求他們運用完全純粹的、從他們的成見中擺脫出來的這種理智的明白性，因為透過這種辦法，後面將要談到的公理的真實性對他們就會顯得十分明白了。

第四，我要求他們對那樣的一些性質（或本性）的觀念加以研究，在那些觀念裡邊含有許多屬性的一個總和，比如三角形的性質，四邊形或別的什麼形狀的性質，比如靈魂的性質，肉體的性質，以及再加上上帝或一個至上完滿的存在體的性質。他們要注意，人們可以確定無疑地相信所有那些東西都是在觀念裡邊，我們清清楚楚地理解它們是包含在那裡的。舉例來說，由於在直線三角形的性質裡，包含著三角之和等於二直角，在物體或一個有廣延的東西的性質裡包含著可分解性（因為凡是有廣延性的東西不管它有多麼小，我們都把它理解為不是不可分割的，至少是可以用意識來分割），所以說一切直線三角形三角之和都等於二直角，一切物體都是可以分割的這話一點也沒錯。

第五，我要求他們長時間地繼續思考至上完滿的存在體的本性，此外我還要求他們雖然思索到在其他一切性質的觀念裡，都包含著可能的存在性，可是，在上帝的觀念裡，不僅包含著可能的存在性，而且還包含著絕對必然的存在性。因為僅僅從這一點，他們絕對用不著推理就可以了解到

上帝存在。顯然，對他們來說也將同樣很清楚、用不著證明的是，2 是雙數，3 是單數，以及諸如此類的東西。因為有些東西對某些人用不著證明就這樣了解了，而對於其他一些人，卻要用一個很長的論證和推理才能理解。

第六，要求他們在仔細地思考到我在我的《沉思錄》裡所說到的那些關於一個清楚、分明的知覺的各種例子以及模糊、含混的知覺各種例子之後，要習慣於分辨那些認識清楚的事物和模糊的事物，因為用例子來說明比用規律來說明要好些，並且我認為，不談到什麼東西，任何例子也舉不出來。

第七，我要求讀者既然注意到他們從來沒有在他們理解得清清楚楚的事物中認出什麼虛假來，而相反，除非偶然，他們從來沒有在他們理解得糊裡糊塗的事物中找到什麼真實來。因此他們就要考慮到，假如他們由於感官的某些成見，或者由於高興做出的以及建立在什麼模糊不清的東西上的什麼假定而懷疑理智所理解得清楚、分明的東西，那是毫無道理的。他們用這個辦法將會很容易地認為下述的公理是真實的、毫無疑問的，雖然我承認，假如我願意更準確一點的話，其中的許多條本來可以解釋得更好一些，並且應該不是當作公理，而是當作定理提出來，假如那時我願意的話。

【公理或共同概念】

（一）沒有任何一個存在著的東西是人們不能追問根據什麼原因使它存在的。因為即使是上帝，也可以追問他存在的原因。不是由於他需要什麼原因使他存在，而是因為他本性的無邊廣大性本身就是原因，或者是他不需要任何原因而存在的理由。

（二）現在的時間並不取決於直接在它之前的時間；這就是為什麼在保存一個東西上需要一個和初次產生這個東西同樣大的原因。

（三）任何東西，或者這個現實存在的東西的任何完滿性，都不能以無或者一個不存在的東西作為它的存在的原因。

（四）一個東西裡的全部實在性或完滿性是充分存在於它的第一或整體原因裡。

（五）從而我們的觀念的客觀實在性要求一個原因，在這個原因裡，不僅是客觀地，而且也是充分地包含著我們的觀念的客觀實在性。必須注意，接受這一公理是極其必要的，對一切東西的認識都完全取決於這一公理，不管這些東西是可感覺的或是不可感覺的。舉例來說，我們從哪裡知道天是存在的？是因為我們看見它嗎？但是如果「看」不是一個觀念（我是說，不是一個天然屬於靈魂本身的觀念）而是一個任意描繪出來的圖像，它就不涉及靈魂。而且，如果我們不是假定任何觀念都應該有一個客觀實在性的原因，這個原因是實在存在的，那麼我們就不能由於這個觀念而斷定天存在。這個原因使我們斷定這就是天，其他的東西也一樣。

（六）有不同等級的實在性或實體性，因為實體比屬性或形態具有更多的實在性，而無限實體比有限實體具有更多的實在性。因此，在實體裡比在屬性裡有更多的客觀實在性，在無限實體裡比在有限實體裡有更多的客觀實在性。

（七）意志是自願地、自由地（因為這是它的本質）然而卻是必然地向著它所認識的善前進的。這就是為什麼，如果它認識它所沒有的某些完滿性，它就將立刻把這些完滿性給它自己，假如這是在它的能力之內的話。因為它將了解到有了這些完滿性比沒有這些完滿性，對它來說是更大的善。

（八）既然能夠做較多的或者較難的，就能夠做較少的或者較容易的。

（九）創造或保存一個實體，這比創造或保存實體的屬性或特性更偉大、更艱難，可是創造一個東西並不比保存一個東西更偉大、更艱難，這已經說過了。

（十）每個東西的觀念或概念裡都包含著存在性，因為我們只有在一個存在著的東西的形式裡才能理解什麼東西。然而不同的是，在一個有限的東西的概念裡，僅僅包含著可能的或偶然的存在性，而在一個至上完滿的存在體的概念裡，卻包含著完滿的、必然的存在性。

命題一

單思考上帝的本性就能認識他的存在性。

證明

說某種屬性包含在一個東西的本性裡或者包含在它的概念裡，這等於說這個屬性是真的屬於這個東西，人們可以確信它是在這個東西裡邊的（見定義九）。

而必然的存在性包含在上帝的本性裡或者包含在上帝的概念裡（見公理十）。

所以必然的存在性是在上帝裡，或者說上帝是存在的。

這個三段論式是和我對這些反駁的第六條的答辯所使用過的一樣。它的結論對於擺脫了成見的人們來說是用不著證據就可以認識的，就像在第五個要求中所說的那樣。可是，由於不容易達到這樣一種理性，因此我們試圖用別的辦法來證明這件事。

命題二

用目的，即僅從上帝的觀念是在我們心中，來證明上帝的存在性。

證明

我們的每一個觀念的客觀實在性都要求一個原因，這個實在性不是客觀地，而是充分地包含在這個原因裡（見公理五）。

而在我們意識裡有上帝的觀念（見定義二、八），並且這個觀念的客觀實在性既不是必要的，也不是充要的包含在我們意識裡（見公理六），它只能包含在上帝本身裡，不能包含在別的東西裡（見定義八）。

所以，在我們意識裡的這個上帝的觀念要求的上帝為其原因，因此上帝是存在的（見公理三）。

命題三

用具有上帝觀念的我們自己的存在來證明上帝的存在性。

證明

如果我有能力保存我自己，我也就更有理由認為我也會有力量把我所缺少的一切完滿性給我自己（根據公理八、九），因為這些完滿性不過是實體的一些屬性，而我是一個實體。

可是我沒有能力把一切完滿性都給我，否則我已經具有這些完滿性了（根據公理七）。

所以我沒有自己保存自己的完滿性。

然後，在我存在的時候，要不是由我自己保存（假如我有這樣的能力的話），或者由有這種能力的別的人保存，我就不能存在（根據公理一、二）。

而我存在，不過我又沒有能力保存我自己，像我剛才所證明的那樣。

所以我是由別人保存的。

此外，保存我的那個東西，必要地或充要地在他裡邊有著在我裡邊的一切東西（根據公理四）。

而我缺少我保存我的許多完滿性的觀念以及上帝的概念（根據定義二、八）。

所以這些完滿性的概念也在保存我的那個東西裡邊。

最後，保存我的那個東西不能有他缺少的任何完滿性的概念（根據公理七）。因為正如我剛才說的那樣，既然有能力保存我，那麼假如他沒有那些完滿性，那就更有理由認為他有力量把這些完滿性給他自己（公理八、九）。

而他有我了解到我缺少的以及我理解到只能存在於上帝自己裡邊的一切完滿性的概念，正如我剛才證明過的那樣。

所以他本身必要或充要地有了一切完滿性，因此他就是上帝。

命題四

上帝創造了天和地以及在那裡包含的一切東西，除此以外，他能夠按照我們所理解的那樣做出我們所清楚理解的一切東西。

證明

所有這些東西都清清楚楚地是從前面的命題得出來的。因為我們在那裡證明了上帝的存在性，因為必然有一個存在體存在著，在這個存在體裡形式地或卓越地包含著在我們裡邊有其觀念的一切完滿性。

而我們在我們裡邊有一個十分偉大的能力的觀念，不僅天、地等，而

且連我們理解為可能的其他一切東西也都應該是由具有這個十分偉大能力的觀念的那個人創造的。

所以，在證明上帝的存在性的同時，我們也隨之而證明了所有這些東西。

命題五

靈魂和肉體實際上是有區別的。

證明

我們所清清楚楚理解的一切東西都也許是由上帝按照我們所理解的那樣做出來的。

可是，我們對不帶肉體（也就是說，一個有廣延的實體）的靈魂（也就是說，一個在意識的實體）理解得很清楚；另外，我們對不帶靈魂的肉體理解得也很清楚（這是每個人都很容易同意的）。

所以，至少是由於上帝的全能，靈魂可以沒有肉體而存在，肉體可以沒有靈魂而存在。

現在，彼此可以離得開的這兩個實體是實際上有區別的（根據定義十）。

而靈魂和肉體是彼此可以離得開的（像我剛才證明的那樣）兩個實體（根據定義五、六、七）。

所以靈魂和肉體實際上是有區別的。

必須注意，我在這裡是使用了上帝的全能來做出我的證明的，不是因為需要什麼特別能力來把靈魂和肉體分開，而是因為在前面的那些命題裡我只談到了上帝自己，我除了從上帝身上，不能從別處做出證明。而且要了解兩個東西是被什麼能力分開的，這並沒有什麼要緊。

【評論】

　　這樣的訓練大家可以自己試試，比如在買房子的問題上，如果房價上漲，我們就應該買房子，大家都買房子房價就會繼續上漲，所以所有人都應該買房子。大家可以用類似的方法自己做做測試。如果大家覺得這個題目太容易，則可以試試笛卡兒沉思中的幾個三段式邏輯推導，雖然這裡涉及第六個沉思的內容，但是沒關係，在這裡邏輯價值遠遠大於結論價值，正好可以作為練習使用。

第三節　第三組反駁及答辯

【第十四個反駁關於第五個沉思論物質性東西的本質】

　　笛卡兒說：「當我想到一個三角形時，即使在我的意識以外也許世界上根本沒有什麼地方存在這樣一個形狀，也許從來沒有過，可是畢竟這個形狀的某一種確定的性質或形式或本質是有的，是不變的、永恆的，不是我憑空捏造的，也絕不取決於我的理智，就像我們能夠從推證出這個三角的各種特性這件事所表現的那樣。」

　　如果世界上根本沒有什麼地方存在這樣一個形狀，我不能明白怎麼會有這個形狀的性質。什麼地方都沒有的東西，就絕不存在，因而既沒有存在性，也沒有本質。我們心中所理解的三角形的觀念來自我們所看見過的，或者根據我們所看見過的東西製造出來的另一個三角形。可是，我們一旦把我們用以意識三角形的觀念所由來的那個東西稱為三角形之後，即使這個東西消滅了，三角形這個名稱仍然繼續存在。同樣道理，如果我們

一旦用意識理解了一個三角形的各角之和等於兩個直角，並且替三角形取了另一個名稱，即它是一個有三個角、三角之和等於兩個直角的東西，當世界上沒有任何三角形時，也不妨礙這個名稱繼續存在下去。這樣一來，三角形是一個有三個角、三角之和等於兩個直角的東西這個命題將是永恆的。可是三角形的本質並不因此而是永恆的，因為萬一所有三角形都消滅了，它也就不存在了。

由上所述，顯然，本質既然不同於存在，那麼它不過是用動詞結合起來的一堆名詞。因而沒有存在性的本質是由人的理智幻想出來的。就如同，在理智裡的人的圖像是屬於人的，同樣，本質是屬於存在的。比如，蘇格拉底是人這個命題是屬於蘇格拉底或是存在這個命題的，同樣，蘇格拉底的本質是屬於這個同一的蘇格拉底的存在的，而蘇格拉底是人這個命題，當蘇格拉底不存在了，它就只不過意味著一堆名詞，而或是存在這個詞本身有著用兩個名稱指出來的一個東西的統一體的圖像。

【答辯】

本質和存在之間的分別是大家都了解的，這裡不是說一個永恆的真理概念或觀念，而是說永恆的名稱。關於永恆的名稱，前面已經充分地駁斥和否定過了。

【評論】

同意笛卡兒。

第十一章
第六個沉思：
物質性東西的本質，
人的靈魂和肉體之間的實在區別

【原文】

　　現在剩下來給我的問題只有檢查一下是否有物質的東西了。就人們把物質的東西看成是幾何學論證對象來說，既然我用這種方式把它們理解得十分清楚、分明，那麼至少我已經知道這樣的東西是能夠有的。因為毫無疑問，凡是我能夠理解得清楚、分明的東西，上帝都有能力產生出來，而且我從來沒有斷定過他對於什麼東西由於我不能很好地理解就做不出來。再說，在我意識裡的想像功能，我從經驗中看到，當我思考到物質的東西時我就使用這個功能，是能夠讓我相信物質的東西存在的。因為當我仔細思考什麼是想像時，我看出它不過是認識功能對向它直接呈現的物體的某種運用，因而這個物體是存在的。

　　為了把這一點弄得非常明白，我首先看出想像和理智活動以及構思之間的區別。舉例來說，當我想一個三角形時，我不僅理解到這是一個由三條線組成並且包含三條線的形狀，而且，由於我的想像和構思的意識活動，我也把這三條線看成是出現在面前的，而這正是我所說的想像。如果我要想一個千邊形，我當然理解這是一個由一千個邊組成的形狀，和我理解一個三角形是僅僅由三個邊組成的形狀同樣容易，但是我很難像我想一個三角形的三個邊那樣想一個千邊形的一千個邊，也不能用我想像力的眼睛把一千個邊看成是出現在我面前的。而且當我想物體性的東西時，我總習慣於使用我的想像，於是在我理解一個千邊形時，我模模糊糊地想像出一個什麼形狀。不過這個形狀顯然並不是一個千邊形，因為這個形狀跟我想一個萬邊形或別的一個有非常多的邊的形狀時所想像出來的形狀沒有什麼不同，而且絕不能用它來發現千邊形和別的多邊形之間的差別。

　　如果問題在於思考一個五邊形，我當然可以跟理解一個千邊形的形狀

一樣理會它的形狀。可是我也可以把我的注意力應用到五個邊的每一個邊上，同時也可以應用到它們所包含的面積和空間上，用這樣的辦法來想像這個形狀。這樣我就清清楚楚地了解到我需要特別集中精力來想像，但是我不需要特別集中精力去理解。從這種需要集中精力的想像，我可以看出想像與純粹理智理解之間是有差別的。

此外我還看出，在我理智的這種想像力，就其有別於其他理性的能力來說，不是靈魂的本質。即使我沒有這種想像的能力，我還是我。想像它並不取決於我的精神，而是取決於不同於我的理智的什麼東西。如果說有什麼物體存在，而我的理智和它聯結得非常緊密，以至它願意什麼時候讓我可以思考它，理智就可以什麼時候去想像物體性的東西。因此，這種意識與純粹理智之不同僅在於：在理解時，理智以某種方式轉向其自身，並且思考在其自身裡的某一個觀念；而在想像時，它轉向物體，並且在物體上思考某種符合理智本身形成的或者透過感官得來的觀念。如果真有物體，想像是能夠這樣做成的，而且因為我找不到任何別的辦法來說明想像是怎麼做成的，所以我就猜測或許物體是存在的。可是，這只能說是「或許」。儘管我仔細檢查一切東西，我仍然看不出來從我的想像裡的這種關於物體的本質的清楚觀念裡能夠證明出什麼物體存在的必然性。

除了作為幾何學的對象的這種物體性質以外，我還習慣於想像很多別的東西，像顏色、聲音、滋味、疼痛以及諸如此類的東西，雖然不那麼清楚。因為透過感官我就更好地覺察這些東西，透過感官和記憶的媒介，這些東西就好像是達到我的想像。所以我認為，為了更方便地檢查它們，應該同時檢查一下什麼是感覺，看看在我稱為感覺的這種有意識方式接收到我的意識中來的這些觀念裡，我是不是能得出來什麼可靠的證據來證明物體性的東西的存在。

　　首先我要在我的記憶裡回想一下我以前透過感官得來的東西有哪些是真的，我是根據哪些理由才相信的；其次，我要檢查一下從那以後迫使我對這些東西發生疑問的理由；最後，我要思考一下我現在應該相信的東西。

　　首先我感覺到我有一個頭、兩隻手、兩隻腳，以及組成我看成我自己的一部分或者是全部的這個肉體的其餘一切部分；此外，我感覺到這個肉體是處於其他很多物體之間的，從這些物體上它有能力感到不同種類的舒適和不舒適。我透過某一種愉快或滿足慾望而感覺到舒適，透過某一種痛苦的狀態而感覺到不舒適。在愉快和痛苦之外，我還在我的內部感覺到餓、渴等。我還感覺到對於喜、哀、怒，以及其他類似的情緒。在外部，除了物體的廣延、形狀、運動之外，我還在物體裡看出軟硬、乾溼以及落於觸覺的其他特性。我在那裡看出明暗、顏色、氣味、滋味和聲音，而多種多樣的明暗、顏色、氣味、滋味和聲音，使我把天、地、海以及其他一切物體都彼此分辨出來。

　　考慮到出現在我意識裡的所有這些特性的觀念，是我真正、直接感到的，那麼我相信我感覺到了一些和我的意識完全不同的東西，也就是產生這些觀念的物體。因為我曾體驗到這些觀念出現在我的意識裡，並沒有得到我的同意。因此不管什麼東西，如果它沒有表現在我的感覺器官之一，儘管我有感覺它的願望，我也感覺不到它。而當它表現在我的感覺器官之一的時候，我根本不可能不感覺到它。

　　我透過感官得來的那些觀念，比起我沉思時所能虛構的任何觀念來，或者比起我記憶裡的任何觀念都要生動得多、明顯得多，甚至都以其特有的方式表現得清楚得多。看來它們不能是從我理智中產生的，所以它們必然是由一些別的什麼東西在我意識裡引發。除了那些觀念，我對那些東西

什麼認識都沒有。那麼除非那些東西是和它們所引起的觀念一樣，否則就沒有別的東西能夠來到我的意識中來。這時我使用的是感官而不是理智，並且我了解到我的理智做的那些觀念不如我透過感官得來的觀念那麼明確，而且那些理智做成觀念經常是我透過感官得來的觀念的一部分，所以我很容易相信在我理智中沒有什麼觀念不是從前透過感官得來的。

因此我相信，這個肉體由於某種特殊的原因，我把它叫做我的。它比其他任何物體都更真實、更緊密地屬於我。事實上我絕不能像跟別的物體分開那樣跟我的肉體分開。我在身體上感受到我的一切飲食之慾和我的一切情感。最後我在身體的部分上，而不是在跟它分得開的別的物體上感受到愉快和痛苦。它在我還不知道痛苦之感時就引起意識裡的悲傷，還不知道愉快之感時就引起快樂，還不知道胃的刺激時就感到我想要吃東西，喉嚨發乾讓我想要喝水等等。除了本能這樣告訴我的，我找不出別的道理來。因為在胃的刺激和想要吃東西之間，以及引起痛苦的感覺和這個感覺引起悲傷情緒之間，我理解不到任何理性的關係。同樣，我好像是從本能那裡知道了我判斷的關於我的感官對象，因為我習慣在這些對象上所做的判斷，往往是在我還沒有做好準備的時候就形成的。

可是以後，很多認識逐漸破壞了我對感官的信任。我多次看到，有些塔我遠看好像是圓的，近看卻是方的，聳立在塔頂上的巨大塑像從塔底下看卻是小小的塑像。無數次我都看出，根據感官所下的判斷是錯誤的。有什麼東西比痛苦更親密、更內部的嗎？可是從前有些把手臂腿截掉的人對我說，有時他們還感覺到已經截掉的那部分的疼痛。這使我有理由想到，即使我感覺到我某一個肢體疼痛，也不一定是真的。

最近我還多了兩個理由：第一個是，我醒著時從來沒有相信我在睡著時也能感覺的東西，因為我不相信我在睡著時也能感覺到我以外的什麼東

西，所以我看不出我醒著時感覺到的那些東西有什麼可信度；第二個是，我還假裝不認識的我的創造者，有什麼能夠阻止我就是這樣被創造，使我在我感覺最真實的那些東西上弄錯。

以上使我相信，我用不著費很多事就可以知道：本能給了我很多在理智上誤解的東西。我不應該相信習慣告訴我的事情，雖然我由感官得來的那些觀念並不取決於我的理智，但我不認為因此就不應該相信那些觀念是從別的東西得出來的。也許我有什麼功能是產生這些觀念的原因，可是既然我開始更好地認識我自己，開始更清楚地意識到我的創造者，那麼我真的就不認為我應該糊裡糊塗地接受感官告訴我的一切。當然，也不是什麼都需要懷疑。

首先我知道，凡是我清楚、明顯地理解的東西都是上帝創造的，所以只要我能清楚、分明地理解一個東西而不牽涉別的東西，就足以確定這一個東西是跟別的東西不同的，因此它們可以被分開放置。至於是什麼力量把它們分開，這倒無所謂，因為我確實了解到我存在，同時除了我是一個有意識的東西之外，我又看不出有什麼別的東西必然屬於我的本性。所以我確實有把握斷言我的本質就在於我是一個有意識的東西，以及我存在，這個存在的全部本性就是意識。或者像我將要說的那樣，我有一個肉體，我和它非常緊密地結合在一起。因為一方面我對我自己有一個清楚、分明的觀念，即我只是一個有意識的東西而沒有廣延；而另一方面，我對於肉體有一個清楚分明的觀念，即它只是一個有廣延的東西而沒有意識。靈魂，也就是說我之所以為我的那個東西，是完全、真正跟我的肉體有分別的，它可以沒有肉體而存在。

其次，在我意識裡有幾種不同的意識，想像和感覺。沒有它們，我雖然能清楚、分明地全部理解我，但沒有一個它們附之於上的實體就不行。

在我們對這些所形成的觀念裡，或者用學院的術語來說在它們的形式的概念裡，它們包含著某種理智。從那裡我理解到它們跟我不相同，就像形狀、運動以及其他形態或屬性跟支持它們的物體本身一樣。

再次，我也有其他一些意識，就像運動、姿勢等。這些意識如果沒有實體的存在就不會被人理解，前面的意識也就不能被人理解。因此，沒有這個實體那些意識就不能存在。可是，如果那些意識真的存在，就必定附著於物體性的、有廣延的實體之上，而不是附於一個理智性的實體之上。我清楚、分明地知道，它確實包含廣延，但絕不包含有理智。此外，在我意識裡有一種感覺功能，接受可感知的東西的功能。如果在我的意識裡沒有另一種功能產生這些觀念，那麼這種感受功能對我來說就是無用的。我不過是一個有意識的東西，那麼這種感受的功能不可能在我的理智裡，因為它事先並不知道我有理智。那些觀念甚至經常和我的意願相反。因此它一定是在不同於理智的什麼實體裡。在那個實體裡充分地或者充要地包含著我的全部。這個實體要麼是一個物體，要麼是上帝本身，或者別的什麼比物體更完滿的東西，在這個東西裡充分地包含著同樣的東西。

如果上帝不是騙子，那麼顯然他不會讓自己不包含這些實在性，而把這些錯誤東西的觀念送給我。既然沒有給我任何功能否認這一事實，反而給我一個非常大的傾向性使我相信它們是正義的東西送給我的。那麼如果事實上這些觀念不是來自物體性的東西，而是來自別的原因，那一定就是個騙局。那麼我就無法證明有物體性的東西存在。

它們也許並不完全像我們透過感官看到的那樣，因為感官在很多東西上都是模糊不清的。但必須承認凡是我理解得清楚、分明的東西都是真實的。至於被我們理解得不那麼清楚、不那麼分明的東西，比如光、聲音、痛苦等，雖然它們十分可疑，但上帝肯定不是騙子。他沒有允許在我的判

斷裡有任何錯誤而同時不給我糾正錯誤的能力。單憑這一點，最終我就能
夠斷言：在我的理智裡確實有可靠的方法去認識它們。

　　首先，凡是真理告訴我的東西都含有某種真實性。這裡我指的就是上
帝，以及上帝在造物裡所建立的秩序。至於我的其他本性，我指的就是上
帝所給我的一切。沒有比這個真理更明白了：我有一個肉體，當我感覺痛
苦的時候，它就不舒服；當我感覺飢渴的時候，它就要吃喝。因此，我絕
不懷疑他們沒有真實性。

　　上帝用疼、餓、渴的感覺告訴我，我不僅住在我的肉體裡，就像一個
舵手住在他的船上一樣，而且我和它緊密地相連在一起，融合得像一個整
體。假如不是這樣，那麼當我的肉體受傷的時候，這個僅僅是一個有意識
的我，就不會感覺到疼痛，而只會用理智去理解傷痛。就如同一個舵手用
視覺去檢視他的船上是否有東西壞了一樣。當我的肉體需要飲食的時候，
我就會直截了當地知道這件事，用不著飢渴的觀念告訴我。事實上，所有
這些飢、渴、疼的感覺不過是意識的模糊感受，它們來自理智和肉體的融
合。其次，本性告訴我，我的身體周圍還存在著許多別的物體，在這些物
體中我應該接受一些、躲另一些。而且，從我感覺的不同顏色、氣味、滋
味、聲音、冷熱、軟硬等，我確有把握地斷言：在導致這些感覺的物體
裡，有著多種多樣的物體，也許它們和實際上的物體並不同。在不同的感
覺上，有些使我舒服，有些使我不舒服，因此我可以得出一個完全可靠的
結論：我就是肉體和靈魂的融合。有許多別的東西好像也是理智告訴我
的，但這些東西不是我從真正的理智那裡得來的，而是由某種輕率的判斷
得來的，很可能包含著虛假。舉例來說：我認為凡是在一個空間裡沒有什
麼觸動我的感官的東西，這個空間就是空的。在一個熱的物體裡有跟我理
智裡熱的觀念相似的什麼東西；在一個白的或黑的物體裡有我理智所認知

的白或黑；在一個苦的或甜的物體裡有我所感覺到的同樣的味道或滋味等等。日月星辰及其他一切距離遠的物體，都是在離我們的眼睛很遠的地方所表現的形狀和大小等等。

為了把什麼東西都理解得清清楚楚，我應該在本能告訴我這句話上做一個限定。因為我在這裡對本能所採取的態度，比我把上帝給我的一切東西之為真理的態度要狹隘。這是因為那種包羅永珍的整體包括了很多只屬於理智的東西。舉例來說：關於真理的觀念就是，事情一旦做出來了就不能是沒做出來。還有只屬於物體的東西，那些東西在這裡也不包括在本能的名稱之下。比如，人具有重量的性質，我不是指一般物體說的，而僅僅是指上帝所給的、作為理智和肉體的總和，是本能告訴我趨利避害的本能。除此以外，我看不出從這些感覺裡還應該做出什麼別的結論。我認為認識這一類事物的真實性，這只是理智責任和義務。

一顆星星給我眼睛的圖像雖然並不比燭火的圖像大，可是在我的理智裡絕沒有一種功能讓我相信星星比蠟燭小。只不過我從幼年起就一直是這樣認為的，沒有任何理由。在我靠近火的時候我感覺到熱，在我靠得更近的時候，我感覺到疼，但沒有任何理由讓我相信火裡有什麼跟熱一樣的東西，也沒有什麼跟疼一樣的東西。我不過是有理由相信火裡有什麼東西，不管這個東西是什麼，它給我刺激讓我感覺熱或疼。

同樣，在空間裡雖然我找不出什麼能刺激和觸動我的感官的東西，可是我不能因此就判斷這些空間裡沒有物體。因此我看出，我經常是把本能的本質弄錯。這就是因為感覺在我的意識裡邊，僅僅是為了警告我，什麼東西對靈魂和肉體的融合有好處或壞處。因此，本來是相當清楚、相當分明的東西，我卻把它們弄錯了。關於物體的本質，這麼顯而易見的東西我卻沒有了解到。

　　我已經檢查得足夠充分了。上帝是至善的，而我在判斷的時候仍然會犯錯。在本能告訴我趨利避害的東西上，到現在還出現困惑。我有時沒有意識到錯誤，依舊是因為我被本能所欺騙。舉例來說，放了毒藥肉仍然很香，可以引誘我去吃毒藥。不過，這是可以原諒的，因為本能僅僅讓我吃很香的肉，並沒有讓我吃毒藥。所以我可以得出結論：本能不能完全、普遍認識一切事物，只具有有限的認知。

　　我們經常在由本能得到的東西上弄錯，就像有時病人希望吃喝可能對他們有害一樣。有人會說，他們弄錯是因為他們的本能壞了。可是一個病人也和健康的人一樣，是上帝的造物，所以他同樣不願意上帝有一個騙人的本質，就像一個由輪子和擺裝成的鐘錶一樣，也許這個鐘錶做得不好，不能完全指好時間，也是同樣準確地遵守時間的客觀。同樣，如果我把人的肉體看成是由骨骼、神經、筋肉、血管、血液和皮膚組成的一架機器，即使裡邊沒有靈魂，也並不妨礙它本能的運作。這時它不是由意志支配，也不是由理智驅使，而僅僅是由它的各個器官本能的運作。比如說，水腫病患者，他的本能因為喉嚨發乾感到難受，喉嚨發乾習慣地給他的意識渴的感覺，因而引動他意識的其他部分讓他要求喝水，這樣一來就增加他的病痛，害了他自己，這和他沒病時由於喉嚨發乾而喝水同樣是本能。雖然我看到一個鐘錶被鐘錶匠指定了用途，但是如果這個鐘錶走得不準，那是因為它違反了鐘錶的本質。這和我把人體這架機器看成是上帝做成的，它裡邊應有的一切人體的運動一樣。我了解到，用後一種方式去解釋本能和用前一種方式解釋本能很不相同。後一種方式不是一種單純的名稱，它取決於我的理智，是我的理智把一個病人和一座做壞了的鐘錶拿來跟一個健康的人和一個好的鐘錶的觀念相比較；相反，用另一種方式來解釋本能，我是指某種真正存在於我裡面的東西，它就不是沒有真實存在性的。一個

水腫病患者在不需要喝水的情況下，他的喉嚨仍然發乾，這是因為它的本能被破壞了。可是從靈魂和肉體的整體來看，這並不是一個單純的觀念問題，而是因為本能的錯誤，這種錯誤在於他口渴，而喝水對他有害。接下來需要去檢查的就是，像這樣本能的錯誤，那麼上帝的善心為什麼不糾正他？

我首先看出靈魂和肉體有很大差別，就其性質來說，肉體是可分的，而靈魂不可分。當我思考我的靈魂，作為僅僅是一個有意識的我，我在靈魂裡不可分，而我把我理解為一個獨立、完整的東西，儘管整個靈魂似乎和整個肉體融合在一起，可是當一隻腳或者一隻胳臂或別的什麼部分從我的肉體分割出去時，靈魂並沒有被分割出去什麼東西。願望、感覺、理解等靈魂的功能還是完整的，可是物體性的或者有廣延的東西就完全相反。因為凡是物體性的、有廣延的東西，都可以被我的意識分成很多部分。這一點就足以告訴我：人的理智或靈魂是和肉體完全不同的。

其次，本能並不直接受到肉體各個部分的刺激，它僅僅從大腦或者大腦的一個最小的部分，行使被稱為「本體感受器」的那一部分受到刺激。每當那一部分以同樣方式接受刺激時，就使靈魂感覺到同樣的東西，雖然這時候肉體也許並沒有受到原來那種能夠使「本體感受器」產生刺激的對象的影響，這樣經驗就會犯錯了。

再次，物體的任何一個部分不能被其他哪怕隔開微小距離的部分推動，整個物體之間也是一樣。舉例來說，在一條完全抻開的繩子甲、乙、丙、丁四個部分上，如果抻動末一部分丁，那麼第一部分甲就動起來，它動的方式和抻動中間的乙部分或者丙部分情況是一樣的。同理，當我覺得腳上疼痛的時候，物理學告訴我，這個感覺是透過分布在腳上的神經傳來的，這些神經就像繩子一樣從腳上一直通到大腦裡，當它們在腳上被抻動

的時候，同時也抽動了大腦裡邊這些神經的起點和終點，並且在那裡刺激起來為了使精神感覺疼痛而制定的某一種運動，就好像疼痛是在腳上。可是因為這些神經要從腳上通到大腦裡，就一定經過腿部、臀部、腰部、背部和頸部，所以也有這樣的可能，即雖然它們在腳上的末端並沒有被抽動，而僅僅抽動它們經過腰或頸的某些部分，也會在大腦裡刺激起一些和腳上受傷所接收到同樣的運動，然後精神也必將覺得腳上疼痛，就好像腳上受了傷似的。我們的其他感官的各種知覺，情況也應該是這樣的。最後，既然在精神直接接受印象的那部分大腦裡發揮作用的那些運動中，每一個只能引起某一種感覺，那麼我們只能希望這個運動和它引起的感覺之間別犯錯誤，使精神感到最正確、對於維持人體健康最通常有用的那些感覺。經驗使我們了解到，本能給我們的感覺裡邊表現出來的無非都是上帝的能力和善意。

例如，當腳上的精神比平時更強烈地動起來的時候，這些精神的運動經過脊椎一直到大腦，在大腦那裡給精神一種印象使它感覺到什麼東西，比如腳上疼痛，精神從疼痛上就知道了並且運動起來，盡可能地趨利避害，然後把這個原因做成利害的觀念。

當然，上帝可以把人的本性建立成另外的樣子，即同樣是這個運動，它在大腦裡使精神感覺到完全不同的東西。舉例來說，這個運動使它自己感覺到它自己身體某個部位在痛，也許它是在大腦裡，也許它是在腳上，也許在腳和大腦之間的別的什麼地方，不管它是什麼別的東西，所有這些都比不上人現在的精神反應能更好地保護肉體。

同理，當我們需要喝水的時候，喉嚨裡就發乾，就是精神的運動，用精神運動大腦裡面的一些部分，這個運動使精神有渴的感覺。在這個機制上，讓我們感到需要喝水，從而來保存我們的健康。其他情況也一樣。

當然，儘管有上帝的至善本質，就人是由靈魂和肉體組合而成的來說，有時也是會犯錯誤的。

如果有什麼原因不是在腳上，而是從腳一直到大腦抻起來的精神的某一個部分上，或者甚至在大腦裡，刺激起來通常和腳不舒服時所刺激起來的運動是同樣的，那麼人們將感覺到疼痛，就和疼痛是在腳上一模一樣，感官就本能地要受騙了。因為既然在大腦裡的一個同樣運動只能在精神裡引起一個同樣的感覺，而這個感覺是腳受傷了的一個原因所刺激，比在別處的原因所刺激的機率多得多，那麼這個運動把腳疼痛而不是什麼別的部分疼痛帶給精神，這樣說是更合理的。而且喉嚨發乾不是像平常那樣總是由於喝水對於身體的健康是必要的原因，有時由於什麼完全相反的原因，就像患水腫病人所遭遇的那種情況。即使是喉嚨發乾在這地方騙人，也總比相反地當身體真的不舒服而喉嚨沒有發乾的欺騙要好得多。其他情況也一樣。這個思考不僅在了解到我的本能可能犯錯上對我有好處，同時在避免錯誤以及改正錯誤上對我也有好處。因為知道了在關於身體的合適或不合適的東西時，我的各個感官告訴我的多半是真的而不是假的，它們差不多總是用它們之中幾個來檢查同一的東西以便為我服務。此外，它們還能利用我的記憶把當前的一些認知連接到過去的一些認知上去，同時還能利用我的理智。因為我的理智已經發現了各種錯誤的原因，那麼從今以後我就不必害怕我的感官最經常告訴我的那些東西是假的了。我應該把我這幾天的一切懷疑都拋棄，把它們都當作是言過其實、荒謬絕倫的東西，特別是把關於我過去不能把醒和夢分別開來的那種非常普遍的、不肯定的態度拋棄。因為我現在看出一種非常顯著的區別，我們的記憶絕不能像它習慣於把我們醒著時所遇到的那些事情連接起來那樣，把我們的各種夢互相連接起來，把它們跟我們生活的連續性連接起來。假如有人在我醒著時突然出現在我面前又突然不見了，就像我在睡著時

所見到的畫面那樣，使我看不出他是從什麼地方來的，也看不出他是到什麼地方去了，那麼我就把他看成是在我大腦裡形成的一個怪影或者一個幽靈，和我在睡著時在大腦裡形成的那些怪影或者幽靈一樣，而不會把他看成是一個真人。當我知覺到一些東西，我清清楚楚地了解到它們是從什麼地方來的，它們住在什麼地方，它們出現在我面前的時間，並且我能把我對它們產生的感覺毫無間斷地跟我生活的其餘部分連接起來，那麼我就完全可以肯定我是在醒著的時候，而不是夢中知覺到它們。如果在喚起我所有的感官、我的記憶和我的理智去檢查這些東西之後，這些東西之中的任何一個告訴我的東西跟其餘的那些所告訴我的東西是一致的，那麼我就絕不應該懷疑這些東西的真實性。因為從上帝不是騙子這件事得出來的必然結果是，我在這上面沒有受騙。

但是，有時由於事情的緊迫性經常迫使我們在我們有時間加以非常仔細地檢查之前去決定，那麼就必須承認人生是有可能經常在那些個別的事情上犯錯誤的，也必須承認我們的本質存在著缺陷和弱點。

【評論】

笛卡兒的第六個沉思有兩大任務：

第一個任務是把數學和邏輯的研究方法向物理學延伸，其實本質上也是向整個理學延伸，而且他的確做到了。他已經成功地把純粹抽象的數理邏輯，拓展到了物質性領域，即物質世界，從而也進一步否定了感官對於物質世界認知的可靠性，今天的人們肯定也更傾向於科學界對於物質世界的結論，但是在笛卡兒生活的時代，歸納法還是更普遍被使用的科學研究方法，而演繹法也主要用來證實，而不是用來證偽。典型的演繹法邏輯，比如「因為一個籬笆三個樁，所以籬笆是有三個樁的東西」這顯然是錯誤

的，因為當然還有四、五、六個樁的籬笆；反過來，如果證偽就應該是這樣的：「有人說看見一個兩個樁的籬笆，因為一個籬笆三個樁，所以他看到的不可能是籬笆」。

第二個任務是論證靈魂不滅。我們看看笛卡兒的邏輯推論：第一，本書中靈魂等於理性、理智。第二，把一切物體都認知為是可分的，而人的靈魂只能被認知為是不可分的，因此物體和靈魂在性質上不同，甚至相反。第三，從人的肉體腐爛不能推匯出靈魂的滅亡。第四，一般地，因為上帝而存在的東西，如果不是上帝要把它消滅，它就永遠不能停止存在。第五，肉體很容易死亡，但是從本質來說，靈魂是不滅的。

我注意到，關於第五點僅僅在開篇「六個沉思」的內容提要中出現過一次，在第六個沉思中沒有出現。但是從通篇來看，我認為關於推論的第五點準確的意思應該是：肉體很容易死亡，但是從本質來說，如果上帝沒有讓靈魂滅亡，靈魂就是不滅的。或者說笛卡兒的真實意思是：當肉身死亡以後，上帝的心思我不知道，所以靈魂有可能不滅。如果我們在仔細回顧全文的邏輯就會得出更加清晰的判斷：第一，笛卡兒的上帝是理性邏輯的真理，類似數理邏輯的公理。第二，如果真理（公理）是當下的普遍共識，那麼唯一確定存在的就是從真理（公理）嚴謹推匯出的靈魂（定理）是不滅的，如果公理不滅則定理不倒。

可見，在笛卡兒論證過程中，他使用了偷換概念的方法，把一般意義上理解的靈魂只保留了理性的部分，在本文中靈魂的範疇嚴格地等於人類的理性意識。因此，它們只是人類全部意識活動中的一小部分，純粹的理性邏輯有意識部分。這樣一來，想論證靈魂能滅恐怕都難。但是恐怕神學家會揪住這個問題窮追猛打，所以我們更應該期待看看在後面的答辯中，笛卡兒是怎麼包裝掩飾、暗渡陳倉的。

第十二章
對第六個沉思的反駁與答辯

第一節　第一組反駁與答辯

【反駁】

關於靈魂和肉體的實在區別，我再簡單說幾句。因為我承認這位偉大的人物對我如此地厭煩，使我差不多不能再多說什麼了。如果在靈魂和肉體之間有一種分別，那麼似乎是要從這兩個東西能被清楚地、彼此分開地去理解來證明它。關於這一點，我把這位學識過人的人物來與司各脫[10]交鋒。（刪減對於司各脫的引用）

【答辯】

形式和狀態的分別沒有什麼不同，它只能適用於一些不完整的東西，我曾仔細地把這些東西與那些完整的東西加以區別。形式的分別足以使一個東西被理智理解為與另一個東西有分別，使我們理解其中的每一個都是一個完整的東西。為了這樣做，就需要一個實在的分別。舉例來說，在同一個物體的運動和形狀之間，有一個形式的分別，並且我很可以去理解運動而不去理解形狀，去理解形狀而不去理解運動，去理解運動和形狀而不去特別想到運動著的和有形狀的物體。可是我卻不能完整地、完滿地理解運動而不理解這個運動所依附的物體，也不能完整地、完滿地理解形狀而不理解這個形狀所依附的物體，最後也不能設想運動是一個其中沒有形狀

---

[10]　鄧斯·司各脫（Duns Scotus），中世紀盛期英國哲學家、教育家。方濟各派教團教士，被稱為「靈巧博士」。遵循新柏拉圖主義和奧古斯丁路線，強調神學理論不可能由理性加以演繹：理性功能應表現於現象界、個體及經驗中，只依理性無法理解神性；神的終極性表現於意志上，而意志的最高象徵就是愛。重視自然科學，尤其是數學和光學研究。熱衷於辯論，是一名典型的教父（Schoalman）。

的東西，或者形狀在一個不能運動的東西裡。

　　同樣道理，我不能理解沒有正義者的正義，或者沒有愛德者的愛德，而且我們不能設想有正義的人本身不能同時是有愛德的。可是，在我僅僅想到物體是一個有廣延的、有形狀的、可動的東西時，我完整地理解什麼是物體。也就是說，我把物體本身理解為一個完整的東西。儘管我否認在物體裡有屬於意識本質的一切東西，我也理解理智是一個完整的東西，儘管我不同意在它裡邊有任何包含在物體觀念的東西。如果在物質和理智之間沒有一種實在的分別，這是絕對做不到的。

【評論】

　　笛卡兒在這裡的答辯很簡單：你的類比不成立。需要說明的是，在笛卡兒的時代，這種類比演繹法在邏輯中經常被使用，大家想像就能理解，這種類比法往往適合在讓深奧、複雜的學術的問題便於大眾理解時使用，而對於嚴謹的邏輯推導並不適用。後者是科學，而前者更適用於啟示或傳播。

　　因此，笛卡兒明確地表示人和物體不可類比，物體的屬性可以獨立存在，而人的兩種屬性是否能夠獨立存在，他不知道，也不想回答。

第二節　第二組反駁與答辯

【反駁】

　　第七點，我們在你的《沉思錄》裡找不到一個字是關於人的靈魂是不死的，然而靈魂不死是你應該主要加以證明的，並且應該對它做一個非常

準確的論證來使那些靈魂不配不死的人們感到狼狽，因為他們否認靈魂不死，也許憎惡靈魂不死。此外，我們還擔心你還沒有足夠地證明人的靈魂和肉體之間的區別，就像我們已經在我們第一個意見裡所指出的那樣。我們在第一個意見上還要補充一點：從靈魂與肉體的這個區別上似乎不能得出靈魂是不可毀滅的或不死的這個結論來。誰知道靈魂的本性是不是按照肉體性生命的長短而受到限制呢？而且上帝是不是曾經衡量了它的力量和它的存在性使它和肉體一起完結呢？

先生，就是這些東西，我們希望你給予更多的闡明，以便我們的評價為非常精細、非常真實的《沉思錄》帶來好處。在你把問題解決完了之後，我們建議你首先提出幾個定義、要求和定理，再按照你非常嫻熟的幾何學的方法對這一切加以結論，以便給出讀者一眼就能夠明白的東西。[11]用你這種對上帝的認識來充實他們的靈魂，那會是一件非常有益的事情。

【答辯】

你們在第一點問我如何論證物體沒有意識。如果我回答說我還沒有談到這個問題，就請你們諒解我，因為我只有等到第六個沉思才開始談到這個問題。我是用這幾句話談到的：我能夠清楚、分明地理解一個東西而不牽涉一個別的東西，就足以確定這一個東西和那一個東西有分別或不同等等。接下來又談道：雖然我有一個肉體，我和它非常緊密地融合在一起，但是一方面我對我自己有一個清楚、分明的觀念，即我只是一個有意識的東西而沒有廣延；另一方面，我對於肉體有一個清楚、分明的觀念，即它只是一個有廣延的東西而沒有意識。可以肯定的是，這個我，也就是我的

---

[11]　詳見第十章第二節。

靈魂，即我之所以成為我的那個東西，是完全跟我的肉體有分別的，它可以沒有肉體而存在。可以再加上一句：凡是有意識的都有可能是靈魂或者精神。由於物體和意識是實際上有分別的，那麼任何物體都不是意識，所以任何物體都沒有意識。在這上面我看不出有什麼是你們可以否認的。你們能否認我們清楚理解一個東西而不牽涉另外一個東西就足以知道它們實際上是有分別的嗎？你們如果能夠給得出任何一個別的依據，就把實在分別的更可靠的標記給我們吧。你們說那些實際有分別的東西，它們之中的任何一個都不需要另一個就能夠存在嗎？我再問你們，你們從哪裡知道的一個東西可以不需要另一個而存在？為了替這個分別作標記，它就必須先認識它。也許你們會說：感官使你們知道，因為你們看見一個東西沒有看見另一個東西，或者你們摸到了它等等。可是對感官的信任比對理智的信任更不可靠。同樣的東西有可能用不同的方式向我們的感官表現為各種不同的形式，或者在幾個地方表現為不同的樣子，這樣它就被當作是兩個了。最後，如果你們還記得我在第二個沉思末尾關於蜂蠟所說的話，你們就會知道物體本身不能真正地被感官認識，而只能被理智認識。感覺一個東西而不牽涉另一個東西無非是認識一個東西的觀念，即這個觀念和另外一個東西的觀念是不同的。只有由一東西不牽涉另一個東西被理解才能被認識，而如果人們沒有這兩個東西的清楚、分明的觀念，它們就不能被肯定地認識。這樣一來，實在的分別的標記就應該被還原到我的標記上才能夠靠得住。

如果有人否認他們具有意識和物體的清楚的觀念，那麼我只好請他們把包含在我的第二個沉思裡的東西足夠仔細地思考一下。他們認為大腦的各部分有助於靈魂去形成我們的意識，這個意見沒有任何正當的理由，這種意見不過是由於他們從未體驗過脫離肉體的理智。他們經常被他們的肉

體拖累，這就好比有人自從童年起腳上就戴上鐵鐐，他會認為鐵鐐是他的身體的一個部分，走路沒有它就不行。

【評論】

這次，笛卡兒也懶得糾纏了，對於反駁者提出的兩個問題，笛卡兒的答辯簡單明瞭：你們沒有真正地脫離肉體束縛的理智。在前言和導引中我們已經評價過，像笛卡兒這樣的大師，他撰寫本書的目的是為了挑戰一切傳統的舊勢力，對於「物質有沒有意識」的問題他已經論證得很完整了，對於「靈魂不死」的問題，他的結論是，從一個純粹邏輯理智來說，靈魂是不滅的。

第三節　第三組反駁與答辯

【第十五個反駁關於第六個沉思論物質性東西的存在】

笛卡兒說：「既然上帝沒有給我任何功能來理解上帝由他自己或者透過比物體更高貴的什麼造物體的觀念送給我，相反的，他給了我一個極大的傾向性使我相信它們是物體性的東西，或者是來自物體性的東西，那麼如果事實上它們的觀念不是來自物體性的東西，而是來自別的原因，我就看不出怎麼能知道這不是一個騙局。因此，必須承認有物體性的東西存在。」

大家一致認為醫師為了病人的健康而騙病人，父親為了孩子好而騙孩子，都沒有過錯。欺騙的壞處不在於假話，而在於騙人的人的動機。因

此，笛卡兒先生要注意，上帝絕不能欺騙我們這個命題普遍地來說是不是真的。如果普遍地來說它不是真的，那麼因此有物體性的東西存在這個結論就不對。

【答辯】

為了證明這個結論是對的，用不著說我們絕不能受騙，因為我承認我們經常受騙。不過，我們看不出我的錯誤是來自上帝的意願。因此，上帝不會欺騙我。

【第十六個反駁】

笛卡兒說：「因為我現在了解到醒與夢之間有一種非常大的區別，這個區別在於我們的記憶絕不能像它習慣於把我們醒著時所遇到的那些事情連接起來那樣，把我們的各種夢互相連接起來，把它們跟我們生活的連續性聯結起來。」

我請問：一個人，當他夢見他懷疑他是不是在做夢時，不能夢見他的夢與一長串過去的事物的觀念連接起來，這是不是真的？如果他能，那麼對於屬於那個睡覺的人的過去生活的一些行動的事情就能夠當作是真的，和他醒來時一樣。再說，正像他自己所說的那樣，因為科學的全部可靠性和全部真實性僅僅取決於對真實的上帝的認識。否則，一個無神論者不能了解到他之所以是醒著是由於他過去生活的記憶，一個人用不著認識真實的上帝，就能知道他是醒著的。

【答辯】

睡著和做夢的人不能把他的夢完滿地、真實地與過去的事物的觀念聯結起來，儘管他夢想把它們聯結起來。因為誰能否認睡著的人不能弄錯？可是以後，當他醒來時，他就很容易認識他的錯誤。

一個無神論者不能了解到他之所以是醒著是由於他過去生活的記憶，可是，如果他不知道他是上帝創造的，上帝不能是騙子，那麼他就不能知道這個標記足夠使他確信他沒有弄錯。

【評論】

到這裡，我認為笛卡兒已經把第二組反駁中關於醒著與夢境的懷疑徹底碾碎了，我們僅僅引用笛卡兒答辯的原文就足夠了：「一個無神論者不能了解到他之所以是醒著是由於他過去生活的記憶。可是，如果他不知道他是上帝創造的，上帝不能是騙子，那麼他就不能知道這個標記足夠使他確信他沒有弄錯。」

第四節　第四組反駁與答辯

【反駁】

你說：「凡是我清楚、分明地理解的東西而不涉及別的東西，就足以確定一個東西是和那一個東西有分別的，因為它們可以被分開。一方面，我只是一個有意識的東西而沒有廣延；另一方面，我的肉體是有一個有廣

延的東西而沒有意識。所以，這個我，靈魂的我，是完全、真正跟我的肉體的我不同的。所以，即使肉體不存在，靈魂也未必死亡。」

首先，為了使這個論據的普遍邏輯成立，不應該理解為一切種類的認識，也不應該理解為一切清楚、分明的認識，而應該理解為完整的認識。笛卡兒先生自己在他的對第一組反駁的答辯中承認：不需要本質的分別，只需要形式的分別就夠了，以便用一種抽象的方式來使一個東西得以被清楚地跟另外一個東西分開理解，而這種抽象方式只能對東西部分地理解，而且理解得不完整。

當你把你自己理解為一個有意識的東西而沒有廣延；同時把你自己理解為一個有廣延的東西而沒有意識，這時你自己的觀念不是完整的。必須看一看在你以前說過的話裡是怎麼證明的，我並不認為這是一件非常明白而不需要證明的事情。你想到物體是一個有廣延、有形狀、可動的東西時，你完整地理解什麼是物體，你可以否認它有屬於意識的本質。但如果意識是物體性的，你就不能否認物體有屬於意識的本質。這樣一來，物體與意識的關係就像屬與種的關係。邏輯上，種被否認了，屬並沒有被否認；反之，有屬的地方，不一定有種。就像不用理解圓形任何一個具體的點，也可以理解圓的整體形狀。同理，要證明你把你理解為有意識的東西而沒有廣延，你還要證明不用理解肉體，意識就可以完整地被理解。我好像在他整個著作中沒有找到任何論據。你能得出的結論是：我可以不用對物體的認識而獲得對我自己的意識。你還需要證明這個認識是完整的。

舉例來說：假定有人知道半圓上的圓周角是直角的，從而用這個角和圓的直徑做成的三角形是直角三角形，但否認由直角三角形的斜邊做成的正方形面積等於由兩條直角邊做成的兩個正方形面積之和。笛卡兒先生會說，我清楚、分明地理解這個三角形是直角三角形，但是我懷疑由它的斜

邊做成的正方形面積等於由它的兩條直角邊做成的兩個正方形面積之和。因此，由直角三角形的斜邊做成的正方形面積等於由兩個直角邊做成的兩個正方形面積之和，是不屬於這個三角形的本質的。雖然我否認由它的斜邊做成正方形面積等於由兩個直角邊做成的兩個正方形面積之和，不過我確實知道它是直角的，而且這個三角形的一個角是直角這件事在我的心中一直是清清楚楚的，就是上帝自己都不能使它不是直角三角形。

我甚至可以否認一直存在於我心中的這個觀念並不屬於它的本質。由於我知道凡是我清楚、分明地理解的東西，都能像我理解的那樣由上帝產生，所以只要我能夠清楚、分明地理解一個東西而用不著一個別的東西，就足以確定這一個東西和那一個東西有分別的。可是我清楚、分明地理解這個三角形是直角三角形，用不著我知道由它的斜邊做成的正方形等於由它的兩直角邊做成的兩個正方形之和。因此，有可能是由三角形的斜邊做成的正方形不等於由它的兩直角邊做成的兩個正方形之和。我看不出在這裡能夠回答什麼，除非是這個回答的人不是清楚、分明地理解直角三角形的性質。可是我怎麼知道我了解我的意識的性質比他了解這個三角形的性質了解得更好呢？他確知半圓的圓周三角形有一個直角，和我之確知我有意識所以我存在是同樣的。

所以，跟那個認為「這個三角形的斜邊上做成的正方形等於兩直角邊上做成的兩個正方形之和並不是這個三角形的本質」這件事上弄錯的人完全一樣，我認為，他在「除了我是一個有意識的東西以外，沒有什麼別的東西是屬於我的本性」這件事上弄錯了。因為也許我是一個有廣延的東西這也是屬於我的本質的吧？也許他會說，當我從我意識得出我存在這一結論時，我從這一點上做成我自己的觀念僅僅向我的意識表現為一個有意識的東西。我看不出從這個觀念裡可以引發任何論據來證明，除了在這個觀

念裡包含的東西以外就沒有什麼別的東西屬於我的本質。

如果你回答說肉體並不是絕對地從我的本質排除出去，而僅僅是在就我是一個有意識的東西而言的時候它才能被排除出去，那麼就我是一個在意識著的東西而言，「我自己」的觀念並不是什麼被完整的觀念，不過是一個被理解得不完滿，並且帶有某種想像的存在體的觀念。

就像幾何學家把線理解為沒有寬的長，把面理解為沒有高的長和寬，儘管不存在沒有寬的長，也不存在沒有高的長和寬。由此，這個東西可以由意識的能力而被理解為一個有意識的東西，雖然事實上肉體的特點和性質對於凡是有意識功能的東西都合適。這和大小可以被理解為單獨具有長一樣，雖然事實上沒有大小不是具有長、寬、高的。這種意識的能力似乎是和肉體器官結合在一起的，這就是那些不信教的和屠殺靈魂的人所主要反對我們的原因。

以上就是我關於靈魂和肉體的實在分別要說的話。不過，既然笛卡兒先生從事於論證靈魂不死，我想問問：從靈魂與肉體的實在分別怎麼很容易結論出靈魂不死呢？

關於動物的靈魂，他在別的一些地方已經講得很清楚，他的意見是動物沒有靈魂，牠只有一個以某種方式配備的、以許多不同的器官組成的肉體。我們在這些器官上所看到的一切活動都是在肉體中，並且由肉體做成的，這需要非常有力的理由來支持和證明。沒有任何靈魂的主宰，動物的一些行為是難以置信的。比如在一隻羊的眼裡反映出一隻狼的身體，光鼓動著牠的小小的視神經，一直達到大腦，牠的靈魂以這種方式被擴展到牠的精神，足以使這隻小羊逃跑。當然，我非常贊成笛卡兒先生認為感覺、想像等是有區別的。理性所理解的東西比肉體感官使我們知覺到的東西更

可靠得多，這也是我一向的觀點。

有一個我過去忘記的事情，我現在提出來，就他是一個有意識的東西而言，不管什麼東西，如果對於這個東西他沒有認識，這個東西就不能存在於他裡邊。這個命題我認為是錯誤的，而笛卡兒先生認為是正確的。因為在他裡邊，一個有意識的東西，在他裡邊的「他」，就靈魂之有別於肉體而言，除了指他的靈魂，不指別的東西。但是，有誰看不出來，在靈魂裡能夠有很多東西，而靈魂本身對這些東西毫無認識。舉例來說：一個在母親的肚子裡的小孩子的靈魂當然是有意識的，可是他對它沒有認識。類似這些東西還有很多，我就不講了。

【答辯】

為了認識兩個東西之間的實在分別，用不著我們對這兩個東西的認識非得是全部的、完整的，除非我們已經知道我們對這兩個東西的認識是全部的、完整的。我們永遠不能知道我們的認識是不是全部的、完整的，因此這樣的要求是不必要的。因此，在我說用一種把事物理解得很不完整的理智抽象作用來理解一個東西而不牽涉另外一個東西，這是不夠的時候，我並沒說為了建立一個實在的分別，就需要這樣的一種全部的、完整的認識，而僅僅是說需要我們透過我們理智的抽象功能和理智，不把它認知成不完整的。

完整的認識和完整到一定程度的認識是不同的。完整的認識如果上帝本身不向他啟示，任何人都做不到；完整到某種程度的認識，我們卻知道它沒有被我們理性的任何一種抽象作用弄得不完整。當我們理解一個東西時，我並沒有想說我們理解的是完整的，我不過是想說我們應該足夠理解

這個東西，以便知道它是完整的。前面我曾經把不完整的東西和完整的東西加以分別：每一個這樣有實在分別的東西有必要被理解為一個由自己而存在並且和其他一切東西有別的東西。

因此，我理解肉體是什麼，我也理解靈魂是一個完整的東西。完整地理解一個東西和理解一個完整的東西這兩種說法是一個意思。你當然可以問：一個完整的東西指的是什麼？我怎麼證明只要把兩個東西理解為兩個完整的東西，彼此不牽涉，那麼兩個東西就是有實在分別？

對於第一個問題，我的回答是：一個完整的東西，我僅僅指的是一個帶有各種形式或屬性的實體，這些形式或屬性足以使我認識它是一個實體。我們不能直接由實體本身來認識實體，只能從我們對某些形式或屬性的認識上理解實體，這些形式或屬性應該依附於什麼東西而存在，我們就把它們所依附的這個東西叫做實體。如果我們想要把這些屬性從這個實體中拿掉，我們就把關於實體的全部認識破壞了。這樣一來，我們就很難清楚、分明地理解它是否是實體了。

我當然知道有一些通俗觀念上被稱為不完整的實體。可是，假如這樣稱呼它們是因為它們本身如果沒有別的支持就不能單獨存在，我認為在這一點上，把它們稱為實體是有矛盾的。一些東西是由於它們自己而存在的，同時因為不完整，所以這些東西不能由於它們自己而存在。某種意義上，我們可以把它們稱為不完全的實體，這不是由於它們作為實體來說有什麼不完全的東西，而是由於在它們和另一個什麼實體有關係，它們和那個實體組合成一個完整的東西，這個完整的東西由於自己而存在，與其他任何東西有別。這樣一來，一隻手是一個不完全的實體，假如你把它關係到全身來看的話，它是全身的一部分，可是如果你單獨地來看它，它就是一個完全的實體。同樣，靈魂和肉體如果把它們關係到由它們組成的人來

看，它們是不完全的實體，但是如果把它們分別來看，它們就是完全的實體。

因為有廣延的、可分的、有形狀的等，都是一些形式或屬性，透過它們，我認識了人們稱為肉體的這個實體；同樣，有理性的、願意的、懷疑的等，都是一些形式或屬性，透過它們我認識了人們稱為理智的這個實體。我理解有理智的實體是一個完整的東西，並不比理解有廣延的實體是一個完全的東西差。

阿爾諾先生認為，肉體與靈魂的關係就如同「屬」與「種」的關係，在任何情況下都不能這麼說。雖然「屬」可以不用「種」就可以被我們理解，可是「種」在任何情況下都不能離開「屬」而被我們理解。但是我們可以清楚地說，我們理解靈魂作為一個完全的東西所需要的條件都具備，用不著在理解靈魂裡面是否包含其他的形式的實體。我們也把肉體清楚地理解為一個完全的東西，用不著理解它是屬於靈魂的東西。

阿爾諾先生進一步說：「我可以對我自己不用物體的觀念而獲得觀念，雖然不能說這個觀念是完全的、全部的，但我可以確知當我從我的本質排除物體時沒有弄錯。假定有人知道半圓上的圓周角是直角的，從而用這個角和圓的直徑做成的三角形是直角三角形，但否認由直角三角形的斜邊做成的正方形面積等於由兩條直角邊做成的兩個正方形面積之和。笛卡兒先生會說，我清楚、分明地理解這個三角形是直角三角形，但是我懷疑由它的斜邊做成的正方形面積等於由它的兩條直角邊做成的兩個正方形面積之和。因此，由直角三角形的斜邊做成的正方形面積等於由兩個直角邊做成的兩個正方形面積之和是不屬於這個三角形的本質的。」

第一，一個直角三角形有三個角，我們可以把它理解為一個性質，這

個性質的形狀是三角的；有著斜邊上的正方形面積等於兩個直角邊上的正方形面積之和也是一個性質，有這兩個性質的任何一個都不能被理解為一個完全的實體。靈魂和肉體也是這樣，它們各自都具有一些功能，但是任何一個的功能都不能被理解為實體。只不過我特別想在實體組成實體的這些功能上找出分別。

第二，雖然我們能夠清楚、明白地理解內接於半圓的三角形是直角三角形，用不著知道到它的斜邊上的正方形面積等於兩個直角邊上的正方形的面積之和。可是我們不能這樣清楚地理解一個三角形的斜邊上的正方形面積等於兩個直角邊上的正方形的面積之和，卻不同時知道這個三角形是直角的。但我們用不著肉體就清楚、分明地理解靈魂。反過來也一樣，我們用不著靈魂就可以清楚、分明地理解肉體。

第三，雖然內接於半圓的三角形的概念可以不包含斜邊上的正方形的面積等於兩個直角邊上的正方形的面積之和，可是我們不能認為在斜邊上的正方形的面積和兩個直角邊上的正方形面積之間，沒有一個比例關係是屬於這個三角形的本質的。

所以，當我不知道這個比例關係是什麼的時候，除了我們清楚地知道的這個比例關係屬於它，我們不能否認任何一個別的比例關係，不過，它們確實相等。不過，在肉體的觀念裡邊不包含任何屬於靈魂的東西；反過來，在靈魂的觀念裡邊也不包含任何屬於肉體的東西。

雖然我說過，我用不著一個別的東西就能夠清楚、分明理解一個有意識的東西就足夠了。但你不能因此就做出一個推理：我不確定一個三角形的斜邊上的正方形的面積等於兩直角邊上的正方形的面積之和，可我清楚、分明地知道這個三角形是直角三角形是錯誤的。

　　第一，斜邊上的正方形的面積和兩直角邊上的正方形面積之間的相等比例關係僅僅是一種等比關係。第二，這個相等的比例關係只有在直角三角形中我們才能清清楚楚地理解。第三，如果我們承認在一個三角形的斜邊上的正方形的面積和它的兩直角邊上的正方形面積之間的比例關係，我們就不能清清楚楚地理解這個直角三角形。

　　現在必須談第二個問題。我用不著另外一個實體，就清楚、分明地理解另一個實體，就確知它們是彼此互相獨立的。實體的觀念是這樣的：它是不用任何一個別的實體而存在。從來沒有任何人用不同的觀念去理解兩個實體而不懷疑它們是實際上有分別的。假如我沒有找到比這個可靠性更大的可靠性，我僅靠第二個沉思就可以證明：即使靈魂不依靠任何屬於肉體的東西，它也是可以持續存在的。同樣，即使肉體不依靠任何屬於靈魂的東西，它也是可以持續存在的。我們通常理解東西都像它們表現給我們的觀念，那麼我就用不著多說什麼來證明靈魂是有別於肉體的。

　　在我的第一個沉思裡提出來的那些懷疑裡，有一個是這樣的：只要我假定我不認識上帝，我就不能確知這些東西事實上就是像我們所理解的那樣真是。我在第三個、第四個和第五個沉思裡所說的關於上帝和真理，都對靈魂和肉體有實在分別的這個結論。這個結論我在第六個沉思裡才終於得到。

　　阿爾諾先生說：「關於內接於半圓中的三角形的性質，我理解得很清楚，用不著我知道它的斜邊上的正方形面積等於兩個直角邊上正方形面積之和。」沒錯，我們可以理解這個三角形，用不著想到它的斜邊上的正方形和它的兩直角邊上的關於正方形的比例關係，但我們不能認為這個比例關係可以被否定這個比例關係屬於這個三角形的性質。靈魂的觀念不同，我用不著肉體就理解它存在，而且我們可以否定任何屬於肉體的東西屬於

靈魂。這就是靈魂的實體與肉體實體之間的獨立性本質。

　　阿爾諾先生說：「當我從我的意識得出我存在這一結論時，我做成我自己的觀念，一個有意識著的東西。」同樣，當我檢查肉體的本質時，我在裡邊找不出任何東西有意識。我認為，為了指出一個東西實際上和另外一個東西有分別，除了由於上帝的全能使這一個東西與另外一個分開以外，沒有其他的原因。我認為我已經足夠仔細地證明：人不過是一個使用肉體的靈魂，這就是在第六個沉思裡我談到靈魂和肉體的分別。我也指出了靈魂是與肉體融合在一起的。就如同說透過一個人的胳臂，與身體的其餘部分實際上有分別的實體，這個人並不因此就否認它屬於人的全部本質，從而得出結論：這隻胳臂不屬於人的本質，所以它不能由它自己而持續存在。我已經不需要在靈魂可以不用肉體而存在，以及靈魂和肉體是實質上融合在一起的上再多說什麼了。這種實質的融合並不妨礙我們對於獨立的靈魂有一個清楚、分明的觀念，認為它是一個完全的東西。靈魂的觀念跟面積和線的觀念不同，因為如果在長和寬之外不替它們加上高的話，面積和線的觀念就不能被理解為體積。

　　靈魂在小孩子身上是處於模糊的狀態，在瘋子身上也是混亂的。意識功能結合肉體的器官到如此的程度，以至意識不能沒有肉體的器官而存在。因此我肯定，我們每天所體驗的靈魂和肉體的這種緊密連結是使我們如果不經過深入的沉思，就不容易發現它們彼此之間的實在分別。那些在理智裡經常思考我的第二個沉思的人，將會很容易地相信靈魂與肉體的分別不是單純由於一種虛構或者理智的抽象，而是由於它被理解為一種與肉體有別的東西。

　　我不想回答阿爾諾先生關於靈魂不死的疑問，因為他的話和我說的話是一致的。關於動物意識，我已經在《談談方法》的第五部分說過了。值

得注意的是：人和動物的身體裡，如果沒有能使牠們運動起來的原因，那麼運動是不可能發生的。在人的靈魂裡邊，直接使肢體運動的不是靈魂，而僅僅是靈魂能夠規定我們稱為「動物精神」的稀薄液體的流動。這種液體不斷地從心臟流經大腦而到肌肉裡，它們是我們肢體的運動的原因。它們經常可以引起許多不同的運動。靈魂並不屬於動物精神，在我們人類所做的運動中，有許多不取決於靈魂，如心臟的跳動，食物的消化等等。至於從高處掉下來的人首先用手保護住頭部，這也並非他們的靈魂告訴他去做這個動作的。這種動作不取決於他們的靈魂，僅僅是取決於他們的感官。當這些感官感覺到危險時，在大腦上引起一種刺激，這種刺激導致動物精神的反射，用不著靈魂去干預。

如果從狼的身影反映到羊的眼睛裡，就會引起羊逃跑的動作，這沒什麼可奇怪。我做一些比較，指出動物的運動與我們人類用非理智完成的運動是相似的，我在《談談方法》一書的第五部分解釋過了。因此，我認為動物的運動和人類的非理性運動差不多。

因此，我們得出這樣的結論：我們在自己裡找不到任何別的運動的原因，只是因為支配器官的精神不斷的流動。這種精神的流動是心臟產生的，心臟的熱血融化了精神，讓它流遍全身。以前我沒有意識到了解到人類和動物行為的區別，僅僅是由於沒有區分兩種不同性質的運動。我看到，在僅僅取決於動物精神和感官的意識裡，我糊裡糊塗地相信了它們也在動物身體裡。那些我們年輕時形成的成見，隨年齡的增長越發頑固。儘管我們經常發現其中的問題，但是如果我們不在理智裡經常想到這兩個原則的本質差異，不習慣於排除非理性，而僅僅依靠習慣，那麼仍然不容易從我們的觀念中去掉成見。

【評論】

對於阿爾諾關於「屬」與「種」的類比，笛卡兒先生不同意，它否定了靈魂與肉體是從屬關係，論證它們的各自獨立性，而人只不過是這兩種獨立性的融合體。對於直角三角形本質的論述笛卡兒的論述很清楚，不知道是否斜邊構成正方形的面積是否等於兩個直角邊構成正方形的面積之和，但並不等於否定它是直角三角形的本質。而對於靈魂的本質，笛卡兒明確地知道肉體不是靈魂的本質，它們彼此獨立。

最後，對於動物精神論述也是點睛之筆，動物精神是人類與動物類似行為的原因，是非理性的精神，它不屬於靈魂，因為靈魂的本質是純粹理性的理智本身。

第五節　第六組反駁與答辯

【反駁】

仔細地讀了你的沉思和你對前面的反駁所做的答辯之後，我們還有幾個問題，希望你給予解答：

第一，我們存在是由於我們有意識，這個論據似乎不十分可靠。因為為了你靠得住的意識，你應該事先知道什麼是意識的性質、什麼是存在的性質。你既然對這兩件事無知，你怎麼知道你有意識或者你存在？你說你有意識，你不知道什麼是意識；你說所以你存在，你也不知道什麼是存在。因此，你必須了解到你到底在說什麼，還要知道你知道自己說過什麼，這樣以至無窮，顯然你不能知道你是不是存在，你是不是有意識。

第二，你說：我有意識，所以我存在。能不能是你弄錯了，其實你並沒有意識，你不過是被推動了，而你歸於有意識的東西不過是一個物體性的運動。你自稱已經證明了沒有什麼物體性的運動能夠合理地用有意識這一名稱來稱呼，可是至今還沒有人能懂得你的推理。你是不是認為你用你的分析法把你的精神分布到運動，並且相信精神被分布在這些物體性運動之中？

第三，有些教會的神父和柏拉圖一樣，認為天使是物體性的，從而拉特朗會議定義天使是可以畫的，認為他們有和理性的靈魂同樣的意識。有些神父認為這種靈魂是從父親傳到兒子的，他們都說天使有靈魂。我們相信，他們的意見是意識是能夠用物體性的運動推動的，或者天使本身不過是物體性的運動，這種運動與意識是分不開的。這由猴子、狗以及其他動物的精神也可以證明。狗在睡覺時叫，就好像牠們是在追兔子或追賊，牠們在睡著的時候知道得非常清楚牠們在跑，在做夢的時候知道得很清楚牠們在叫，我們都承認牠們與物體沒有任何分別。如果你說狗不知道牠們在跑或者有意識，除了你所說的之外，牠們是真的能做出和我們一樣的事情：當我們在跑或在有意識時，我們不知道我們在跑或者有意識。你看不見牠們裡面所具有的精神行動是什麼，牠們也看不見你的精神行動是什麼。過去有些大人物，今天也有，他們不否認動物有理性。我們絕不能相信動物的一切活動都能夠用機械運動來解釋，而不把這些活動歸於感官、靈魂、生命。相反，你把人們的任何反對意見都不予理睬，堅決認為這是荒唐的。如果猴子、狗、象，在牠們的活動上真是機械運動，那麼有些人將會說，人的一切行動也是機械運動。我們將不再承認人有意志和理智。因為如果說動物薄弱的理性和人的理性不同，那也只是量的不同，沒有本質的不同。

第四，是關於一個無神論者的。無神論者主張：當他確知從相等的東西裡減去相等的東西，剩餘的東西也一定相等，或者直角三角形的三個角之和等於二直角等，他的學識是可靠的。在他想到這些事情的時候，就不能不相信這是非常可靠的，他所堅持的東西就是真理。這些真理也和上帝存在一樣可靠。在這方面有人反駁他，使他產生一點點懷疑，你能反駁他什麼呢？上帝能騙他嗎？即使上帝使用他的能，也騙不了他。

第五，你完全否認上帝有任何欺騙行為。無論是天使還是人類，不斷被上帝刻印在他們意識裡的一種折磨著他們的火的想法所騙，他們相信一種火在燒他們，雖然事實上並沒有火，那麼上帝難道不能用同樣的辦法來騙我們嗎？你強加給我們的靈魂裡不斷地刻印上這些錯誤的、騙人的觀念，使我們認為非常清楚地看到每個感官知覺到一些東西並不存在——沒有天、沒有星辰、沒有手臂、沒有腳、沒有眼睛。如果上帝這樣做，不能責備他不公正，而且我們沒有理由抱怨他，因為作為萬物的至上主宰，他願意怎麼做就怎麼做，因為他似乎是有權這樣做。壓低人們的狂妄，懲罰他們的罪惡，或者為了其他我們不知道的理由。（以下刪除引用）

第六，意志的自由。按照你的說法，上帝使自由意志更高貴、更完滿，相反，你是把自由意志稱為無知者無畏。只要理智清楚、分明地了解必須相信的、必須做的、必須不做的事物，意志就絕不是無畏的。難道你沒有看見當上帝創造這個世界而不創造別的世界，當他什麼世界都不創造時，你用這些原則完全破壞了上帝的完滿。雖然這是由於信仰上帝曾經在創造一個世界或者很多世界，他是永恆的。因此，不能說對非常明白的認知和對這些事物的清楚的知覺，排除了自由意志，如果它與對於人的自由不符，與上帝的自由就不符。事物的本質，就像數目的本質一樣，是不可分的、常住不變的，在上帝的自由意志裡，並不比包含在人的自由意志裡的自由少。

　　第七，你說一切感覺都發生在面上或者透過面而發生。我們看不出來為什麼它不可以感覺到物體的一部分，或者是空氣的一部分，或者是水氣的一部分，甚至是這些東西任何的外表。我們還是不理解你怎麼可以說感覺沒有實在的屬性。不管意識是屬於什麼物體或實體的，都能夠被上帝的全能從它們的主體分開並且沒有主體而存在，在祭臺上的聖體中這樣的事確確實實地存在。你曾答應給我們看你那本《物理學》(*Physics*)，在我們從那裡看到你充分證明所有這些東西之前，請你別煩惱。我們很難相信那本《物理學》能夠把古人教導我們的如此明白的東西拋棄，而接受你的結論。

　　第八，你所提到的幾何學的真理或者形上學的真理，怎麼能夠是常住不變的、永恆的，而同時又是取決於上帝的呢？它們是因為什麼原因取決於上帝的呢？他怎麼能夠把三角形的性質消滅？他怎麼能使二乘四不等於八，或者一個三角形沒有三個角？這些真理要麼只取決於理智，要麼取決於事物本身的存在性或者獨立性。因為上帝似乎不可能使這些本質或真理的任何一個從來都不存在。

　　第九，你說不應該信任感官，理智的可靠性比感官大得多，我們認為這個疑問是非常重要的。理智是如何做到不從有序配合的感官獲得可靠性而自己獲得可靠性的呢？舉例來說，一根棍子插在水裡，由於折光作用而表現為折斷了，誰來改正這個錯誤？是理智嗎？不是，應該是觸覺或其他的感官。如果一旦你的一切感官合理地進行配合，而且它們總是向我們反映同樣的東西，你就把從感官獲得的、一個人的本能獲得最大的可靠性認為是可靠的吧。如果過於信任你的理智的推理，你肯定會經常弄錯，因為我們經常發現，在我們的理智認為毫無可疑之處的一些東西上我們經常犯錯。

以上這些就是我們的主要反駁。請你加上什麼可靠的原則和一些有效的標記，使我們能夠獲得靠得住的認知。在我們理解一件事物完全不依賴別的東西，真的是一個東西完全與另外一個東西不同，以至它們能夠分開存在，至少由於上帝的全能能夠把它們分開。請你告訴我們，我們怎麼才能清楚、分明、靠得住地了解我們的理智所做成的這個分別不是建構在我們的靈魂之上，而是建構在事物本身之中。當我想到上帝的廣大無垠而不想到他的正義時，或者當我們想到他的存在性而不想到聖子或聖靈時，離開三位一體的其他兩位我們就不是完滿地理解這個存在性，或者上帝本身。就像你否認物體有精神或有意識，一個不信教的人可以有很多理由否認三位一體存在的神聖性，就像有人錯誤地認為，聖子和聖靈在本質上和聖父是有分別的，或者他們可以和他分開。儘管你清楚地理解一個而用不著另一個，儘管你承認一個而否認另一個，甚至你可以承認用你的理智一個抽象作用能夠這樣做，人們也永遠不會向你讓步，認為意識或者說人類的理智是與物體有實在分別的，當然，如果你能充分地解答所有這些疑難，你就可以肯定再沒有什麼東西能夠使我們的神學家不安了。

　　下面我把另外幾個人向我提出的問題也放到這裡，因為他們的問題和我們的問題差不多，你沒有必要分開解答。

　　第一，我們怎麼能確知我們對我們的靈魂有清楚、分明的觀念？

　　第二，我們怎麼能確知這個觀念與其他的東西不一樣？

　　第三，我們怎麼能確知這個觀念本身沒有屬於物體的東西？

　　下面的來信還提出一些問題：

　　我們無論多麼細心地檢查意識的觀念本身是否包含物體性的東西，都不敢肯定意識在任何方式下都不與承載它的物體相連結。看到一些物體沒

有意識，另一些物體有意識，就像人的肉體和動物的肉體那樣，如果我們
想要得出結論說沒有任何物體有意識，這就是詭辯。假如我們首先做成這
樣的觀念，你一定有理由嘲笑我們。而你卻用這個論據來證明一個上帝以
及靈魂和物體是有實在分別的，然後你用你的分析法來檢查它。似乎是你
替自己在靈魂上蒙上了一層布，遮住了你的眼睛，使你看不見你裡邊的靈
魂的一切活動和特性都不取決於肉體的運動。請你把拴住我們的靈魂的枷
鎖解開吧，因為它阻礙我們的靈魂從肉體和物質上升出去。

　　我們在這裡找到的「枷鎖」是：我們知道二加三等於五，如果從相等
的東西裡去掉相等的東西，剩下的東西也相等。我們和你一樣，相信這些
真理以及上千個類似的真理。可是我們卻不能同樣地用你的觀念去理解人
的靈魂是和肉體在實際上有分別以及上帝存在呢。你也許會說，如果我們
不和你一起沉思，你就不能把這個真理替我們放在理智裡。可是，我們曾
經全神貫注把你的那些沉思讀過七遍以上，然而我們並沒有被說服。你也
許會說是因為我們太笨了，笨得像動物一樣，不適合研究形上學的東西，
所以不願承認你從上帝的觀念裡和理智的觀念裡得出的結論。請注意，我
們從事這些東西已經三十年了，我們認為這些沉思的價值沒那麼大，你的
學識和權威企圖盡其所能將意識超越物質，其實並沒有做到。

　　相反，假如你肯用同樣的全神貫注把你的那些沉思重新讀一遍，並且
把這些沉思假定為是一個對手提出來的，把這些沉思用同樣的辦法檢查一
遍，我們認為你會和我們承認同樣的東西。最後，你自己也承認除非由於
上帝的特別啟示，沒有人能知道肉體的能力和運動能夠達到什麼地方。如
果你不知道上帝向一個主體裡放進了或能放進什麼，你如何知道是不是上
帝把諸如意識、懷疑等這種能力和特性放進什麼物體裡呢？

　　先生，以上這些就是我們的反駁。你也可以認為是我們的成見，對於

這些成見，如果你能給予必要的方法來挽救，使我們得以頓開茅塞，能夠從你學說的種子裡結出豐碩的果實，我們將不勝感激。願上帝助佑你順遂到底！我們祈求上帝對你的虔誠給予報償，你的虔誠除了使你為上帝的光榮而獻出你的一切以外，不容許從事於任何事業。

【答辯】

（一）要是不首先知道意識的性質和存在的性質是什麼，誰就不能肯定他是否有意識、是否存在，這話說得沒錯。但意識的存在不是要深思熟慮或由論證才可以證明，也不需要意識到有意識、知道自己知道等。我們不可能有這樣先驗的知識，只有我們內部的、永遠在獲得觀念之前的意識，並且這種意識對所有人來說意識的存在是如此的真實。也許因為一些事情矇蔽了眼睛，錯誤理解了語言的意思，如果沒有意識存在，那麼否認意識存在就是不可能的。因此，當我們意識時，意識顯然就存在了。雖然我們從來沒有了解什麼是意識、什麼是存在，但是還有什麼比我知道「我是個有意識的存在」更好的起點呢？

（二）事實上我沒有意識，而僅僅是被推動，這也是絕對不可能的，因為意識的觀念和物體的觀念是完全不同的。可能是因你們太習慣於把幾個不同的性質的事物進行類比了，所以認為懷疑、肯定、有意識和被推動是一回事。我可以用兩種方式把不同觀念的東西視為一個東西，或者在性質上歸類，或者是一種組合。比如，形狀的觀念和運動的觀念並不是同一個觀念，我理解和我願意不是同一個意識的觀念，肉和骨頭不是同一個觀念，有意識和有廣延不是同一個觀念。但是，同一的實體，可以有形狀，也可以運動，因此形狀和運動都是物體性質的觀念，理智和願意都是意識

的觀念，但是骨頭和肉就不同，只能視為它們組成的為骨頭和肉的觀念，因為同一的動物有肉又有骨頭。現在的問題是要知道我們理解有意識的東西和有廣延的東西在性質上是否同類。我認為，在意識與廣延之間有著與運動和形狀之間、理智和意志之間不同的關係；雖然它們兩個都在一個人裡，但是就像骨頭和肉在同一的動物身上的組合一樣，一個有廣延的東西和一個有意識的東西也僅僅是組合在一起。

有些人在這裡盲目地反駁我。為了阻止盲目對真理帶來損害，我不得不對人們反駁我的東西給予回答。雖然有很少的人曾經仔細地檢查過我的論證，可是仔細檢查過的人還有幾個理解它。我們之所以相信唯一到過美洲以後說他看見過對趾點[12]的人，而不能相信其他一千個否認有對趾點的人，原因就是，沒去過的人不知道有沒有。同樣，那些認真研究了論證價值的人應該更重視很好地理解了這個論證人，而忽略其他一千個人的結論，因為那一千個人說這個論證還沒有被任何人所理解。儘管他們沒有理解這個論證，這並不等於別的人們對它也不能理解，由於他們在推論上表現出不準確，所以他們的反駁也似乎不足以受到重視。

他們向我提出這樣的問題：是否用我的分析法把我們的精神分布到運動之中，那麼我們的意識不過是物體性的運動。我認為，不管他們是多麼仔細，自以為多麼明智，至少我不能保證他們使用的是精神的純粹理智而不是僅僅用想像。他們想像用分解某種精細物質的辦法就可以理解意識和物體運動之間的關係。其實，這種關係只能是一個有意識的東西的觀念和一個有廣延或運動的東西的觀念完全不同卻互不依賴。要從我們清楚、分明地理解為不同和互不依賴的一些東西，以及除非是由於上帝的全能就不

---

[12]　對趾點（antipodes）：位於地球直徑兩端的點，在地球兩端遙遙相望，時差 12 小時。兩點季節恰好相反，兩點之間的距離兩萬公里，等於地球半圓周長。

能把它們分開的，這兩個方面去理解。因此，不管我們碰到有多少次在它們同時出現在主體裡，就像有意識和物體性的運動在一個人裡一樣，我們也不應該因此就認為它們在性質上歸為一類，而只是組合在一起。

（三）這裡提到的柏拉圖主義者及其追隨者，今天已被全體天主教會以及所有的哲學家一致反對，因此用不著談他們了。（注：後面都是對那些笛卡兒說不用談了的東西，已刪減。）

（四）至於一個無神論者的知識，很容易指出它並不是準確、可靠的。因為就像我從前說過的那樣，無神論者認為使他的存在的創造者越無能，他就越有機會懷疑他的本性是不完滿，以至在他認為非常明顯的一些事物上弄錯。如果不是首先了解到他是被一個作為全部真理原則的真正的上帝所創造，同時這個上帝又不可能是騙子，那麼他就永遠不能擺脫這個懷疑。

（五）只要人們統一欺騙的形式或本質是一個非存在，一個至上的存在體絕不會是非存在，那麼我們就可以清楚地看到：上帝不可能是騙子。所有神學家也同意這個真理，我們可以說這是基督教的基礎，我們的信仰的全部可靠性也取決於這一點。如果我們認為有幾次上帝騙過我們，我們怎麼能相信他向我們啟示的東西呢？雖然神學家一致的意見是入地獄的人受地獄之火折磨，可是他們的感覺並不是被上帝向他們刻印在意識裡的一種燒他們的火這樣一個假觀念所騙，而是他們真正地被火所折磨過。（對於宗教引用的反駁，笛卡兒也不屑於答辯，已刪減）誰能用人的理性的力量，而不借助上帝的啟示，知道人的靈魂是否會享受永恆的天福呢？我曾試圖用簡單的道理證明人的靈魂不是物體性的，至於說到它是否將能享受永恆的天賦，我承認只有信仰能夠啟示我們。

　　（六）至於自由意志。毫無疑問，上帝的自由與人的自由大不相同。如果說上帝的意志對已有的或者將要有的所有東西亙古以來就不是無限的，那麼我們想像不出有任何代表善的或真的觀念，什麼應該相信的觀念，或者什麼應該做或者不應該做的觀念，在上帝的意志要求他自己這樣做之前就存在於他的理智之中。我在這裡並不是談一種時間上的先後，而是次序的先後，就像經院哲學中所說的那樣，推理的原因在先，在上帝的意志之先存在善的觀念，以便善的觀念迫使上帝不得不做出取捨。舉例來說，上帝願意把世界創造在時間裡，並不是因為他看到世界被創造在時間裡比創造在永恆裡好，他願意讓一個三角形的三角之和等於二直角，也並不是因為他了解到只能是這樣等等。相反，就是因為他願意把世界創造在時間裡，所以它沒有創造在永恆裡。同樣，就是因為他願意一個三角形的三角之和必然等於二直角，所以它現在就是這樣等等。而且這並不妨礙人們說聖人們的功績是他們得到永恆的天福的原因，聖人們的功績並不是上帝規定自己願不願的原因，而是上帝願意給他們這個結果的原因。這樣，在上帝那裡的一種完全的自由意志也是他的全能的。然而在人類不是這樣，由於人已經找到了上帝所建立和規定的善意和真理的標準，所以人的意志只能本能地趨向於好的東西。人越是明顯地認識好和真，就越能自由地接受好和真，只有在人不知道什麼是更好或者更真時，才會產生盲目的態度。這樣一來，人的自由的盲目性就跟上帝的自由的完全性不一樣。說事物的本質是不可分的，這也毫無用處。首先，沒有什麼本質同樣地既合適於上帝又合適於造物；其次，盲目並不屬於人的自由的本質，僅僅是當我們對於善和真的無知使我們盲目地以為我們是自由的。而當我們對一件事物的清楚、分明地了解推動和迫使我們去追求時，我們才是真正自由的。

（七）我認為我們的感官是透過面而被觸動的。我對於面的理解和數學家或者哲學家對於面的理解沒有什麼兩樣。應該理解為與物體是有區別的，它沒有厚度（高）。面這一名稱被數學家用兩種方式來解釋，一種是對於一個物體只考慮它的長和寬而不考慮它的高，雖然不反對它有高。另一種是只從物體的一種形態來考慮，這時就否定了它的高。為了避免歧義起見，這裡我談的面，指的是一種沒有高的形態。因為它沒有高，所以不可能是物體的部分，而是物體的終止處。同時，我認為它能夠非常正確地被叫做表面，無論是被包含的物體的表面，或者是物體所包含的表面。按照人們所說的，兩個相接的物體就是這兩個物體的表面連在一起的。嚴格地講，當兩個物體互相接觸時，它們在一起的部分是同一的表面，並不是這一個和另一個，而是兩個物體表面的共同形態。如果其中一個物體被挪開，只要在它們位置上換上大小和形狀恰好相同的東西，兩個面就又回到同一的狀態。面只能被理解為它不是一個實體，而是一個形態。我們不說包圍塔的空氣改變了，一個塔的地方就改變了，或者說我們在塔的位置被個別的物體占據了。面在這裡是當作地方用的，它並不是塔的部分，也不是包圍它的空氣。為了駁斥那些承認面的實體屬性的人，我認為我所提出的那些理由就夠了，用不著再提別的理由。首先，沒有接觸就沒有感覺，沒有物體的面就沒有什麼能被感覺。但是，假如有實體的屬性，那麼這些屬性一定和這個僅僅作為一個形態的面不是同一件事。假如有實在的屬性，這些屬性也不能被我們感覺。你們居然相信，它們被他感覺到是因為它們是實體。如果說面實在的屬性是實體，那是一件說不通的事，因為凡是實體的東西都能被分割，能夠被分割的是實體，而不是屬性。說實體的屬性不能由別的力量而只能由上帝的全能與它們的主體分開，這是毫無用處的。因為由別的力量做成和由上帝平常的能力做成完全是一件事，而

上帝的平常的能力和上帝的特別的能力也沒有什麼不同。這種能力，由於
不在事物裡面加上任何東西，因此不改變事物的性質。所以，如果可以由
本能而沒有主體而存在是一個實體，那麼凡是由於上帝的能力沒有主體而
存在的東西，也必須用實體這個名稱來命名。我承認一個實體可以是另外
一個實體的屬性。不過在發生這樣的事的時候，實體的概念指的是屬性的
形式而並不是實體本身。舉例來說，當一件衣服穿到一個人身上的時候，
成為屬性的不是衣服，而是被穿。對於促使哲學家們建立一些實體的屬性
概念的主要原因是，他們認為沒有實體的屬性，我們就不能解釋我們的
感官知覺是怎麼做成的。我答應在寫《物理學》的時候詳細地解釋我們的
每一個感官被它的對象所觸動的方式。這並不是我想要在這上面使用別
的理由，而是因為我相信我在《折光學》裡所解釋的視覺，可以類比其他
感官。

（八）當人們認真思考上帝的廣大無垠性時，人們看得很清楚，沒有
什麼東西是不取決於他的。不僅存在的東西，就連秩序、規律、好和真的
理由都取決於他，否則創造他所創造的東西不會是完全自由的。如果好的
理由或現象是先於他事先安排的，那麼他一定規定他去做更好的。就像
在《創世紀》（Genesis）裡所說的那樣，他自己願意這樣去做出世界上的東
西，沒有原因。用不著問為什麼好以及為什麼是真理，無論是數學的或形
上學的，因為它取決於上帝的自由意志。好和對的原因是由那些想不到這
個原因的人所建立的因果關係，他們還替它取了一個名稱叫做動力因。這
和君主的意志可以說成是法律的動力因一樣，法律本身並不是一個簡單的
存在體，而是一個精神上的存在體。問上帝怎麼能一直使二乘四等於八也
同樣沒有用，因為我承認我們無法知道。不過另一方面，我知道得很清
楚：不取決於上帝，什麼都不能存在。不管是哪一種存在體，以及這些存

在體為什麼是現在這個樣子，這對他來說是非常容易的。如果由於我們不知道的東西，而懷疑我們知道得很清楚的東西，這是完全違反理智的。因此，不要以為永恆的真理取決於人的理智或者取決於事物的存在，而是僅僅取決於上帝的意志。上帝，作為一個至上的立法者，他永恆地建立了這些真理。

（九）要明白感覺是什麼，就要把感覺分為三個階段。在第一個階段裡應該思考的只是外在對象直接在感官之內所引起的東西，這只能是這個感官的分子運動以及由這個運動產生的形狀和位移的改變。第二個階段包含直接在精神上產生的作用，這是由於精神可以與物體性的功能轉化所產生的，精神將感官的形狀和唯一的變換轉化為類似疼痛、癢、餓、渴、顏色、聲音、滋味、氣味、熱、冷等。第三個階段就是理智的判斷，這些判斷是我們從年輕時代起關於我們周圍的事物在我們的感官裡產生的印象所習慣於做出的。舉例來說，當我們看見一根棍子時，這不過是從這根棍子反射出來的光刺激眼睛這個感官，然後透過感官和精神的轉化通知了大腦，大腦做出這是否是一根棍子的判斷，就像我在《折光學》裡講到的那樣。人類和動物大腦都是這樣運動的，這種運動感覺是第一階段。精神的轉化是第二個階段。意識的判斷是第三階段。儘管人們習慣於把判斷歸於感官，但在這方面我把它歸於感覺的第三個階段，因為它只取決理智。我在《折光學》裡指出：大小、距離和形狀只有經過推理才能認知。對於出現在我們的感官的一切東西所做的新的、不是習慣做出的判斷，我們把它們歸於理智。同時，對於我們從幼年起感知的東西，對於這些我們的意識中印象，我的習慣做出了草率的判斷。習慣使我們把那些東西判斷得非常草率，我們分別不出這種方式的判斷和我們本能的感知。顯然，當我們說理智的可靠性比感官的可靠性高，我們的意思是，當我們的年紀越大，我

們做的判斷就比幼年時所做的判斷越可靠。這裡不是第一階段的感覺，也不是第二階段的感覺，因為在這兩個階段裡不可能有錯誤，當然從感官到精神的轉化有問題的病人除外。當人們說，一根棍子插在水裡，由於折光作用而表現為折斷了時，這就跟人們說一個小孩子判斷它是折斷了一樣，是按照我們幼年的習慣所形成的成見。他們說，這個錯誤不是由理智來改正，而是由觸覺來改正，這顯然是錯誤的。雖然觸覺使我判斷為一根棍子是直的，而且我們幼年就習慣於這樣判斷，這僅僅可以叫做感覺。可是這並不足以改正視覺的錯誤，可能觸覺也是錯的。我請問，有什麼理由來告訴我們此時應該相信觸覺而不相信視覺呢？顯然不是我們自幼年以來就有的感覺，只能越來越成熟的理智。就是在這個例子裡，改正感覺的錯誤的只有理智，沒有可能提出任何一個例子來說明錯誤是來自理智而不是來自感覺。

（十）剩下的只是懷疑而不是反駁。我不敢過高猜想自己能力。儘管如此，為了盡可能地為我所從事的事業服務，我會說一說我是如何從這些懷疑中解脫的。如果有可能對一些人有用，我就感到滿足了；如果對任何人都沒有用，至少我也是盡力了。

在沉思的最後，我得出結論說：人的靈魂實在有別於肉體，它甚至比肉體更容易認識，我實在感覺不到我有什麼錯誤。我在這裡看不出任何違背邏輯的原則。我承認我使用的是和天文學家同樣的方法。那些天文學家，根據嚴謹的證據證明了太陽比地球大很多倍，卻不能否定在看它的時候它比地球小得多。在我按照物理學的原理對自然界做檢查時，我會首先檢查在我意識裡的每個東西的觀念，然後把這些觀念仔細地彼此分開，之後我就認識什麼東西是屬於物體的性質和本質的，它是一個有長、寬、高以及廣延的實體，它能夠有許多形狀和不同的運動狀態，這些狀態是不能

脫離物體的。其次，顏色、氣味、滋味等，不過是一些感覺，它們在我的意識之外沒有任何存在性，它們不同於物體，就像疼痛不同於引起疼痛的箭的形狀或運動。最後，重量、硬度、熱度、引力度等這些性質，都僅僅是物體的狀態，它包含在物體的本質之中。

所有這些認知和我早年的認知已經大不相同。那麼，為什麼從前會有那些認知呢？我找到了主要原因：我幼年的時候，對自然界的東西做過很多判斷，就像動物的求生本能，我習慣地保留了對那些東西的錯誤判斷。由於精神與肉體結合得過於緊密，因此我在年輕時不能很好地區分理性和感覺。那時候我不能離開感覺去理性地思考，所以精神只能很模糊地認知各種事物。雖然我有本能有感覺，但是理性的觀念卻很少。因此，我把想像、圖像錯誤地認為是理智的判斷。而且，由於我沒有從這些成見中解脫，對什麼都認識得不夠清楚，把感覺的東西都認為是物體性的，這些觀念與其說表示的是物體本質，不如說它只是意識的感覺。舉例來說，我過去把重量理解為一種實在的、大塊物體的屬性，可是，就像一件衣服一樣，它是一個實體，可是當把它連結到一個穿衣服的人時，它只是一個性質。同樣，雖然精神是一個實體，可是就其結合到一個肉體上來說，它也僅僅是一個性質。雖然我理解重量是布滿全部有重量的物體，可是它卻不能成為物體的本質。因為物體的各種性質並不等於物體本身。我認為，一塊一尺長的金子和一塊十尺長的木頭可以有一樣的重量，甚至我認為這個重量可以包含在一個數學的點，當這個重量平均鋪開到整個物體上時，它可以把它的全部重量分配到任何一個部分。不管用什麼方式把這個物體懸掛在一根繩子上，物體都用它的全部重量牽引著繩子，就好像全部的重量都包含在接觸繩子的那一點。當然，我今天還沒有理解精神可以這樣在肉體裡鋪開，因為我把精神理解為獨立的實體。為了更好地證明重量的觀念

是從我理智的功能抽象出來的，僅僅是我認為重量把物體引向地心，而不是重量對地心有什麼認識。可以肯定的是，引力沒有理智，什麼地方有理智，什麼地方才會有理智的。此外，我還把別的一些東西歸於重量，這些東西不能被理解為精神，因為重量可分、可度量，而精神不可以。

當我認真地把理智的觀念和物體的觀念加以分別時，我發現我從前具有的觀念，都是以我不成熟的理智做成的。之後，我就輕鬆地從懷疑中擺脫了出來。首先，我不再懷疑我對我自己的靈魂有一個清楚的觀念，它對我如此親切，跟我如此緊密地融合。我也不再懷疑這個觀念是與物體的觀念完全不同，它本身一點都沒有屬於物體性的東西。在仔細認識了肉體的觀念以後，我在它們之中沒有找到任何東西與靈魂的觀念相同。雖然這些東西與靈魂一起在我的意識之中，可是靈魂和肉體給我的感受卻截然不同。它們之間的分別要比那些物體之間的分別大得多。對那些物體我可以分別有認識，可以想這個而不想那個。靈魂和肉體雖然不能分開存在，但是它們在我們的理智裡是可分的。雖然上帝的廣大無垠性可以被我們理解而不用想到上帝的正義那樣，在我們的靈魂裡不能同時出現能相信上帝是廣大無垠的，而不是正義的。但是，人們也可以很好地認識上帝的存在而一點也不知道神聖的三位一體的任何一位。如果沒有信仰之光的光照，這是任何人都不能很好理解的。三位一體的三位一旦被很好地理解，我認為沒有人可以理解他們之間在神聖本質上有任何實在的分別，僅僅可以在關係上有分別。

最後，我非常清楚地了解到某肉體可以沒有靈魂，因此靈魂既不是肉體的屬性，也不是肉體的狀態。當我看見有些肉體沒有靈魂，我就不再害怕我的分析工作誤入歧途。因為我從來沒有見過，也沒有了解過人的肉體可以沒有靈魂，但了解到二者可以以組合的形式共存，它們既有靈魂，也

有肉體。我了解到，這是由於有靈魂的存在和肉體性存在融合在了一起。單獨思考靈魂的存在時，我一點都沒有看到它能夠屬於肉體，當我單獨思考肉體的屬性時，我也沒有找到任何靈魂的存在。相反，當我把各種存在都拿來檢查，不管是肉體的還是靈魂的，我都看到一種現象，它們的觀念不是完全依靠本身，而只是相互依附於彼此。從我們經常看見兩個存在融合在一起這個現象，我們不能因此就推論說它們是一個存在。但是，從我們有時看見某種性質存在兩個東西之一而沒在另一個東西上，我們就可以下結論說兩個東西是不同的。上帝的能力無法阻止我們得出這個結論：如果我們清楚、分明地理解為兩個東西的其中一個與另一個是由本質不同的東西做成的而不是二者的融合，這跟認為可以把完全沒有差別的東西分開一樣，同樣是說不通的。因此，如果說上帝把有意識的功能放到某些物體裡，就像他事實上把靈魂放在人的肉體裡那樣，他什麼時候願意，什麼時候就可以把它們分開。這樣一來，靈魂實際上就與肉體有分別。

你們說，在我擺脫感官的成見之前就很懂得二加三等於五，等量的東西減去等量的東西，剩餘的東西也相等，我對此一點也不奇怪。雖然那時我不認為人的靈魂和它的身體有分別，但現在我看得很清楚，在我幼年時在這些一般為大家都接受的命題上我沒有判斷錯，這是因為那時我還不知道這些命題不習慣，小孩子們不學二與三加到一起，他們就不能夠判斷它們是否等於五。自從我幼年時期起，我模糊地看到認為，具有靈魂和肉體的我是一個東西，把許多東西的組合當成了一個東西，這是一切不完滿的認識的原因，這就是為什麼現在我必須不厭其煩地把它們分開，並且透過更準確的檢查，把它們互相區別開來的原因。

我非常奇怪，一些很有學問並且三十年來習慣於做形上學思考的人們，在讀了我的沉思七遍以上之後，卻相信如果我以一個反駁者的態度去把它們

重讀一遍，我就不會那麼重視，不會對於它們所包含道理有一個如此肯定的意見。因為他們在我的推理中指不出任何一個錯誤，所以我相信他們每人都應該被這些道理指向真理的力量和價值所折服。如果他們認為我使用的分析方法可以推翻原有的論證，或者替錯誤的論證粉飾正確，那麼完全是掩耳盜鈴。我大聲疾呼，我從來沒有使用過別的東西，而僅僅是一種方法，用這種方法人們可以肯定真正原因的可靠性，發現錯誤的和似是而非的不可靠性。我看到有些非常有學問的人不同意我的結論，我並不那麼感到奇怪。我高興看到，在如此認真地反覆讀過我的分析之後，他們並沒有提出什麼不合適的東西，或者得出什麼其他的結論。他們接受我的結論的困難，可以歸結為他們根深蒂固的判斷習慣，他們判斷的不是這些結論裡所包含的東西。就像天文學家們所看到的那樣，他們不能想像太陽比地球還大，雖然他們有足夠的理由證明這是千真萬確的。直到現在都沒有在我的推論裡挑什麼毛病，除非只是因為這些推論是完全正確和無可置疑的。這些推論所依據的原則並不是模糊不清的，而是眾所周知的，是從一些最可靠、最明顯的觀念裡得出來的。這些觀念是從人的理智對一切事物的普遍懷疑開始，然後從全部的成見中解脫以後得到的。就連理智較差的人都能夠很容易看出來的那些低階錯誤。我實在不知道為什麼這些先生們就看不出來。因此，我有理由認為我所寫的東西並沒有被那些有學問的，認真讀了多次之後還沒有被說服的權威所削弱，反而被他們的權威所加強。因為在那麼仔細認真地檢查之後，他們卻沒有在我的論證裡指出任何錯誤。

【評論】

從反駁的品質來看，這組反駁確實不高。從一開始他們就反覆強調上帝現實存在這個假設前提。我們想像看看，如果以這個假設為前提，那麼

笛卡兒的論述就毫無意義了，因為在笛卡兒眼裡，論神學上帝的存在本身就是個偽命題。需要論證的就一定不是公理或真理，從笛卡兒提出論上帝的存在那一刻起他就已經暗自否定了上帝的現實存在，因為那是神學的真理。一代代的哲學家就是這樣不遺餘力地採用各種方法來捍衛哲學有別於神學的學科尊嚴，而笛卡兒使用的是與前輩全然不同的理性邏輯。

雖然這組反駁有氣無力，但笛卡兒答辯的篇幅並不少。我想這有利於笛卡兒用更樸素的語言把論證過程講述得更通俗易懂。這也是我本人不厭其煩地把這一部分整理出來分享給讀者的原因。

但是，經過這組反駁，我們卻很好地得到了「靈魂」、「精神」這兩個詞的定義。首先，必須明確，笛卡兒認為意識並不是一種觀念，它只是一種與人類與生俱來的東西或存在，因此「我是個有意識的東西」不需要證明。其次，意志和觀念是意識的兩種狀態。第三，觀念是人類的理智的意識活動得出的。第四，在本文中精神的觀念指動物所共有的意識狀態，而靈魂的觀念特指具有理智的人所特有的一種意識狀態，它是理智意識活動的全部。

到此，我的評論也隨著笛卡兒的沉思接近了尾聲。如果我們信仰笛卡兒主義，那麼我們就是信仰科學的真理，只不過我們可以替科學的真理取個好聽的名字叫做 —— 上帝、真主，或者佛祖。

【總結】

笛卡兒的第六個沉思是全書的收官之思，在普遍懷疑這一根本精神的指引下，笛卡兒推倒所有感官信任的基石，又重建起因感官了解到的物質世界，那麼這一個章節笛卡兒沉思的就是為什麼我們懷疑物質而又必須相

信物質，為什麼物質和精神對立而統一的存在是上帝帶給人類最大的驚喜。

細讀他的深思，作為一個受過高等教育的現代人，我感覺 40 歲的笛卡兒像一個孩子一樣不停地追問關於生命科學的無數個為什麼，儘管這些為什麼，現在我們的孩子只靠滑滑手機獲得的知識就可以簡單地回答。我們今天的答案也很容易闡述他的物理學、生物學、化學的原因，當然還有一些終極的靈魂拷問我們今天仍然沒有答案，但是知識的邊界就是這樣，當你發現自己懂得多了一點的時候，同時也自動會發現不知道的東西變得比知道的多了更多。所以今天的我們更應該學習笛卡兒的精神不停地向自己發起靈魂拷問，同時又向自己的靈魂尋求答案。

物質是真實存在的，卻又不是以我們感知的那個樣子存在著，那麼到底什麼才是物質的本來面目，當笛卡兒感受到了自己的所看、所聽、所觸、所感既是又不是物質本來的面目，但是當時的科學環境很難讓人想像，很難想像磁場會以什麼樣的方式存在，光子會以波粒二象性的方式存在，我們看到太陽從地平線上升起的時候，真實的太陽八分鐘前已經經過了那個位置。就像笛卡兒自己說的他很難透過清晰的想像去建構出一個千邊形，但是他卻很容易透過想像去建構起一個五邊形，這個其實也是理論數學、理論物理和實證物理之間的區別，如果放到現在，我們可以很輕易地透過電腦去建構一個千邊形，透過 3D 列印技術把這個千邊形製作出來，如果見過一個千邊形的實物，那麼在想像中再次建構應該也是一件很容易的事情，這件事情的難度不會比建構一個五邊形難多少。

但是笛卡兒的偉大之處正在於此，幾乎沒有超過人類感官的高級觀測工具的年代，笛卡兒靠普遍懷疑的精神提出了超出了時代的疑問，雖然答案並不完滿，但是一個偉大的問題的價值很多時候是大於答案本身的。現代科學的大廈就是在這樣一次又一次的懷疑－推翻－重建中被建成的。

後記一
笛卡兒對於後人的啟示

後記一　笛卡兒對於後人的啟示

　　如果我們慢慢來到這裡，親眼見證了笛卡兒和同時代的大師們爭論，你會發現，笛卡兒的偉大之處遠遠不止於哲學，當人類站在歷史十字路口的徬徨時刻，他毅然決然地舉起了一面邁向人類全新文明時代的旗幟。所以如果我們把哲學僅僅看作一個學科是狹隘的，它是自人類誕生之日起就本應與我們俱來的真理之源，是一切人間道理的統稱。由此，與其說笛卡兒是西方現代哲學之父，不如說他是人類現代文明的思想之父，在他高舉的這面指引人類走向現代的旗幟上赫然寫著「獨立之思考，科學之精神」。

　　我們經常以「現代」甚至「後現代」來標榜自己所處的時代，也經常用「現代化」來描述從古代社會走到今天的歷史過程，也普遍使用工業化、資訊化、城鎮化等來評價社會現代化的程度。那麼，有沒有一個客觀的標準來定義現代與非現代呢？我在前面說過，笛卡兒生活的年代是一個思想大紛爭的時代，神學界主張的權威論、科學界主張的唯物論、哲學界主張的唯心論、社會學主張的秩序論等，抑或在以不同的方法尋找通往真理世界的答案，抑或僅僅是為了守住一己私慾。笛卡兒選擇的是懷疑可知論，即透過「普遍懷疑、邏輯驗證」最終得出確定的結果，從而向真理邁進。他在書中也提到：「寫作本書的唯一目的就是為了追求真理。」我相信在他生活的年代，笛卡兒並不孤單，他是一個群體的代言人，只是他更純粹、更堅定、更智慧，他用「論上帝的存在」與教會周旋，用邏輯與哲學家們鬥法，用數學與科學家們爭論，以喚醒全社會的精神覺醒。今天，當我們回首後笛卡兒時代的人類社會發展，我們就會發現，他的偉大精神一直影響到了我們思考的此時此刻。現代科學從經典力學到相對論再到量子力學，從自然科學到社會科學再到人文藝術，我們似乎都遵循著同樣的他對人類情感和理智的劃分，一側我們與所有生命體共有，另一側我們捍衛著自己群落的尊嚴。

偉大的中華文明在封建時代獲得過輝煌也經歷過衰落，從新文化運動開始，它效仿西方、不甘落後，因循著某種力量在復興之路上自我啟蒙與重新探索。在審視自然界的同時，我們亦應用這種科學的態度審視我們的社會乃至我們自己。作為人類的我們，應該肩負起守衛文明底線的責任，時刻保持清醒的頭腦、審慎的態度、理性的精神，有知有畏、砥礪前行。真理一直都在那裡等待著我們，它不會僅僅照耀某一個角落，它一定會普照全人類。

什麼是美好的人類文明？如何讓社會保持秩序？如何讓多數人感覺幸福？這些看似簡單的問題，我卻至今沒有找到答案。工業革命開始至今，人類社會生產力發生指數級增長，而我們賴以生存的星球卻早已不堪重負。冰川融化殆盡、新型病毒不斷滋生、耕地日益減少、海洋大面積汙染……科學在賦予人類力量的同時也本能地放大了我們的自由意志。蘇格拉底的上帝、耶穌基督的上帝、笛卡兒的上帝、老莊的天道、釋迦牟尼的佛祖、王陽明的我心……都在靜靜地等待著肆意的自由回歸理性，真理就在那裡，從來沒有走開，只是我們人類自己選擇與之漸行漸遠罷了。

後面的啟示，也是我精心挑選的有代表性的一些著名學者的經典著作。也許他們不是笛卡兒的弟子或者師長，但是無論如何我也無法否認他們之間發生過思想繼承上的連結。

後記一　笛卡兒對於後人的啟示

啟示一：奧古斯丁關於「人類的罪惡來源是善的缺乏」與笛卡兒的連結

【人物簡介】

　　奧古斯丁（Saint Augustine of Hippo，西元 354 年－ 430 年）出生於古羅馬帝國統治下的北非努米底亞，是基督教早期神學家和新柏拉圖主義哲學家，其思想影響了西方基督教教會和西方哲學發展。他重要的作品有《上帝之城》（*De Civitate Dei*）、《基督教要旨》（*Christian Instruction*）和《懺悔錄》（*Confessiones*）。本文摘自《懺悔錄》。

【評論】

　　據我回溯研究，奧古斯丁可謂神學時代的笛卡兒，這也是很多反駁者引用奧古斯丁來反駁笛卡兒的原因。所以，我引用奧古斯丁的一篇關於「惡僅僅是善的缺失」的論述，正如笛卡兒關於「錯誤僅僅是理性的缺失」的沉思，看看兩位相隔千年的聖師，是如果隔空對話的。

　　奧古斯丁的觀點是，惡不是任何實在的東西，更不是某個神的影響。惡僅僅是善的缺乏或缺失。那個全知、全能、全善的上帝不可能直接創造惡，因為一切出自上帝之手的東西都是善的。人之所以會作惡，是因為人有自由的意志。人的自由意志與神的意志不同，是不完滿的，會讓人受到惡的誘惑。上帝在創造人的時候，之所以給人這種可能會用來作惡的自由意志，是因為一切被上帝造出來的事物都不可能和上帝一樣完滿，或多或少都有某種缺陷。但只要是上帝創造出來的東西，就帶有善性，因此人擁有自由意志總是好過沒有意志，因為擁有意志就可以為自己的行動負責，

就可以追求自己的幸福。人擁有自由意志，整體來講是好的，但是這個意志存在缺陷，會走向敗壞，這就是惡的來源。

【原文節選】

上帝創造的前兩個人是亞當（Adam）和夏娃（Eve），他們生活在美麗的伊甸園之中。上帝給了他們自由意志，讓他們可以做自己想做的事。上帝跟亞當和夏娃說，伊甸園裡的所有果子他們都可以隨便取用，唯獨不能吃一棵樹上的果子，這棵樹就是能讓人分辨善惡的智慧之樹。如果吃了，他們就要死。結果，夏娃還是受到了蛇的誘惑，和亞當一起偷嘗了智慧樹上的果子，違背了上帝的命令。

亞當、夏娃做壞事，與人類做壞事之間還有著更深的因果關係。亞當、夏娃因為偷吃禁果而墮落，上帝對他們施加了一系列的懲罰：把他們逐出了幸福的伊甸園，讓女性承受生育之苦，讓人們要終日辛勞才能獲得生活所需，人們從此會有疾病和死亡等等。作為懲罰的一部分，亞當和夏娃所犯的罪也被傳給自己的後代。這樣一來，所有的人一出生就帶著罪性。這就是奧古斯丁著名的「原罪」學說，就是說，人從一出生就帶著來自人類始祖的原初的罪孽，都會傾向於作惡。

既然人都帶著原罪，那要怎麼擺脫罪惡的束縛呢？人當然可以靠自己的意志選擇做一些好事，但是在奧古斯丁看來，這個選擇非常不牢靠，因為人始終還在原罪的陰影籠罩之下，人的意志也總是不可靠的，隨時有可能墮落。要想徹底擺脫惡，人只能依靠上帝的「恩典」，也就是基督教的純真信仰，有了這種恩典，一個人才能在末日審判的時候擺脫地獄的懲罰，到天堂與上帝同在。在奧古斯丁看來，上帝的恩典給誰，完全是由上

後記一　笛卡兒對於後人的啟示

帝預先決定的，一個人不可能靠自己的努力獲得上帝的恩典，因為人不管多麼努力，都是罪孽深重的，都配不上這份恩典。

你可能會覺得這個學說很不公平，憑什麼這個恩典給他不給我呢？奧古斯丁給出的理由很簡單：這完全取決於上帝的意志，反正所有人都配不上這個恩典，那麼上帝給誰都是額外的恩典，誰也沒有資格去跟上帝要。我們打個比方，有 100 個惡貫滿盈的罪犯，現在有一個法官選擇寬恕其中的 5 個人。不管這個法官選擇誰，都是出於他的仁慈，因為被寬恕的人都配不上這份寬恕。得到寬恕的人只能對這個法官感恩戴德，而其他人也沒有什麼可抱怨的。這種恩典預定論，對信徒造成了一種強大的心理焦慮，他們永遠無法對自己是不是能得救懷有足夠的自信，因為一切都掌握在上帝的手中。但同時這個學說也有一個很大的好處，那就是不會讓任何人對自己一定能得到拯救懷有盲目的自負，所有人如果想要得救，只能謙卑地按照《聖經》中的命令生活，讓自己像一個得到恩典的基督徒。

惡的來源：惡並不是上帝直接創造的，而是因為善的缺乏。每個人都從人類的始祖亞當和夏娃那裡繼承了原罪，人的自由意志也都是有缺陷的，因此人會經常作惡。想要擺脫惡的束縛，人只能依靠上帝的恩典，但是誰能夠得到恩典完全是上帝預先確定的，人對上帝沒有任何影響。

啟示二：盧梭論社會公約與笛卡兒的方法論

【人物簡介】

尚 - 雅克 · 盧梭（Jean-Jacques Rousseau，西元 1712 年 — 1778 年），法國 18 世紀啟蒙思想家、哲學家、教育家、文學家，民主政論家和浪漫

主義文學流派的開創者，啟蒙運動代表人物之一。本文摘自《社會契約論》（*Du contrat social ou Principes du droit politique*）。

【評論】

本文中，盧梭對於立法者、執法者的關係論證並不是出於主觀的，而是從邏輯關係開始的，這對於科學的研究政治制度問題意義重大，也涉及了政治制度的原理性問題。我認為，他是笛卡兒方法論在政治哲學的一種典型應用。

【原文節選】

找到適合一個民族的社會規範需要的是超人的智慧。如此的智慧要能夠觀察到人類的情感而又不捲入其中；它要完全獨立於人類的本性但能完全了解其實質；它的幸福與我們無涉但要願意為我們著想；最後，它必須到遙遠的未來去尋找它的榮耀，苦苦今世的勞作，以為後世的結果。大概，只有神才能為人起草憲法了。

任何人要勇敢地承擔起組織一個民族的使命，他就要有能力這麼說 —— 改造人性：他要把一個獨立完整的個體，改造成更大的整體的一部分，個體在某種意義上從中獲得他的生命和存在；他要解構人的組成方式以改良增強其力量；他要把天賦的物質上獨立的存在代之以部分道德的存在。一句話，他要能夠剝奪人的所有而回饋以他從所未知的嶄新力量，這種力量必須沒有集體就無力施為。這種自然資源的剝奪越是徹底，回饋的力量就越強大而持久，而新生的機構就越強大而完善。如果公民沒有集體中的他人就變得一無所成渺小無力，如果整體獲得的資源大於或等於所

後記一　笛卡兒對於後人的啟示

有個人的自然資源的總和，立法也就達到了最高度的完滿。

憲法起草人在所有方面都是國家中非凡的人物，不論是他的才華還是他的功能。這種功能既不是行政也不是主權。它勾畫了國家的機構，而不能在此機構中發揮任何作用。它的功能超脫獨立，和人類的主宰無甚瓜葛，因為治人者不能制法，反之，制法者也不能治人；否則，他的法律就會為他的私人情感控制，往往要維護他的不公，他也就永遠不能防止其制法工作為其個人目的所玷汙。

勾畫起草法律的人不能也不應有立法的權利。就算他有此意願，人民也不能放棄自己不可轉移的權利，因為根據基本公約，只有一般意志能強制個人，決定個人意志是否和一般意志相吻合只有訴諸全民自由表決。我以前說過此話，再重複一次並不多餘。因此，在憲法起草人的使命中我們發現兩種不相容的東西：超出人的能力的事業，和缺乏付諸實施的權威。

還要注意另一個難題。如果智者要用自己的語言而不是普通人的語言對他們說話，他是不能讓他們理解自己的。很多理念都無法翻譯成普通的語言，太一般的概念、太遙遠的目標都超出了人們的理解能力。每個個體是不會想要一個和其私利毫不相關的政府的，他也就很難看到他從好法不斷強制的損失中能夠獲得什麼好處。為了人民在形成之初就看到成熟的政治原則，接受治國方略的基本統治，結果就必須成為原因：本應由新的社會機構產生的社會精神必須在機構誕生之前就已經存在，在法律誕生前人民就得已經成為該法的治下之民。因為憲法起草人並沒有任何權威或理由，他就只得訴諸另一種不必強制不必說服的權威力量。這就是為什麼所有世紀的立國者都不得不乞告上蒼的力量並把自己的智慧說成是神的旨意，如此人民才會如服從本能般臣服於法律的統治，承認人的權力一樣接受政體的權威，從而自由地服從並溫順地承擔起公共福祉的鎖鏈。

啟示三：佛洛伊德的本我、自我與笛卡兒的我自己

【人物簡介】

西格蒙德‧佛洛伊德（Sigmund Freud，西元 1856 年－1939 年），奧地利精神病醫師、心理學家、精神分析學派創始人。本文摘自《文明與缺憾》（*Civilization and Its Discontents*）。

【評論】

佛洛伊德關於本我和自我的這篇文章和笛卡兒的感知與觀念思想的關係我們無從知曉，但是文中形成了自然的呼應。

【原文節選】

透過進一步的思考，我們便可知道，成年人對於自己的感覺不可能與剛出生時相同，它必然經過了一個發展的過程。可以理解的是，這樣的過程並不能被實際展示出來，但有很大機率可以重構。對於一個新生兒來說，外部世界就是其感覺的由來；一開始，他並未將自我與外部世界分離開來。但在外部各種刺激的作用下，他逐漸學會了將自我與外界區分開來。他會發現，有些刺激源任何時候都可以向其傳遞感覺，後來他了解到這些刺激源屬於自己的器官；而另外一些——包括他最渴望的東西，如母親的乳房，會暫時挪開，只有透過哭喊才會重回眼前，以上這些區別一定讓他留下了深刻的印象。正是以這種方式，自我首次碰到了「客體」，一些在「外面」的東西，只有透過特定的行為，才能促使它出現。將自我從各種感覺中分離出來，進而意識到「外部世界」；更進一步的誘因來自

後記一　笛卡兒對於後人的啟示

頻繁的、各式各樣的不可避免的痛苦（或者說幸福缺失），這種痛苦的感覺，只有在快樂原則發揮絕對作用時，才能得以避免和消除。於是這樣一種趨勢就會產生，即將自我和任何可能產生這樣不愉快體驗的事物區分開，並將這種不愉快的體驗趕走，以便建立與一個陌生、險惡的外部世界相抗衡的純粹追求快樂的自我。這種以快樂為導向的原始自我必然會受到經驗的修正。畢竟，有些給予我們快樂、我們不願放棄的事物並不屬於自我，而屬於客體；而另外一些我們想要消除的折磨和痛苦，卻證明是來自內部，與自我密不可分。於是，我們掌握了一種方法，透過有目的地控制我們的感覺活動和合適的肌體運動，來區分什麼是來自內部的（即屬於自我的），什麼是來自外部的（即來自外界的）。這就向建立現實世界原則邁出了第一步，對未來發展發揮著支配作用。這種內部和外部的區分具有現實意義，它使人們遠離不愉快的經歷及其造成的威脅。事實上，自我在驅除源於內部的某些不愉快感覺時，如果採取與驅除源自於外部不愉快事物同樣的方法，往往會成為重大心理疾病的起始點。

自我正是透過這種方法使其從外部世界中分離開來。更確切地說，自我在一開始是包括一切的，只是後來從自身中分離出了一個外部的世界。於是，我們現在的自我感覺，只是一種更為廣泛、包羅永珍的感覺的殘留物，這種初始的感覺與自我和周邊世界更為密切的連結一致。如果我們可以作如下假設，即自我的這種原始的感覺或多或少地在人們的精神生活中存續下來，那麼它會像一個搭檔，與範圍更小、界定更嚴的成熟的自我感覺共存。與之相對應的就是那些與宇宙一體的、無邊無際的概念，即我的朋友常用來闡釋「如海洋般浩渺」的感覺的概念。但我們是否可以假定，最初存在的事物仍然會存續下去，與後來從中演化而來的事物共同存在呢？

啟示四：愛因斯坦與波耳辯論中的笛卡兒式數理邏輯

【人物簡介】

阿爾伯特・愛因斯坦（Albert Einstein，西元 1879 年－ 1955 年），出生於德國巴登－符騰堡州烏爾姆市，畢業於蘇黎世聯邦理工學院，猶太裔物理學家。尼爾斯・亨里克・達維德・波耳（Niels Henrik David Bohr，西元 1885 年－ 1962 年），丹麥物理學家，哥本哈根大學碩士和博士，丹麥皇家科學院院士，曾獲丹麥皇家科學文學院金質獎章，英國曼徹斯特大學和劍橋大學名譽博士學位，1922 年獲得諾貝爾物理學獎。本文摘自李劍龍：「給忙碌者的量子力學課」（網路）。

【評論】

應該說，對於他們的辯論，至今還沒有答案。只不過量子理論的數學模型更容易指導或獲取科學實驗的可能性，因此形成了後愛因斯坦時代的量子力學理論體系。從他們辯論的過程來看，是一種典型的笛卡兒式的理性邏輯方法，我想這也證明了理性邏輯在現代科學中的重要性，甚至可以說是唯一路徑。

【原文節選】

關於量子的機率性和實在性的問題，愛因斯坦曾經和量子力學的奠基人之一波耳爭論了很多年。我們再次作為補充資料提供給大家，看看離我

後記一　笛卡兒對於後人的啟示

們更近的科學家是如何辯論的。

(一) 根本分歧：量子力學是否滿足實在性

剛才我描述的光子在測量前後的情況，你是不是很難同意？不但你不同意，愛因斯坦也不同意。測量以後的事大家都看得見，確實有機率，愛因斯坦不是不同意這個。他不同意的是，在測量之前，「光子同時存在在螢幕前的所有位置上」。

在測量以前，光子到底在哪裡，這事誰也看不見，這裡就有兩種不同的解釋。剛才我說的「光子同時在螢幕前所有位置上」，屬於哥本哈根解釋，它的核心力量是波耳。而愛因斯坦呢，就是要反對哥本哈根解釋。

愛因斯坦說，光子肯定在某一個確定的地方。只不過到底在哪裡，我不知道。這是因為你測量以後看到一堆機率，其實只是物質性，它的背後，一定隱藏著一個沒有機率性的本質，光子的位置就是由這個本質決定的。而且，這個本質一定不會因為你的測量方式而變化。這就好比「不管你看不看月亮，月亮都存在」一樣。這叫做實在性。愛因斯坦相信，不管你測不測量，實在性都必須成立。所以說「上帝不擲骰子」。

但波耳認為，不對，愛因斯坦你不能拿平時的生活經驗來指導上帝。光子還沒到螢幕的時候，我們誰也看不見，你憑什麼說它一定待在一個確定的地方呢？

你只能描述你看見的東西。當你沒看到月亮的時候，你就沒辦法描述月亮的位置，沒辦法描述就是不存在。你說的那個本質既然看不見，那也是不存在的。所以波耳的觀點是，量子力學天生就有機率性，沒有實在性。

總之，他們的根本分歧，其實就轉化成了「在你做實驗看不見的地

方，實在性到底還成不成立」這個問題了。

愛因斯坦想到了一個巧妙的策略。既然誰也看不見，那他就不直接證明實在性一定成立。他搬一個救兵，讓救兵來幫他證明。

(二) 愛因斯坦：定域性和實在性必須同時成立

這個救兵也是一個專門的概念，叫做定域性。定域性來自愛因斯坦的相對論。相對論認為，一切訊號傳遞的速度都不可能超過光速。你對其他東西的影響也不准超光速，這就叫定域性。愛因斯坦想讓定域性這個救兵，把實在性救活。那具體怎麼做呢？

愛因斯坦需要找到一個量子力學的概念，讓定域性把概念中某個沒測的東西給描述清楚了，那實在性就活了，他就贏了。這個概念就是很多人很熟悉的量子糾纏。什麼是量子糾纏呢？請想像這麼一個場景。你在 A 城，面前有個紅綠燈。我在 B 城，面前也有個紅綠燈。這兩個紅綠燈都沒點亮，我們不知道哪個是紅燈，哪個是綠燈。為了說話方便，我們替紅綠燈編個號，兩個紅綠燈的編號都依次是 1 號、2 號、3 號。假如你用手一拍，1 號燈亮了，是紅燈。那你就能瞬間推斷，B 城的 1 號燈，肯定也是紅燈。你測量其中一個燈，就能瞬間確定另一個地方那個燈的狀態，這種設定就叫「量子糾纏」。有了這個概念，愛因斯坦怎麼救活實在性呢？他得證明，他搬來的救兵定域性，和實在性的命運是連結在一起的，要活一起活，要死一起死。這個證明分為兩個步驟。

第一個步驟，先證明「要死一起死」。按波耳的觀點，實在性不成立，測量之前，我看不到光子，光子在哪裡就不確定。放在紅綠燈的例子裡，那你就是承認，我沒拍它，燈是什麼顏色我就不確定，它同時是紅色和綠色。好，我假設你說得對。但波耳還認為量子糾纏是成立的。那就是

說，他承認我在 B 城拍了一下燈，瞬間就能知道 A 城的燈是紅色。這個時候沒有其他因素影響 A 城的燈，只能是我影響的。那我不就瞬間影響了 A 城的燈嗎？「瞬間影響」這就是超光速，定域性不成立了。你看，按波耳的觀點，定域性和實在性全都不成立，「要死一起死」。

但定域性是不能死的，那樣相對論就不成立了。如果相對論不成立，那物理學大廈就崩塌了，這絕對不行。這樣一來，我們就只剩下一種可能，也就是「要活一起活」。愛因斯坦是這麼證明的。

我們剛剛是假設了波耳的觀點正確，這次我們假設愛因斯坦的觀點是對的，定域性成立，你和我不管做什麼，影響都傳不了太遠。所以，「我拍了 B 城的燈，會瞬間影響 A 城的燈」，這句話就不成立了。但是，有一件事還是成立的，也就是我介紹量子糾纏時說的，「我拍了 B 城的燈，就瞬間知道了 A 城的燈是什麼顏色」。

把這兩句話放在一起分析，就會發現一個細微的差別。我能「瞬間知道」A 城的燈是什麼顏色，但它又不是因為我的影響而改變的。那就只剩下一種可能，就是說，它的顏色在我拍它之前就存在了。你看，這不是實在性嗎？愛因斯坦的目的達到了，如果定域性能活，實在性也能活。於是，愛因斯坦在「定域性」這個救兵的幫助下，成功地把「實在性」救活了。他破除了波耳對量子機率的解釋，建立了一種新的解釋。這個解釋可以歸結為一句話：因為定域性和實在性必須一起活，所以量子的機率都是物質性，它的背後存在一種客觀存在的、不超光速的隱藏本質。這就是他那句「上帝不擲骰子」背後的完整含義。

啟示五：阿馬蒂亞・沈恩的多重身分、理性思考與個人選擇

【人物簡介】

阿馬蒂亞・沈恩（Amartya Sen），1933 年出生於印度孟加拉邦，1959年在英國劍橋大學獲得博士學位，先後在印度、英國和美國任教。1998 年離開哈佛大學到英國劍橋大學三一學院任院長。他曾為聯合國開發計畫署寫過人類發展報告，當過聯合國前祕書長加利（Boutros Boutros-Ghali）的經濟顧問。他因為在福利經濟學上的貢獻獲得 1998 年諾貝爾經濟學獎。本文摘自王爍：「阿馬蒂亞・沈恩《身分與暴力》(*Identity and Violence*)」（網路）。

【評論】

一般認為阿馬蒂亞・沈恩是一個偏右翼主張的學者，因為他非常在意個人理性思考後的選擇。我認為群體無理性和群體理性都是群體的秩序狀態。世界上不可能出現純粹理性的人甚至純粹理性的群體，隨著群體的擴大，多數人必然會成為少數人統領的對象。我們從當代很多著名學者，甚至獲得諾貝爾經濟學獎的大家那裡，發現他們理論的共同特點無非是對於理性選擇在局部領域的模型涉及。我認為工具價值大於實用價值，因為人類的理性天然地具有惰性，即群體性理性塌縮。但是，人至少想要做到理性選擇時可以不選理性的答案，但是不應該不知道什麼叫理性選擇。

後記一　笛卡兒對於後人的啟示

【原文節選】

　　為什麼昨天還是鄰居、朋友、同事、板球隊友、顧客、生意夥伴，無窮多種身分的複合體，今天就只剩下一種身分，穆斯林或者印度教徒？為什麼身分驅使人們相互殘殺？每個人都有許許多多種身分。有些身分是可以選擇的，如職業；有些身分是不可選擇的，如國籍、民族、籍貫；有些身分介於兩者之間，如信仰，在有些地方信仰屬於個人選擇，在有些地方信仰不可選擇，出生在此時此地，你就被預設有信仰並伴隨你一生，你如果膽敢重新選擇，就被視作背叛。身分跟身分之間並不平等，有一些比另一些更重要。

　　現實中看得很清楚，整體而言，往往是越不可選擇的那些身分越重要。越是經由個人選擇而獲得的身分，對大多數人來講，平均而言，往往就越不重要。比如我下圍棋，跟其他下圍棋的人互稱棋友，這是一個身分；我來自 A 城，有許多 A 城老鄉，這是另一個身分。這兩個身分平時和諧共處，但如果強大的外力降臨，迫使我的身分複合體走向塌縮時，你猜哪個身分先垮掉？你很難猜錯。最重要的身分是那個能給自己安全的最小群體，這對絕大多數人來說不言自明，也不需要事先知道，只要安全受到威脅，它就突然變得清清楚楚、不容置疑。

　　人是終極社會動物，沒有一個人能只靠自己獲得安全，安全總是屬於群體的特權。10 萬年前智人走出非洲時，個體安全的最小群體單位是直系家庭；在發明農業以來一萬年間的大多數時候，安全的最小單位是宗族；在亞馬遜流域，外人所不能及的密林中，它是村莊；一神教興起後，它是教會；近現代以來，民族國家興起，民族和國家變成近義詞以後，它是民族，也是國家。只要安全感消失，人們突然暴露在真實的或者想像出來的

生存危機面前時，原本茂密豐盛的身分大樹上，枝椏就急速脫落，露出根本，人們彼此識別，黨同伐異。提供安全的最小群體，可以用另一個畫面來解釋：當拿著刀槍的陌生人逼近你，問你是什麼人時，你只有一秒鐘回答，那麼，你給的答案就是當下那個提供安全的最小群體，它是暴力的開關，一言而決，立見生死。風和日麗之時，我是無神論者、A城老鄉、B城市民、幾所大學的校友、麻辣食物嗜好者、圍棋強者、讓我一個人安靜不要煩我主義者、咖啡與茶不分高下主義者、輕度懷疑論者、世界大同雖然是烏托邦但應該試一試的支持者等等。越是歲月靜好，我的身分就越是豐富多元。

反過來說，如果風雲突變，環境險惡，我的身分就扁平化。不管我願不願意降級，只要環境在降級，人就在降級。那些多出來的身分維度，自己不收起來，環境就幫你切割掉。降級不勻速，而是個加速度過程，越到後期速度越快。被擠掉的第一個身分是最不重要的，但擠掉它所需要的時間往往卻是最長的。被擠掉的倒數第二個身分是極為重要的，但擠掉它只要一瞬間。昨日的鄰居今日相互殺戮，便是因為人們終於被擠出了人之為人的那個共通的身分，以保有獲得安全的那個最小身分。漫長的潰散，突然的崩解，同屬一個過程。

阿馬蒂亞‧沈恩說，無論何時何地，煽動暴力的藝術 —— 如果這件事能叫做藝術的話 —— 都在於激發人們的生存本能，突出此時此地每個人唯一重要的最後身分，於是身分與暴力在此合流。你是誰？三個字決生死。如果不是在暴力的陰影下，誰會願意只剩下一個身分？只剩下一個身分後，全世界更是只剩下武裝到牙齒的我們和他們！單一身分催化暴力，暴力強化單一身分認同，這是通向地獄的雙螺旋結構。現實經常就是這麼被它轉動起來的。

279

後記一　笛卡兒對於後人的啟示

　　但阿馬蒂亞・沈恩還是知其難而為之，他給出三重解藥：多重身分，理性思考，個人選擇。多重身分指的是，用身分區隔人這件事既無法消滅，恐怕也不應該消滅，關鍵是每個人自己要保持並尊重別人保持多重身分，而不是用單一的統治性身分壓倒一切，特別是用那種命定的身分壓倒一切。信仰、政治、職業、生於斯長於斯之地，請問哪個身分不重要？它們也還只是一個簡易標籤，身分之下並不是鐵板一塊，仍然有著豐富內涵。直接挑戰這些在當代越來越敏感的主題，阿馬蒂亞・沈恩所用的武器是每個人的理性思考和自主選擇：每個人都應盡力拒絕扁平化，保有多重身分，而在多重身分中哪一些在此時此地對他的權重比較高，要出自他的自主思考。無論生於具何種信仰的家庭，自己要不要接受這種信仰，不是一出生就注定的思想鋼印，而是個人的自主權利，最好是經過理性思考深思熟慮後的選擇。

　　阿馬蒂亞・沈恩進一步推論，要化解由身分政治而生的暴力，不能靠現在的主流做法，而是強調不同身分群體之間要多交流，多相互理解。他認為這樣做搞不好適得其反，因為其前提是用單一身分來定義群體，反而加劇了單一身分認同在各個群體中的統治力。交流和理解如果是基於兩個群體壁壘森嚴，那可不是什麼好事。交流和理解要緩解身分政治，得發生在保有多元身分的個人之間，尊重每個人的多元身分以及他在具體情境中在多重身分之間的權重分配。在個人之間，基於個人選擇，各種身分互相摻沙子，才能緩和殺傷力。社會生活的維度越多，個人的身分也越多；社會交流越頻繁深入，個人身分之間的混雜就越厲害，社會也就越不容易被割裂。

　　總之，阿馬蒂亞・沈恩認為，暴力來自身分降級，要對抗身分降級，要靠高揚個人在深思後對身分的自主選擇 ── 個人、自由、思考，這三個關鍵字。

後記二
笛卡兒對財富理性的啟示

後記二　笛卡兒對財富理性的啟示

　　我們所生活的 21 世紀的此地，與笛卡兒所處的 17 世紀的歐洲，從時間上已經遠離了 400 年，地理空間、意識形態、政治制度、經濟水準、國民狀態、社會矛盾等都是天壤之別。

　　在一個秩序社會裡，效率與公平直接影響著全體國民的普遍幸福感。我們一直主張，好的人類文明社會，一是要對於文明之外的世界保持敬畏。二是能夠有能力建構大眾幸福感的普遍認知。三是要有必要的捍衛文明邊界的能力。現代經濟社會財富分配問題，尤其是再次分配問題，是影響公民公平感乃至幸福感的重要因素。作為一個金融投資行業的從業者，在本書的最後，我希望沿著笛卡兒思想的足跡，結合財富管理的話題談談笛卡兒哲學對於這個行業的啟示，以不至於被認為是不務正業。

一、財富的質疑

　　毋庸置疑，我們在這裡所聚焦的仍然是物質財富的話題，是我們可以掌握、可以支配、可以使用、可以量化的物質對價能力。對於那些到今天為止，除了基本生活保障以外，沒有任何財富累積的人我無話可說，去工作賺取財富就好了。但是，我身邊的朋友幾乎很少有這樣的，他們大多是企業的創始人、團隊的領導者、優秀的職場菁英，甚至是中高階的公務員，可以統稱為物質財富的擁有者。他們關注財富的累積與管理，但也很少願意聽從我們的忠告。我們覺得大家至少可以接受一個建議，開始像笛卡兒一樣懷疑一切，開始懷疑此前你認識或信任的所有自詡為優秀財富管理者的承諾。那麼，現有的財富到底應該如何管理才能達到保值增值的目標，才不會辜負我們為了創造它而付出的心血和汗水以及我們對於父母、

家人和社會的承諾呢？

　　存入銀行嗎？這等於是補貼給了那些可以低利率獲取貸款的使用者，就像馬太效應一樣，富豪借債、貧窮者存款，這是違反財富二次分配本意的。投入股市嗎？買房買車嗎？房地產市場一路高歌猛進，創造了一個又一個房地產神話，但是無數先進國家的房地產發展歷史證明，持續的不以剛性需求為基礎的房地產價格上漲，必然導致價格泡沫的出現，泡沫一旦破滅，災難將是毀滅性的。無論在哪一個財富管理領域，血的教訓反覆告誡我們，在剔除通貨膨脹因素之後，年化報酬率超過 6% 的收益，一般都會開始累積風險；超過 10% 的收益承諾很多都含有虛假因素。莊子說：「六合之外，聖人存而不論。」說不清的事就不要說，在說得清的範圍內，有一套可靠的理由才是必須的。因此，在沒有想清楚之前，不要相信任何人，尤其是把目光盯向你口袋的人。但是，正像笛卡兒所做的，懷疑不是目的，只是工具，懷疑之後要有屬於自身的信仰和堅定的認知，這需要理性的精神、必要的知識、思考習慣的訓練，接下來的章節我們一起慢慢地探討。

二、財富與時間

　　到這裡我想大家已經明白了一個道理：創造財富靠勤奮和堅持，而管理財富靠理智和技術。在財富管理的過程中，理智就像上帝一樣俯視著我們，希望我們了解財富與時間的關係。如果我們共同信仰它，做時間的朋友，我們就已經將自己的財富管理能力置於不敗之地。道理很簡單，因為財富管理大多要利用金融工具進行，而金融的基本原理就是財富流動性的時間錯配。

後記二　笛卡兒對財富理性的啟示

對於財富管理來說，財富的變化被財富流動性的時間錯配所支配著。關於時間錯配最簡單的例子就是銀行的信貸業務，這個業務是典型的依靠時間錯配實現自身的財富管理的。在信貸關係中，人們會把閒置不用的資金存入銀行，銀行支付較低存款利息，而銀行向需要資金的人發放貸款並收取相對較高的利息。這個利息差就是靠在同一時間對於供需的錯配實現的。如果不考慮其他因素，這個價差永遠是正的，因此銀行的財富就與時間保持持續的正比關係，從而使財富得到有效的管理。我們經常看到，很多人靠著努力和幸運得到的財富，往往會隨著時間漸漸地損失。所以，財富管理的觀念要求我們時時刻刻都要關注已經擁有的財富與時間的關係，至少要做到在相當長的週期內，跑贏無風險收益 —— 國債，甚至低風險收益 —— 銀行存款。

三、真實的風險與虛幻的收益

股權投資作為高收益、高風險的財富管理行業，因為投資的標的為實體經濟，加上符合國家政策，還有動輒百倍千倍的投資報酬神話讓媒體廣為宣傳，所以逐漸被大眾所了解認識。近 10 年來，形成了一股股權投資的熱潮，很多投資專案估值也是節節高升，一、兩個月帳面浮盈翻倍甚至幾倍在很多投資人眼裡顯得習以為常。但是，在這表面風光的背後，一個潛在魔鬼即將粉墨登場，它的名字叫「風險」。收益像一個妖嬈的美女，性感又嫵媚，又跟你頻繁示好，讓你覺得唾手可得；風險更像一個低調淑女，平凡到讓人忽視，當她最終失去耐心的時候必然會給你致命一擊。

就像很多朋友試圖去研究股票漲跌的規律，並自認為有所心得，但也

正是此時很多割韭菜機器操縱者早已虎視眈眈。無論你是哪一種財富感知人格類型，我們都必須拋棄任何感官情緒，從理解風險的觀念開始，就像笛卡兒提示我們的，我們要假定有一個騙子，讓我們相信我們所認為真的東西都是真的，其實都是它為我們夢中建構的幻象。從字面解釋，風險就是收益的不確定性。那麼，財富的風險當然就是財富收益的不確定性，當然我們這裡所說的收益既包括正向的盈利也包括負向的虧損。在當今社會，財富管理中的收益與風險問題大多跟資本市場會直接或間接地產生關聯，當代資本市場的運行本質上都是按照可量化的現代金融市場的規則、規律運行的，在金融、資本所運行的市場當中，同樣有笛卡兒上帝的影子。金融人、資本人的理性思維只有清楚明白、可以量化，用現代數學公式計算的收益與風險的關係。比如資本市場常用的代表收益預期與波動性風險關係的「夏普比率」、收益預期與最大損失風險關係的「卡瑪比率」等，現實中很少有身邊的朋友真正關注一筆投資、一筆理財的這些金融技術指標，他們仍然依靠權威判斷、內部資訊、行業分析等主觀的、感性的、盲從思考模式對待財富管理問題。正如笛卡兒所說，避免錯誤的唯一方法就是克服意志的自由，而財富管理中需要克服的意志自由的唯一武器就是理性的金融思維。

四、金融思維如何在同樣的風險下提高收益

就像笛卡兒在《沉思錄》中所強調的，他不討論基於信仰的善與惡，只討論關於判斷的對與錯。因為善惡的判斷需要價值觀作為基礎，是以主觀的倫理標準、道德標準等為基礎的，不是純粹的可以以客觀事實為依據的。因此，在本節我們把財富管理的原則指向一個明確的關於對錯的觀

後記二 笛卡兒對財富理性的啟示

念 —— 確定性收益。確定性收益與我們前面說的「無風險收益」不同。我們在這裡所說的「確定性收益」是指收益與風險可以用量化的指標評價和度量。這部分收益就是專業人士對於財富配置的系統性最佳化而獲得的成果，即我們俗稱的「跑贏大盤」。需要提醒大家的是這裡所謂的「贏」既可以正向地理解為增加收益，也可以反向地理解為減少風險。

歷史上最早把這種思想系統化提出並付諸實踐的是著名經濟學家、諾貝爾獎得主莫頓（Merton）。他把大量的歷史交易資料找來進行計算，從中找到近似收益水準而漲跌具有反向運動規律的標的進行投資，從而對沖波動，或者找到市場中類似標的的不同價格進行短時間的交易甚至近乎即時交易，而從中獲利。毫無疑問，具體的操作方法的計算模型是複雜的，也是他的核心機密，但是他手裡所掌握的那把開啟財富之門的鑰匙，卻是和笛卡兒的方法完全一致的，他也因此被稱「數理金融學之父」。他像笛卡兒一樣，從三角形三角和等於兩直角開始，直到用數理金融學家的理智找到了阿爾法收益並確信無疑。

五、槓桿

接下來，我們認識一下金融思維的另一個祕密武器 —— 槓桿。阿基米德說：「給我一個支點，我就能撬起整個地球。」愛因斯坦說：「給我一個奇點，我就可以回到過去。」我想說，給我一個財富的支點，我們就可以一夜暴富。金融槓桿的主要目的是在假設收益和風險比例關係保持穩定的情況下，放大財富變動的總量。現實生活中，無數對於金融一無所知的朋友卻堅持要去嘗試槓桿。我想告誡他們：懸崖勒馬、回頭是岸。槓桿是

一把雙面刃，它可以讓你一夜暴富，也可以讓你一夜之間傾家蕩產。

以我們前面提到的最常用的夏普比率為例。如果投資本金是 10 元，假如你在投資年化報酬率為 100% 的情況下，夏普比率是 2，每年的收益是 10 元；而另一個投資人在年化報酬率是 50% 的情況下，夏普比率也是 2，每年的收益是 5 元。顯然，這個差別是由於你們對於投資組合策略的差異造成的，在同樣的夏普比率條件下，你的策略賺得更多。這時你也許會不甘心，因為你覺得夏普比率為 1 的投資策略自己也是可以接受的。當然你可以繼續尋找在夏普比率等於 1 時，年化報酬率大於 100% 的投資策略，但是必須付出更加艱苦的努力和研究。其實，這個時候槓桿就可以輕鬆發揮作用了，你可以跟夏普比率是 2 的投資人做個交易，讓他把錢交給你來管理，然後把比他多賺到的錢兩個人一人一半分掉作為對你的獎勵。這樣會是個什麼結果呢？對你來說，在原有的策略下，你管理財富的年化報酬率還是 100%，但整體收益卻變成了 12.5 元，他們的收益也是 7.5 元，獲得了雙贏的結果。這就等於你已經替資金加上了槓桿，在收益增加的同時，使實際的夏普比率也有所下降，也就是風險增加了，而這剛好是你的心中所願。

六、非理性財富觀念與理性財富觀念的實在區別

最後讓我們再回到一開始的話題，聊聊理性的財富觀和非理性的財富觀念。有一個圈內的玩笑說：窮人總是想著一夜暴富，所以多數人越來越窮；富人總是想著每天賺一點點，卻越來越富有。我們可以做一個簡單的數學計算，假設你有 1 萬元，天天只賺一點點，但是絕不虧損，50 年之後

後記二　笛卡兒對財富理性的啟示

是多少錢呢？答案是，每日報酬率 0.029%，對應年化報酬率約 10%，就是約 100 萬；每日報酬率 0.039%，對應年化報酬率約 15%，就是約 1,000 萬；每日報酬率 0.05%，對應年化報酬率約 20%，就是約 1 億！那麼如何得到這樣的穩定收益呢？把錢存到銀行嗎？首先，銀行存款也只是近似無風險收益；其次它的利率一般比國債還要低，只不過存款的流動性更好一些，但是年化報酬率顯然偏低。房地產呢？第一，房產的流動性差；第二，房產持有和交易的稅費很高，大致算下來，如果房產的年化價格成長一旦低於 20% 左右的成長率，根本無法達到財富管理的效果。股票呢？它的波動幅度太大，往往需要非常專業和細膩的趨勢判斷，正如我反覆提醒的，雖然判斷是理智的行為，但是由於理性的不完滿，我們就經常會犯錯。如果判斷大師真的存在，他們要麼是運氣超旺，要麼就一定是在出老千。

股神巴菲特（Warren Buffett）總是選擇投資那些時間越長，對其價值成長越有利的股票，即所謂價值投資。巴菲特的成功與創業者的成功完全不同，他的成功完全是對於過程的理性管理，因此交出了一份 20 多年年化報酬率超過 20% 的報告。耶魯大學校產基金管理人大衛‧史雲生（David F. Swensen）曾經說過，現在金融市場競爭太過激烈，只有具備兩個條件的投資者才有資格去追求超額收益：第一是研究特別深透，第二是投資週期特別長。

在我們關注風險投資的歲月裡，我們在意創業者的初心和使命感，聚焦商業模式和估值方法，用我和我所管理的投資人金錢去幫助他們，但是收效甚微，因為這需要太多的熱情與判斷，這種對於財富管理的態度是非理性的。如今，當我們把目光轉向量化投資，我更加關注了可以量化的指標，年化報酬率、內部報酬率、夏普比率、卡瑪比率等，已經幾乎成為我

作為財富管理者的本能。我們可以用理性的分析將投資者的偏好轉化為可以量化的風險與收益合理預期，並且每天都可以讓他們自己看到真實的數字回饋。在這樣一個細分的行業，我們唯一的願望就是：讓財富擁有者的財富遠離風險，靠我們對時間的信仰創造價值！

　　這一部分並不是專業的金融知識講解，而僅僅是一次理論與實踐相結合的啟示錄。實際操作中還是要更專業的知識和豐富的經驗，你還需要很多諸如股票、債券、數學、程式設計等專業知識和技能，就像《沉思錄》那個意識裡想到一個精巧機器的人一樣，也許你未必會成為一個優秀的鐘錶師，但是我們可以判斷出誰懂得如何製作，而我們需要做的僅僅是找到他。

後記二　笛卡兒對財富理性的啟示

跋

跋

　　從 2020 年春節開始直到現在我減少了很多外出的商務活動，閒暇了許多，於是想起了一個一直想做而沒時間做的事情，那就是把我心目中真實的笛卡兒哲學，以及我運用這樣的思考方法在哲學與財富觀念之間的體會整理出來，並分享給朋友們。在眾多的西方哲學家當中，我一直很推崇笛卡兒的成就，他主張在追求真理的學術研究上使用純粹的理性邏輯思考方法，而在現實生活中則應該實事求是地思考與實踐相結合。作為一個專業投資機構的創始人和管理者，我的職業道路也在理性與熱情之間徘徊，我們服務所有希望財富保值增值的個人與機構，他們既希望高收益的預期，又不願意接受可能的損失，他們被欺騙過，對我們也同樣心存疑慮。我深知，他們的預期本就是自相矛盾的，但訴求是可以理解的。怎樣才可以證明我的坦誠、自律、可信，不是靠權威，而是靠道理，這是我們必須正視的問題。我們所從事的類金融行業，是從現代西方先進國家學習來的財富秩序理論，我們的老百姓對此還是比較陌生的，因此我覺得有必要把目光由本土轉向西域，從更底層的現代哲學開始，去發現隱藏在當代人類文明表象背後的本質世界，也許這可以對我們當代精神文明的思考有所幫助。

　　我曾經請教過一些專業學者，查閱了很多關於笛卡兒的資料，後來買來他的一批原著的權威中文譯本進行閱讀。我發現學術界對於笛卡兒哲學的評價和他的著作原文出入很大，容易導致理解的混亂。前不久一家出版社出版了一套哲學經典叢書《偉大的思想》，一位名人在推薦這套叢書時說：「到了笛卡兒就來到了哲學的深水區，因為一般人讀不懂也讀不下去。」他自己也沒有完整讀過。我就覺得這就更有必要了解一下其中的緣由。利用這段被動的閒暇，我就想盡量弄個明白。在眾多的學術著作當中，《沉思錄》應該是他的一部集大成的作品，這本書的寫作正值作者的

思想盛年，而且為了避難和休息，他過著半封閉式的生活，似乎跟我本人現在的狀況有些相似之處，所以我就重點選擇對於這部作品進行徹底的解剖和研讀。

有句古話叫「四十不惑」，我一直覺得，這可能是有一定科學規律的，是一個人在經歷、閱歷、體能、知識、壓力、神經細胞成熟等因素的一個特殊的均衡狀態，可能引發一些認知體系突發性的拐點，常常給予人頓悟的感覺。笛卡兒開篇就說雖然他以往也一直思考，但是一直覺得自己還不夠成熟，時間也不夠充裕，一直到了四十歲左右的時候，才覺得自己的火候到了。很巧合，這個外部條件，至少在年齡上和我本人很接近，我也希望我自己能和笛卡兒一樣在實踐與反思了四十多年之後，對很多問題有一些不同的理解。在寫作的後期，對於笛卡兒哲學思想以及投資和金融相關的問題，馨儀女士加入了進來，我們又進入了關於哲學理論問題和金融實踐問題的反駁與答辯的爭論階段。雖然在她本人的要求下沒有列為本書的共同作者，但我必須坦承，她對於本書的最終完成做出了極其重要的貢獻。

對於這本書的寫作，我付出了很多努力和時間，但是因為專業能力的緣故，很難達到理論嚴謹的程度，權且作為一次思考的實踐總結報告吧。本書的重要論述得到了我的博士導師包林教授、學長劉濤雄教授在專業方面的指導和提示，在此一併表示感謝。

現在這本書終於和大家見面了。最後我想說，對於笛卡兒本人的學術成就和人生智慧，我也是在學習、爭論、撰寫的過程中不斷體會和理解的。在他所生活的年代，有勇氣舉起科學的旗幟反對宗教獨裁統治的人也許有很多，但是能以迎合教會的方式，有效規避教會的監管，以筆為槍喚起更多人對以數理邏輯為基礎的現代科學的信仰是更加難能可貴的，不失

跋

為一種大大的智慧，這一點值得我們每一個有理想、願思考，並且仍願意為人類社會的發展和進步共同擔當責任的人去學習和領悟的。恆者行遠，思者常新。沉思者的境界，需要我們以同樣的心態、時間和節奏慢慢地品味和體會。

曲直：

笛卡兒《沉思錄》深度解析與啟示，十二章逐一解析西方現代主義哲學之父的思想精髓

作　　　者：高鵬
發 行 人：黃振庭
出 版 者：崧燁文化事業有限公司
發 行 者：崧燁文化事業有限公司
E - m a i l：sonbookservice@gmail.
　　　　　com
粉 絲 頁：https://www.facebook.
　　　　　com/sonbookss/
網　　　址：https://sonbook.net/
地　　　址：台北市中正區重慶南路一段
　　　　　61 號 8 樓
8F., No.61, Sec. 1, Chongqing S. Rd.,
Zhongzheng Dist., Taipei City 100, Taiwan

電　　　話：(02)2370-3310
傳　　　真：(02)2388-1990
印　　　刷：京峯數位服務有限公司
律 師 顧 問：廣華律師事務所 張珮琦律師

─版 權 聲 明

定　　　價：350 元
發 行 日 期：2024 年 06 月第一版
◎本書以 POD 印製

國家圖書館出版品預行編目資料

曲直：笛卡兒《沉思錄》深度解析與
啟示，十二章逐一解析西方現代主
義哲學之父的思想精髓 / 高鵬 著 . --
第一版 . -- 臺北市：崧燁文化事業有
限公司 , 2024.06
面；　公分
POD 版
ISBN 978-626-394-325-4(平裝)
1.CST: 笛 卡 兒 (Descartes, Rene,
1596-1650) 2.CST: 學術思想 3.CST:
哲學
146.31　113006727

電子書購買

爽讀 APP

臉書